아무도 가르쳐 주지 않는

프로들의

광고노트

아무도 가르쳐 주지 않는
프로들의

광고
노트

• 박현길 지음 •

광고를 하는 사람들은 소비자의 마음을 구석구석까지 읽어 내려고 무던히도 노력한다. 그리고 그렇게 읽어 낸 것을 시각적인 표현으로 다시 가공하여 그들의 마음을 흔들고 유혹한다. 이렇게 흔들리고 유혹당한 소비자의 마음이 얼마만큼 상품구매로 이어지느냐에 따라 광고효과도 판가름 난다.

필자는 '물처럼 싱겁게, 소금처럼 짭짤하게'라는 표현을 즐겨 쓰는데, 광고효과는 '물처럼' 별 문제없이 싱겁게 끝나는 경우가 있는가 하면, 전 국민이 다 알 정도로 대박을 터뜨려 판매자에게 '짭짤한' 결과를 안겨주기도 한다. 광고주는 물론 광고 기획자라면 한결같이 '짭짤한 결과'를 원할 테지만 이러한 결과는 거저 얻어지는 것이 아니다.

광고인들은 이 같은 결과를 얻기 위해 시대의 트렌드를 읽고, 최근의 유행은 무엇이고, 특정 소비자 집단의 취향은 무엇인지, 타깃설정은 어떻게 해야 되는지 등을 조사하고, 분석하고, 고민하고, 그려본다. 광고인들은 밤잠을 설쳐가며 머리를 쥐어뜯으며 상품과 소비자의 관계를 좀 더 풀어내기 위해 많은 시간을 투자하고 고민하게 된다.

필자는 20여 년간 광고현장에서 체험한 내용의 일부분을 책 속에서 보여줌으로써, 광고인이 되려는 후배들에게 현장이 원하는 것이 무엇인지, 무엇을 준비해야 되는지를 전하고자 하였다. 다시 말해, 이 책은 일반적인 이론서가 아닌 현장에서 일어나는 체험 사례들을 그대로 담아서 광고는 어떻게 만들어지고 무엇들로 구성되는지를 제대로 보여 주려고 노력한 결과물인 것이다.

지구촌이라는 이름으로 세계가 좁아지면서 다양한 문화와 사회가 일원화돼 가고, 세상은 끊임없이 변하고 있다. 오늘의 신물(新物)이 며칠이 지나면 구물(舊物)이 되는 물건이 차고 넘치는 시대에 우리는 살고 있는 것이다.

그 속에서 자연스럽게 소비자들의 입맛은 점점 까다로워지고 있다. 광고는 상상력과 창의력, 번뜩이는 아이디어를 무기로 하여 이러한 소비자의 입맛을 사로잡기 위해 무한한 나래를 펴야 한다. '상상한 꿈을 현실로 만들어가는 과정', 이것이 광고라고 감히 말할 수 있을 것 같다.

2002년 월드컵, '꿈은 이루어진다'라는 붉은 악마의 슬로건을 우리는 기억할 것이다. 기적같은 4강 진출이라는 결과는 선수들이 열심히 뛰어준 것도 있겠지만 온 국민이 한마음이 되어 '꿈은 이루어진다'라는 슬로건을 가슴에 새기고 응원한 것도 한몫했을 것이다.

광고도 이와 마찬가지라고 생각한다. 광고는 꿈꾸는 사람들이 꿈을 이루는 현실의 장이기도 하지만, 반면 냉혹한 킬러와도 같이 차갑고 잔인해서 조금이라도 콘셉트가 흔들리면 가차 없는 메스를 가하기도 한다. 콘셉트가 없거나 흐릿한 광고기획안을 들고 기업주를 만나는 것은 장전되지 않은 총을 들

고 전장터로 뛰어드는 병사와 같다.

이 책의 사례들이 모두 완벽하다는 것은 아니다. 하지만 이 사례들이 현장에서 어떠한 과정을 통해 분석되고 작성되고 실행되었는지를 여과없이 보여줌으로써 광고 기획의 중요성을 알려 줄 수만 있다면 그것으로 필자는 족하다. 조금 욕심을 부리자면 허허벌판에서 찬바람을 맞으며 꿈을 이루려는 병아리 광고인들에게 이 책이 조금이나마 추위를 잊게 하는 따뜻한 난로가 되었으면 하는 것이다.

마지막으로 이 지면을 빌려 필자가 싱거운 광고와 짭짤한 광고의 현장을 십수년간 신명 나게 뛰어다닐 수 있게 도와주신 몇몇 분들에게 고마움의 말씀을 전하고 싶다. 또 이 책이 나오는 날까지 관심과 배려를 보여 주신 청년정신의 양근모 사장님과 편집부 직원들에게도 감사의 말씀을 드리고 싶다.

늘 옆에서 묵묵히 기도로 지켜 주시고 믿어 주신 어머님과 정이 듬뿍 담긴 모습으로 챙겨 주는 사랑스런 아내, 이젠 제법 어른스러워진 아들에게도 이 책을 바친다.

박현길

차례

Chapter 10 뉴 미디어 활용하기

인터넷과 모바일 등 날로 새로운 미디어가 나타난다

부록 기타 주요 실전사례

Advertising

광고기획, 제대로 알고 시작한다

Chapter 01

프로 기획자의 첫걸음

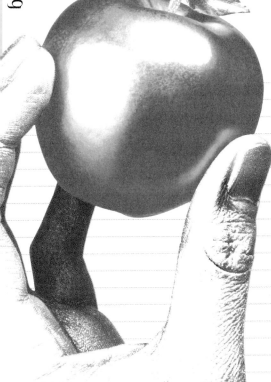

흔히 광고기획에 대해 이런저런 말들을 많이 한다. 골목 어귀에서 놀고 있는 꼬마들까지 광고의 콘셉트가 '잘됐네, 못 됐네' 하고 이야기할 정도니 더 말할 것도 없다.

그렇다면 광고기획이란 무엇을 의미하는 것일까?

먼저 '기획'이란 낱말의 사전적 의미부터 살펴보자. '일을 꾀하여 계획함'의 명사형. 또 다른 말로는, '무엇을 할까에 중점을 두며 일의 내용이나 체계를 결정하는 일'로 표현하고 있다.

필자는 삼성전자 광고팀에 첫발을 내디딘 신입사원 시절부터 오늘에 이르기까지, 줄곧 광고기획 분야에서 일해 왔다. 지금이야 기획이란 단어에 그다지 두려움을 느끼지 않지만, 처음에는 수많은 어려움과 시행착오를 겪어야 했다.

당시 필자가 혼란스러울 수밖에 없었던 이유는 기획과 계획이 서로 뒤섞여 사용되었기 때문이다. 기획과 계획이 어떻게 다른지, 그 차이점을 알려주는 선배도 상사도 없었다. 또한 그 용어가 갖는 의미를 명확하게 파악하고 있는 사람도 거의 없었다. 사실, 그다지 중요하게 여기는 분위기도 아니었다.

기획은 뭐고 계획은 무엇을 의미하는가? 같은 뜻일까? 다르다면 무엇이 어떻게 다를까? 단어의 차이를 알기 위해서 먼저 실생활에서 이 말들이 어떻게 쓰이는지 한번 생각해 볼 필요가 있겠다.

계획은 '여행 계획을 세운다' '집을 장만하기 위해 10년 계획을 세운다'와 같은 상황에서 쓰인다. 반면, 기획은 '봄 신상품 기획서를 작성한다' '이벤트를 기획한다'와 같은 경우에 쓰인다. 이처럼 계획과 기획은 각기 다른 상황에서 전혀 다른 뜻으로 쓰임을 알 수 있을 것이다.

조금 더 자세하게 분석해 보자. '여행 계획을 세운다'는 뜻은 여행 날짜와 경비, 경로 등 여행에 필요한 모든 것을 미리 알아보고 준비한다는 것이다. '내 집 마련 10년 계획을 세운다'는 말에는 장만하고자 하는 집의 규모, 형태, 자금 획득 및 수집 방법 등에 대해 조사하고 미리 준비한다는 의미가 담겨 있다.

반면 '광고기획서를 작성한다'는 말의 의미는 광고의 목적, 크리에이티브 (Creative) *, 실행 방안 등을 준비하는 것을 말한다. 한 예로 '봄 신상품 기획서를 작성한다'고 가정해 보자. 먼저 어떤 상품을 만들 것인지, 고민하게 될 것이다. 그런 다음 어떻게 팔 것인가에 대해 생각할 것이다. 이 모든 것이 기획서 안에 포함되는 내용이다.

대부분의 사람들은 '자금 계획을 세운다'라고 한다. 아마 '자금 기획을 세운다'라고 말하는 사람은 거의 없을 것이다. 그처럼 계획이란 그 결과가 정량적·정성적으로 측정이 가능한 것을 위해 미리 준비하는 것이며, 기획은 정량적·정성적 측정이 불가능한 무엇인가와 정량적·정성적으로 측정이 가능한 무엇(계획)인가를 미리 준비하는 것이라고 정리할 수 있겠다.

결국 기획은 계획을 포함하고 있는, 보다 큰 의미의 말임을 알 수 있다.

크리에이티브(Creative) : 광고 활동 중에서 창조적인 부분, 즉 광고의 제작 표현 행위를 말한다. CR로 부르기도 한다. 시장 조사와 미디어 믹스의 과학적 활동에 상대되는 것으로, 상품 서비스에 있어서의 새로운 의미와 가치를 발견하여 아이디어를 일으켜 소비자에게 어떻게 소구할 것인가의 콘셉트를 만들고, 그것을 구체적으로 문장화·시청각화·영상화하는 모든 프로세스를 말한다. 이러한 광고제작자를 크리에이터라고 부른다.

다음에 소개하는 문서들은 필자가 광고기획 일을 하면서 만들었던 체크리스트들이다. 실제 체크리스트는 여기에 소개한 것 외에도 더 많은데, A4 용지로 20매에 달했다.

하나의 광고를 기획, 제작하기 위해서는 제품의 속성·기능·특징·장점은 물론 경쟁사 제품의 속성·기능·특징·장점까지 모두 알아야 한다. 짚어보지 않은 게 없을 정도로 일일이 세심하게 확인한 다음에야 비로소 광고 제작 단계로 넘어갈 수 있다. 그만큼 광고 작업은 현상 파악이 중요하기 때문이다.

뒷 페이지에 실린 체크리스트의 이름은 〈체크리스트(광고제작을 위한)〉이다. 광고기획 관련 국내외 서적을 펴놓고 또 당시 근무하였던 광고팀의 광고기획과 제작 사례를 근거로 하여 "어떤 부분이 광고에서 꼭 필요한 부분일까?"라는 것에 핵심을 두고 고민에 고민을 거듭하여 만든 것이다.

당시에는 신제품이든 기존 제품이든 상관없이 제품을 광고하게 되면 느닷없이 지시가 내려왔는데, 그럴 경우 대행사의 광고기획자를 불러 간단한 백지 위에 신문광고 사이즈의 몇십 분의 일로 축소한 사이즈를 그려 놓고 "이 제품은 이러니, 저러니…" 하며 펜으로 이상한 형태의 그림을 그려 설명하면서 광고를 준비했던 기억이 있다. 따라서 요즈음처럼 공식적인 오리엔테이션 이 제대로 이루어지지 않았던 그 시절에는 이 체크리스트는 빛을 발했다.

본 체크리스트는 어떻게 보면 고전이다. 그렇지만 적어도 광고를 하는 사람이라면 이 정도는 짚어보아야 제대로 제품광고를 준비할 수 있으리라 생각한다.

체크리스트
(광고제작을 위한)

– (   ) [제품 / 종합] 광고 –

광고의 효과적인 수행을 위해서는 어떠한 형태로든 간에
철저한 사전정보가 주어져야 한다.
그 바탕에서 설정된 Target에 알맞은 Sales Point를 잡아야
소비자에게 신뢰감을 주는 광고 약속을 제시하면서도
호소력 있는 광고를 할 수 있기 때문이다.
광고에서 Target, Sales Point, 광고 약속 등 어느 한 부분
이라도 어긋나면 그 광고는 실패하게 된다.
즉, 불충분한 정보는 바로 광고의 실패, 그 실패는 크게
보아 제품의 실패를 의미하는 것이다.

협조부서 및 담당자 ;
의 뢰 일 자 ;   년   월   일
완 성 일 자 ;   년   월   일

결	담당	과장	부장	실장	본부장
재					

마 케 팅 실

Ⅰ. 광고 목표에 대한 정의(판매기획 기재사항)

1. 전반적인 과제(해당사항 체크)

　① 신제품 도입이냐?
　② 제품라인의 확대?
　③ 기존제품의 재등장 또는 재포지션(예 ; Ve된 제품이냐?)
　④ 시장점유율 유지 또는 증대?
　⑤ 기타

2. 제품의 목표(대략적인 목표 수치 기재 및 중점목표 체크)

　① 매출액
　② 이윤
　③ M / S
　④ 회사 이미지 고양의 차원이냐?
　⑤ 기타

3. 경쟁사 광고의 전반적인 기본방향(1번 항목에 의해 답을 주시오)

4. 1, 2항으로 Review 했을 때, 우리의 광고 목표는?

II. 제품의 개요(공통사항)

1. 제품의 소개(상품기획 기재사항)
 - 소비자 Need 차원에서의 구조

　　　①
　　　②
　　　③
　　　④
　　　⑤

2. 당사 제품의 주요기능(상품기획 기재사항)

　　　①
　　　②
　　　③
　　　④
　　　⑤

3. 제품의 Life Cycle(상품기획, 판매기획 기재사항)

4. 당사 제품 대비 경쟁제품과의 차별 기능(상품기획 기재사항)

5. 경쟁사 제품 동향
   (Line up 상황까지 구체적 기재, 상품기획 기재사항)

6. 제품의 장, 단점(판매기획 기재사항)

 ① 품질측면?

 a. 스타일, 기호, 디자인

 b. 크기, 규격의 다양성 여부

 c. 포장

 d. 내구성

 e. 제반 서비스(B/S, A/S 등)

 ② 유통 경로면?

 ③ 가격 측면?

7. 경쟁사 제품의 장, 단점(6번 항목에 대한 응답, 판매기획 기재사항)

8. 우리 제품 또는 서비스가 제시할 수 있는 소비자 편익은?
  (상품기획, 판매기획 기재사항)
  [아래 항목 중 선택 후(다수 선택 가능) 구체적인 내용도 제시요망]
  ① 경쟁사 제품 또는 서비스가 해결 못하는 문제를 당사 제품이 해결
   할 수 있는 요소가 있는가?

  ② 가장 경제적인 선택이며, 보다 경제적으로 운용 가능한가?

  ③ 제품 Cycle 변화에 대처 가능하고, 업무 처리에 신뢰감을 줄 수
   있느냐?

  ④ 업무에 보다 효율적이고, 완벽하면서도 쉽게 업무 해결책을 제시
   할 수 있느냐?

  ⑤ 기타

9. 8항의 항목 중 가장 큰 편익은 무엇인가?

위에서 언급한 광고 목표에 대한 정의나 제품의 개요 외에도 시장에 대한 검
토, 타깃에 대한 검토, 경쟁사 광고동향 분석, 브랜드 네이밍 및 이미지 비교,
세일즈 포인트 등 광고기획자가 판단해야 될 내용들이 체크리스트에 포함되
어 있다.
 이것 외에도 다음에 소개하는 기획서 양식도 광고를 기획할 때 도움이 될
것이다.

광 고 기 획 서		기안일자 ; 년 월 일			
		결재기한 ; 기안일로부터 ( )일 이내			
합 의	☐ 상품기획	결재 표시	팀장	부장	이사 본부장
	☐ 판매기획	결 재			
		기안자	광고팀 인	전화;	
건 명					
모델명		출시			
광 고 CONCEPT	광고 목표				
	광고 방향				

표현전략 MASSAGE	항목	내 용	MEDIA계획(노출량)		
			전파	신문	잡지
	1안				
	2안				
	결정		결정배경		

총예산(안)	₩	광고료	제작비	기타

단계별 일정	기획	시안	제작	노출	수정

* 별첨 ☐ MKT분석 ☐ 매체 및 예산전략

☐ MKT목표 ☐ EVENT행사

☐ 광고전략

앞에서 보여준 양식과 내용들을 통해 신상품 시장 진입 전략에 따른 '신상품 광고기획서'가 작성되고, 이러한 기본 토대 위에 구체적인 광고 계획이 수립된다.

〈광고 기획서〉는 〈광고제작을 위한 체크리스트〉보다 훨씬 간략하게 요약 정리할 수 있게끔 만들어진 양식이다. 물론 광고할 제품의 여러 면을 파악할 수 있는 기획서는 아니지만, 보통 기존제품의 광고를 하거나 본 기획서를 기준으로 하고 다른 참고할 자료들을 첨부할 때 이용하기도 한다.

광고 계획은 광고 활동에 따라 장기(3~5년), 단기(6개월~1년) 등으로 나누어진다. 일반적으로 광고기획서와 크게 다를 것이 없지만, 그 순서는 대개 다음과 같다. ①광고 정책과 방향 결정 ②광고 목적 설정 ③광고 목표 설정 ④광고 전략 수립 ⑤매체 계획 작성 ⑥광고 예산 수립 ⑦기타 요소와의 조정 등이다.

▐▶ 기획력의 핵심 요소 ◀▐

자신이 기획한 내용의 명확한 전달, 기획을 위한 사전 준비 작업인 정보력, 기획 내용의 현실성, 그리고 일반기획과의 차별화가 기획력의 핵심 요소일 것이다.

첫째, 내용을 명확히 전달하는 프레젠테이션* 능력

광고를 하는 사람들 중에는 시쳇말로 '말빨'이 되는 사람들이 많다. '말의 기술' 또는 '말로서 상대를 설득하는 기술'이라고 해야 옳은 표현일 것이다. 이들은 단순히 말을 잘하는 것이 아니라, 전달할 내용을 정확히 알고 이해한 가운데 상대를 단어의 의미와 발음의 강약으로 설득한다. 내용을 정확히 파악한 상태에서 명쾌하고 조리 있게 의사를 전달할 수 있는 능력, 즉 상대를 정확하게 이해시키는 프레젠테이션의 능력은 프로 기획자가 갖춰야 할 요소이다.

둘째, 정보를 수집하고 분석하고 가공하는 능력

아날로그 시대가 가고 디지털 시대로 접어드는 듯 하더니, 최근에는 영상시대라고들 한다. 빠르게 변하는 시대에 따른 다양한 정보들을 어떻게 수집하고 처리해야 하는 걸까?

넘쳐나는 정보가 어디에 있는지를 아는 노웨어(Know Where)가 중요하다. 수집한 정보들을 필요에 따라 가공 또는 편집할 줄도 알아야 한다. 무엇보다 중요한 것은 혼자 알고 있는 정보, 즉 노하우(Know how)가 아니라 입수한 정보를 함께 공유하는 것이다.

물론 정보가 많다고 해서 모든 것이 해결되는 것은 아니다. 수집한 정보를 가공하여 사업과 연결시키고, 상품화를 통해 이익을 올릴 수 있어야 하기 때문이다. 정보를 가공하는 일, 그것이 바로 기획력이다.

프레젠테이션(presentation) : 특정 제품 또는 서비스에 대하여 광고 캠페인을 실시할 때, 캠페인의 전 과정 또는 일부 과정에 대하여 광고회사 측에다 상세한 기획서의 제출을 요구한다. 보통 광고주는 둘 이상의 광고회사로부터 기획서를 제출받아서 엄밀하게 평가한 다음, 그 중 가장 우수한 회사에 광고 캠페인의 실시를 위탁한다. 이 경우 기획서 채택 여부에 관한 평가 기준은 원칙적으로 최소의 예산으로 최대의 광고 효과를 올릴 수 있느냐의 여부에 있다. 프레젠테이션에 담겨지는 내용은 ① 광고 목적 ② 소구지역(訴求地域) 및 소구대상 ③ 세일링 포인트(소구점)의 결정 ④ 광고 캠페인 아이디어의 창조 ⑤ 광고 매체의 선택 ⑥ 광고 예산의 산정·배분 및 출고(出稿) 계획 등이다. 대개 이들 사항의 전부를 포함하는 전 과정의 프레젠테이션과 한정적인 문제에 대한 프레젠테이션의 두 가지 경우가 있으며, 최근에는 일반 기업에서도 널리 활용되고 있다.

멋진 기획도 있지만, 기획서의 첫 장을 펼쳐 본 순간 두 번째 장은 보고 싶지 않다는 생각이 들 정도로 형편없는 기획서도 있다. 특히 기획서가 현실과 동떨어진 내용들로 가득할 때는 계속해서 읽고 싶은 마음이 싹 사라진다. 이 같은 경우는 최악이다. 아무리 훌륭한 기획이라도 현실성이 뒷받침되지 않는 기획은 공상에 불과하다.

넷째, 일반적인 것과 다른 차별성과 객관성이 능력

'5+5=10'이라는 것은 누구나 알고 있다. 하지만 이 계산을 '?+?=10'으로 풀면 어떻게 되는가? 합쳐서 10이 되는 수는 여럿이다. 마찬가지로 같은 사물을 보더라도 생각의 차이에 따라 푸는 방법은 상당한 차이를 보인다. 여기서 문제를 푸는 방식의 차별화를 알 수 있다.

차별화는 합리적이어야 하고, 보다 쉽고 대중적이며, 경제적인 것까지 고려되어야 한다. 여러 측면에서 다른 사람과 차별화가 되어야 하지만, 보다 중요한 것은 합리적이고 객관성이 있는 내용으로 만드는 것이다.

이렇게 객관성을 유지하면서 남과 다른 시각으로 본다는 것이 서로 상치되는 문제이긴 하지만, 남보다 뛰어난 기획력을 인정받기 위해서는 어쩔 수 없다. 실제로도 기획력이 돋보이려면 객관성을 담보하면서도 다른 기획과 차별화되는 게 가장 중요하므로.

기획을 하다 보면 사례들이 다양하게 많이 있고, 또 참고할 만한 상당한 수준의 각종 기획의 유형들이 있다. 그렇지만 기업에 있어서 가장 중요한 것은 어떤 상품을 어떻게 기획할 것이냐, 또는 그렇게 기획된 상품을 어떻게 판매할 것인가에 대한 기획이다. 특히 기획의 기본은 다른 회사의 제품과 판매방식을 차별화시켜 자사 제품의 로열티를 높여가는 것이다.

상품을 기획하는 것은 소비자들이 원하는 제품을 사전에 분석하고 판단하는, 다시 말해 현재 소비자들의 트렌드를 읽어 내는 분석능력이 매우 중요하다.

이렇게 의사 결정된 상품은 국내 시장 및 해외 시장까지도 확대되어 갈 수 있도록 기획되어야 한다. 무엇보다 시장을 예측하고 소비자 기호에 맞는 상품을 기획할 수 있어야 하는데, 그만큼 기획자는 예지력을 갖춰야 한다.

또한 전체를 보는 눈과 전체적인 것 중에서 다시 세분화해 항목별로의 연계성을 고려하여 분석하는 능력도 있어야 한다. 차별화되는 것을 기획해야 하므로 거시적인 부분과 미시적인 부분을 동시에 볼 수 있는 본인의 노력 역시 필요하다.

이렇게 철저하게 분석되고, 미리 시장을 읽어내는 능력을 동원하여 만들어진 상품 기획도 순식간에 추월당하는 것이 오늘날의 시장이다.

소비자의 요구를 정확하게 포착해 초기 시장을 선점하는 것은 기획자의 기본 역할이다. 획기적인 기획 하나로 기울어가던 회사가 일거에 업계의 중심에 설 수도 있다. 커뮤니티 포털인 '싸이월드'가 가장 비근한 예다. 이 회사는 최초의 블로그 서비스로 알려진 '미니홈피' 서비스로 기울어지던 사세를 단

숨에 일으켰다. 하고 싶은 말이 많고 자신을 알리고 싶어 하는 네티즌들의 요구를 정확히 포착한 기획이 성공한 것이다. 그 뒤 여러 업체들이 블로그 서비스를 하고 있지만 '싸이월드'의 입지는 굳건하다.

또한 제휴사와의 관계를 정립하고 유지하는 것도 기획자의 몫이다. 최근의 디지털 콘텐츠는 여러 회사가 힘을 모아 제작하는 경향이 높다. 웹 콘텐츠를 무선 인터넷으로 제공한다든가, 패키지 게임을 모바일화한다든가, 인기 TV 프로그램을 활용해 콘텐츠를 제작하는 등 이종업체 간의 제휴가 활발하다. 이에 따라 제휴사와의 관계 정립이 중요해지고 있다. 잘못된 계약으로 기획 자체가 수포로 돌아가는 일도 있고, 회사가 치명적인 손해를 입을 수도 있기 때문이다.

디지털 콘텐츠산업이 활기를 띠면서 기획자를 꿈꾸는 사람들이 늘고 있다. 업계에서도 유능한 인재를 구하기 위해 동분서주하고 있다. 하지만 마땅한 사람을 구하지 못해 발을 구르기 일쑤다.

좋은 기획자가 되려면 다양한 지식, 전문성, 현장경험 등을 고루 갖춰야만 된다고들 얘기하지만, 문제는 본인의 노력이다. 좋은 기획자가 갖춰야 할 것들을 소개하면 다음과 같다.

첫째, 자신만의 주특기를 개발할 필요가 있다.

기획자는 다양한 업무를 이해하고 있어야 한다. 하지만 처음부터 모든 것을 잘 알 수는 없는 노릇. 자신의 전문분야에서 소양을 쌓은 뒤 천천히 영역을 넓히면서 관련 지식을 습득해야 한다.

둘째, 다양한 분야에 걸쳐서 책을 많이 읽을 필요가 있다.

기획은 다양한 분야에 대한 관심에서 자라난다. 폭넓게 알아야 큰 흐름을 알수 있고 아이디어도 떠오른다. 자기만의 세계에 갇혀서는 절대로 유저(user)들의 요구를 포착할 수 없다. 여러 분야의 사람을 만나는 것도 도움이 된다.

셋째, 다양한 현장경험을 쌓는다.

미숙하나마 직접 기획을 하고 콘텐츠를 제작해 보는 것이 좋다. 동호회 활동도 도움이 되고, 특히 여러 업체에서 시행하고 있는 인턴십에 적극적으로 참여하면 얻는 게 많을 것이다. 다시 말해 본인이 직접 기획서를 작성하고 실행하면서 느껴 보라는 것이다.

기획자로서 애로사항이 무엇이고 또 장점은 무엇인지를 스스로 체득하는 것보다 더 좋은 경험은 없다. 때로는 실패도 겪고 창피도 당하면서 좋은 기획자의 자질을 갖추게 된다.

넷째, 주변 사람들과 주변 사물에 늘 관심을 갖고 대한다.

지하철이나 버스 안에서 떠오른 아이디어가 킬러콘텐츠로 자리 잡는 경우가 많다. 야호커뮤니케이션의 이기돈 사장은 지하철 안에서 울려 퍼지는 휴대폰 벨소리가 다들 비슷하다는 점에서 착안, 최초로 휴대전화 벨소리 서비스를 시작해 큰 성공을 거뒀다.

이처럼 대부분의 사람들이 그냥 무심코 지나치는 것도 기획자에게는 좋은 아이디어가 될 수 있다. 그러므로 좋은 기획자가 되기 위해서는 늘 눈과 귀를 활짝 열어 놓아야 한다. 주변 사람들에게 관심을 갖고, 끊임없이 관찰하는 습관을 기르는 것은 이래서 중요하다.*

　우리는 평생을 살면서 오른손을 많이 사용한다. 그 사이에 왼손은 점점 그 기능을 잃어 간다. 주로 오른손을 쓰다 보니 왼손의 악력은 약해질 수밖에 없고, 결국 오른손보다 기능이 떨어지는 왼손으로 남게 된다. 왜일까? 왜 왼손이 약할까? 이런 의문이 곧 기획의 시작이다.

스스로 기획 전문가라고 말하는 것은 쉽지만, 다른 사람으로부터 좋은 기획 전문가로 인정받기란 결코 쉽지 않다. 오로지 일로서 증명해 보이는 방법 외에는 길이 없다. 어떤 분야의 기획 전문가가 되기 위해서는 몇 가지의 핵심능력이 필요하다. 먼저 자기 분야의 전문지식을 가지고 있어야 한다. 전문지식을 습득하기 위해서는 관련 정보를 어디에서 얻을 수 있는지 파악해야 한다.

　그러려면 꾸준히 관련 서적이나 자료들을 읽어야 할 뿐 아니라, 현장체험을 통해 다양한 지식을 쌓아 두어야 한다. 이런 전문지식들은 학교에서 배우는 것보다 현장에서 직접 부딪히며 익혀야 하는 경우가 훨씬 더 많다.

　다음으로는 다른 사람과 차별화된 아이디어를 내 놓을 수 있는 새로운 시각, 그리고 이를 현실성 있게 체계적으로 그려낼 수 있는 능력이 필수적이다.

　다음에 소개하는 기획서는 필자가 스스로 경험해 볼 요량으로 기획한 것이다. 지금 보면 창피하기도 하고 보완할 곳도 여러 군데 있지만, 이러한 과정 자체가 좋은 경험이었다.

출처 : www.seri.org/forum/영업유통경영포럼

COMMUNICATION 기획(안)
-시장 도입 전략 의거-

─── 차 례 ───

I. 환경분석
　　1. 시장동향
　　2. 제품동향
　　3. 경쟁현황
　　4. 당사방향

II. 문제점과 기회

III. COMMUNICATION 기본전략
　　1. 광고전략
　　2. 홍보전략
　　3. COMMUNICATION TOOL
　　4. 집행예산
　　5. 추진일정

년　　월　　일

광고판촉팀

Ⅰ. 환경분석

1. 시장동향

- 1984년 8월 OPC의 ovp-10의 출시 후 저조한 성장지속

  80년 후반, 정부의 신도시 건설계획 및 주택보급 200만호 건설계획 등 일련의 발표 후 HA사업 활성화와 더불어 별도시장으로 형성되기 시작

  1) 사업 참여업체의 급증(89년 4개 업체 → 90년 11개 업체)으로 신규시장 극대화, 수요증가 예상
  2) 유통망 보유업체별 추기시장 주도권 장악을 위한 유통전략 전개로 수요증가 예상

* 표 1. 시장규모 예측   (단위; 대,억원)

구 분		'89	'90	'91	성장률
현재	수량	3,000	8,000	20,000	158%
	금액	9	20	50	136%
유통 확대	수량	3,000	40,000	60,000	347%
	금액	9	100	150	308%

(자료; 시장도입전략의거)

2. 제품동향

1) 사회적, 환경적 요인으로 개인의 사생활 침해로 인한 NEEDS 발생
2) 기존 HA제품의 설치방법 및 사용법의 복잡성으로 인해 USER들의 NEEDS에 대응키 위한 제품
3) 기존 HA모델과는 별도로 배관, 배선공사가 필요 없이 기존 인터폰 시설과 대체사용 가능
4) SHT-301(6월), SHT-302(10월)와 부가장비 HA-311(7월), RF SECURITY UNIT(10월) 모델출시 및 시장도입으로 제품력, 대 경쟁사 우위확보 예상

* 표 2. SHT-301 제품 INFORM

구분	명세	구분	명세
제품명	VIDEO DOOR PHONE	SALES POINT	* 특징 - 국내 최초 화각 조정기능 - 국내 최초 화상 기업장치 　(옵션, 7 월 출시) - 도어카메라 훼손시 경보음 　발생(내,외부 동시발생) * 일반 - 도어폰 통화기능 - 방문자 모습 확인기능 - 일반 케이블 사용(4 선)으 　로 설치시공 간편 - 도어 자동 열림(옵션)
모델명	SHT-301		
상표명	삼성 비디오 도어폰		
출시시기	1990. 6		

(자료; 시장도입전략의거)

3. 경쟁현황

1) 업체별 사업 다각화에 따른 비디오 도어폰 사업참여로
　'89 년 4 개사 → '90 년 11 개사 시장 경쟁 예상
2) 대형 유통망 보유 업체간 시장경쟁 격화 전망

* 표 3. 업체별 운용모델 수

업체	모델	업체	모델	업체	모델
삼성	2	삼익	1	선경	1
금성	2	한국통신	1	롯데	1
대우	2	전한실업	2	중앙인터폰	1
OPC	2	제이&영	1	11 개 업체	16

(자료; 시장도입전략의거)

4. 당사방향

- 가 격

1) 세전이익 확보에 의한 저가정책 → 경로별, 유통마진보장 매출증대

2) 저가정책 통한 후발사업 참여업체, 유통진입 억제

3) SHT-301 매출, 가격등과 연동, 부가방비 (HV311, RF SECURITY UNIT) 의 판매기반 조기구축 → 사업의 고도성장 도모

- 유 통

1) 상권별, HA 전문 대리점별 유통망 효율적 관리

2) 가전 전문점, 백화점, 인터폰 SHOP 의 2차점화로 유통경로 다각화

3) 전문점의 지속적 육성(' 90 유통증설계획 의거)으로 M/S 우위확보

- A / S

1) HA 전문점별 초도물량의 3% 범위 내 A/S B' D 공급

2) 불량 B' D 는 HA 기술팀 집계, 한국통신 정기수리 조치

II. 문제점과 기회

구분	문제점	기회
시장	1. 경쟁사 난립 2. 유통망 부족 3. 기존 HA 제품과의 차별화 부족	1. HA 사업 참여의 선두주자 2. 유통망 증설계획 추진중 (단계별 확보가능)→가전전문점, 백화점 등 2차 점화 3. 별도 차별화 전략계획(판기)
제품	1. 동급 기종간 기능상 차이점 거의 없음 2. 경쟁사 기종 대비 가격차 비슷함	1. 하반기 출시모델 및 부가장비 등으로 동급 기종간 우위확보 가능 2. 강력한 저가정책→후발업체 유통진입 억제
소비자	1. 기존 HA 사용자의 기능인식 부족으로 사용거부 발생 2. 초기 도입으로 인한 제품 인지 낮음 3. 대소비자, 제품 PR 거의 없음	1. 설치, 작동 등 사용상의 편리 2. 소비자 MIND SHARE 를 높일수 있는 강력한 제품 이미지 전략 구사 3. 효율적 커뮤니케이션 전략으로 입체적 소비자 NEEDS 소구
광고, 인쇄물	1. 일반 인쇄물 위주의 제품 소개(경쟁사 별도의 광고 집행 없음) 2. 제품 CONCEPT+VISUAL 의 기술 위주의 인쇄물	1. 기존주택(단독세대), APT, 단독겸용 등 제품인지 차원, 일간지 및 지방 상권별 매체 활용(제품 입장보다 소비자 지향의 CONCEPT) 2. 전파광고 제작실시로 대소비자 MIND SHARE 확보 3. 제품의 특장점을 부각시킨 연출에 의한 인쇄물 제작

이 기획서는 홈네트워크 제품으로서 비디오 폰과 초인종 기능을 합친 제품을 시장에 도입할 경우, 소비자를 대상으로 어떻게 접근해야 하는가에 대한 커뮤니케이션 방향을 정리한 보고서이다. 그 당시로서는 이 제품의 시장이 초창기였던 만큼 '소비자의 인식에 대한 문제'에 대한 진단들이 중요했던 시점이었다. 하지만 미래 성장율은 높았던 보고서였다.

기획력은 한마디로 그림을 그리는 일과 비슷하다. 깨끗한 도화지에 전체적인 밑그림을 그린 다음 세부 묘사를 하고, 가장 어울리는 색으로 채색해 나가는 일. 이처럼 그림을 그리기 위해서는 무엇을 그릴 것인지 상상력을 발휘해야 할 뿐만 아니라, 그에 따른 논리적인 사고도 필수적이다.

그 다음으로는 다른 사람들에게 설득하여 자신의 기획을 채택할 수 있도록 하는 능력이 필요하다. 제 아무리 좋은 아이디어라도 채택되지 못하면 아무 쓸모없다. 따라서 자신의 아이디어를 논리적으로 전개하여 다른 사람들을 설득할 수 있는 문장력, 언어구사 능력 등의 프레젠테이션 기법과 능력이 필수다.

읽기, 쓰기보다 더 어렵고 힘든 과정이 바로 상대방을 설득하고 이해시키는 것, 즉 말하는 과정일 것이다. 얼마나 설득력 있게 말할 수 있느냐, 이것이 기획안 채택에 관건인 셈이다.

위에서 설명한 능력을 어느 정도 갖추었다면 해당 분야의 기획 전문가의 길로 접어들었다고 말할 수 있다.

아이디어라고 다 가치 있지는 않다

Chapter 02
최고의 아이디어 개발하기

아이디어란 도대체 무엇인가? 그것은 인간의 뇌 속에서 고민한 여러 가지의 생각들을 정리하고 분석한 후에 생활에 긍정적으로 응용, 적용한 것이라고 할 수 있을 것이다. 상상이나 잡념 등은 생활에 적용이 불가능하다. 즉 아이디어란 행동할 수 있는 무엇, 새로운 가치를 부여할 수 있는 무엇, 일상생활에 플러스될 수 있는 무엇을 말한다.

누군가가 '인간은 생각하는 동물'이라고 말한 것처럼 인간은 끊임없이 생각을 한다. 그리고 그 생각을 통해 행동하고 실천한다. 성공할 때도 있지만 때로는 실패도 하면서 다음부터는 똑같은 실수를 하지 않으려 노력한다.

또 그간의 생각을 통해 행해진 여러 개의 성공담을 하나의 체계나 논리, 그리고 이론적 정립을 위해 틀을 갖추어 놓기도 한다. 이렇게 갖추어진 체계나 논리는 후대를 위하여 쓰이기도 하고, 또 새로운 트렌드에 맞추어 변형되기도 한다.

인간은 무한한 생각을 저축해 놓은 은행과 같다. 저장해 놓은 생각을 인출해서 긍정적으로 사용하면 생활에 엄청난 편익을 가져올 것이고, 부정적으로 사용하면 원금마저도 깡그리 잃게 될 것이다. 누구에게든 원금을 잃는다는 사실은 두려운 일이다. 그러므로 사람들은 부정적으로 사용한 당시의 기억을 더듬어 두번 다시 실패를 하지 않으려고 생각하고 또 생각한다.

기업은 늘 아이디어에 목말라 있다. 비단 이 책에서 말하는 광고분야에만 해당하는 이야기가 아니다. 기업 내부 모든 분야가 아이디어에 매달려 있다. 이 아이디어들은 생산 프로세스 개선, 신제품의 개발, 경영의 합리화, 마케팅

방향의 재정립 등 모든 분야에 적용될 수 있다.

특히 소비자를 설득하기 위한 광고에 있어서 아이디어의 역할은 대단히 중요하다. 아이디어 하나에 모든 커뮤니케이션이 이루어지는 경우는 허다하다. 필자가 직접 참여했던 애니콜 캠페인에 '한국지형에 강하다'라는 키 콘셉트 (Key Concept)가 있다. 이 키 워드는 한국지형의 70%가 산악지형으로 구성되어 있다는 점에서 착안하였다.

통신전파의 속성은 직진성이다. 하지만 한국지형은 대부분 산악으로 구성되어 있어 전파의 직진성으로는 해결하기 힘든 문제가 있고, 그에 따른 기술 개발이 필요하였다. 결국 엄청난 시간과 노력을 들여 기술이 개발되었으며, 이렇게 개발된 기술을 소비자들에게 좀 더 가깝게 다가가게 하기 위한 커뮤니케이션 헤드라인이 절실했다.

'한국지형에 강하다'라는 표현은 이 기술은 한국지형의 특수성에 준비된 것이라는 생각의 창고 속에서 정리하고 분석한 후에 나온 결과이다. 결과는 대단한 호응을 얻었다. 외국계 경쟁 회사인 모토롤라를 무색하게 할 만한 대단한 캠페인이었고, 엄청난 매출과 마케팅의 성공사례와 신화를 이루었다.

위에서 얘기한 애니콜의 사례는 그동안 늘 고민해 왔던 생각의 정리를 통해 기업이윤에 도움이 되고, 매출증대를 이룰 수 있게 한 좋은 사례인 셈이다. 기업은 현실에 직면한 문제를 해결하기 위해 늘 긍정적인 생각을 가진 인력들을 동원하고, 기업의 새로운 비전을 제시하기 위해 고민하고 연구한다. 그리고 이렇게 정리된 생각들을 실천에 옮기기 위해 기업 내부에 긍정적인 분위기를 조성하려 하고, 보다 좋은 아이디어를 제안한 직원을 우대하는 정책도 쓴다.

광고를 하는 사람은 주머니 어딘가에 늘 메모지를 가지고 다닌다. 그때그때 떠오르는 생각을 메모하기 위해서다. '디자인 구루'라고 불리는 세계적인 디자이너 김영세 씨는 식당의 휴지에다가 떠오르는 생각을 스케치할 정도로 아이디어를 중요시한다.

이제 아이디어의 중요성에 대해 부인할 사람은 없다. 문제는 어떻게 아이디어를 개발하고 현실에 적용할 것인가 하는 것이다. 가끔 이런 말을 하는 사람들이 있다.

"기가 막힌 아이디어가 있는데, 너한테만 이야기해 줄게!"

그러면서 비밀을 지켜 줄 것을 신신당부한다. 정작 아이디어에 대한 얘기를 듣기도 전에 몇 번이나 보안을 다짐받고, 이야기를 하는 중에도 "이거 말고 아이디어가 몇 개 더 있는데, 그건 얘기 못해"라며 뭔가 또 다른 아이디어가 있다는 암시도 받아야 한다. 이야기를 다 들은 뒤 머릿속에는 이 한 가지 생각만 남는다.

"그런데 뭐? 그래서 어쩌라고?"

앞에서 '아이디어만으로는 아무런 소용이 없다'고 말했다. 끊임없이 떠오르는 아이디어를 하나도 놓치지 않고 머릿속에 담아두는 것은 바보 같은 짓이다. 타고난 몽상가가 아닌 바에야 머릿속에 온갖 아이디어를 다 담아두고 있는 것은 분리수거하지 않은 쓰레기통을 머리에 이고 다니는 것과 마찬가지기 때문이다.

우리는 이런 상태 — 아이디어가 끊임없이 솟아나서 결국 머릿속이 복잡해져 버렸을 때 — 에 있을 때, 정리가 필요하다고 이야기한다. 대개의 사람들은 그런 정리 과정에서 실제로 아이디어를 재배열하고, 왜 그런 아이디어가 떠올랐는가에 대해 생각하기보다는 '불필요한 것을 찾아 버리는' 방법을 선택한다. 그러나 필요한 것을 분리해 내는 방법을 모르는 상태에서 버리기 시작하기 때문에 정작 오랜 시간 고민해야 할 아이디어는 버리고 불필요한 것만 남기기도 한다.

어떤 아이디어를 쓸모 있는 것과 그렇지 않은 것으로 구분하기 전에 먼저 '이야기할 만한 것'으로 만드는 작업이 필요하다. '이야기할 만한 것'이 되기 위해서는 몇 가지 단계를 거쳐야 한다. 이런 머릿속의 작업을 '판단과 분류'라고 붙여 보면 어떨까?

메모를 하거나 사람들과 이야기를 하는 동안 '판단과 분류'는 계속되고, 그 과정을 무사히 통과한 몇몇 아이디어만 '이야기할 만한 것'의 자격을 부여받는다.

이렇게 '이야기할 만한 것'이 된 아이디어는 비로소 나의 아이디어 창고에서 가치 있는 것으로 분류되어 주목을 받는다. 주목을 받는다는 것은 언제든 꺼내서 생각할 수 있는 영역으로 이동하며 다른 새로운 생각, 새로운 만남, 새로운 아이디어를 위한 기준 아이디어가 된다는 의미다.

▌▶ 창의력과 상상력은 아이디어의 원천 ◀▐

아이디어란 넓은 뜻으로 의견, 신념, 설계, 도식(圖式), 암시, 사고를 포함한다. 철학에서 사용되는 그리스어의 '이데아(Idea)'와 근본이 같다. 최근에는 상업, 경영 용어로서 활동을 발전시키고 충실하게 하는 창의와 착상(着想) 전반을 가리키게 되었다.

아이디어가 요구되는 대상 영역은 작업 방법, 기계설비 장치를 비롯하여 광고, 홍보, 판매 등 경영 활동 전반에 미친다. 특히 새로운 제품 개발이나 대(對)시장 활동에서 결정적 중요성을 지닌다. 성능이 좋고 안정성이 있으며 가격이 싸고 실용적이어서 고객의 구매욕을 일으키는 상품이나 고객의 관심을 끄는 판매 방법 등은 아이디어가 가져다주는 성과이다.

경영 활동의 우열은 아이디어에 의해 좌우된다는 것도 납득할 만한 충분한 이유가 있다. 최근의 경영에서는 종업원 전원 또는 사외(社外)로부터, 경우에 따라서는 현상 공모를 낸다거나 기타 여러 방법에 의해 조직적으로 아이디어 콘테스트를 공모하는 경향이 강하다.

방법으로는 그룹 토론을 통해 착상을 열거해 나가는 브레인스토밍(창조적 두뇌의 집단적 개발법), 문제를 여러 요소로 분석·검토하는 방법, 관련 없는 많은 요소와 관련을 짓는 방법 등이 있다.

보상을 수반하는 제안제도를 설정하여 종업원의 사고 의욕을 자극하고, 경영에 대한 일체감을 가지게 하는 것도 중요한 방법의 하나이다.

새로운 제품이나 판매, 광고, 홍보에 대해서는 소비자나 판매자 등의 시사(示唆)가 유력한 아이디어의 근원이 되기도 하며, 경쟁 제품의 분석도 중시된다. 아이디어라는 무형의 것에 가치를 인정하는 것은 고도 산업사회의 특색이라 할 수 있다.

이렇게 아이디어는 어떤 사물에서부터 다른 사물로 대치시키는 방법 등 여러 가지가 있지만, 그중에서 널리 애용되는 것이 마인드맵(마음속에 지도를 그리듯이 줄거리를 이해하며 정리하는 방법)이다. 어떤 한 단어에서 뿌리를 내려 특징적인 단어들이 연결되는데, 사물의 공통점을 찾아내는 연상 작용은 기억 효과가 오래 남는다고 한다.

가장 대표적인 마인드맵에는 "원숭이 엉덩이는 빨개, 빨가면 사과, 사과는 맛있어, 맛있으면 바나나, 바나나는 길어, 길면 기차, 기차는 빨라, 빠르면 비행기…"로 연결되는 통속적인 노래가 있다.

물론 마인드맵 교육의 가장 기본적인 규칙은 연관성이 있어야 한다는 것이다. 그래서 흔히 주제와의 연관성을 고려하려고 노력하는데, 상상력의 날개를 위해서는 좀 더 멀리, 넓게 나아가도 괜찮을 것이라는 생각이 든다. 제시한 노래처럼 말이다.

꽃이라는 주제를 받았다고 해서 늘 향기, 아름다움, 잎, 식물 따위의 단어만 연상되어야 하는 법은 없지 않은가? 꽃을 통해 삶을 볼 줄 아는 상상력이 필요하다.

최근에는 창의력이 있느냐, 상상력이 풍부하냐 하는 것이 주요한 사업 아이디어의 원천이기도 하다. 그만큼 사회가 다양화되었고 직업군도 세분화되었다. 창의적 능력이나 상상력의 풍부함이 새로운 경영의 트렌드로 자리하면서부터 감성 마케팅 활동으로 고객(소비자)들의 마음을 읽으려고 시도하고 있다.

디자인 경영, 귀족 마케팅, 콘텍스트 마케팅(고객의 상황을 파악하여 필요한 상품을 추천함으로써 고객의 구매 욕구를 극대화시키는 마케팅) 등 상당히 고객의 감성적인 부분에 접근하는 유형으로 광고, 마케팅 활동이 다가가고 있다. 바로 아이디어나 상상력의 트렌드가 소비자 지향으로 맞춰가고 있다는 방증일 것이다.

마케팅의 목적은
영업이 필요 없게 만드는 것이다

Chapter 03

광고·마케팅 목표 설정하기

▌► 마케팅과 영업은 정반대 개념 ◄▐

오늘날 비즈니스에서 직면한 문제는 상품의 부족이 아닌, 고객의 부족이다. 대부분의 산업에서 전 세계 고객들이 구입할 수 있는 것보다 더 많은 양의 상품 또는 제품을 생산하고 있다. 이러한 과잉생산은 자사의 시장점유율을 높일 수 있을 것이라고 믿는 업체들이 더 많은 생산을 하면서 발생하는 것이다.

이는 다시 과잉경쟁으로 이어진다. 고객을 끌어오고 가격을 낮추기 위해 각 경쟁사들은 노력하고, 이는 다시 각 업체의 수익성 악화로 이어진다. 마케팅은 바로 가격 외의 요소에서 어떻게 경쟁할 수 있을 것인가에 대한 방법을 제공한다. 과잉생산으로 인해 마케팅은 어느 때보다 더욱 중요해졌다.

마케팅은 회사의 고객 제조 부서인 것이다. 그런데도 아직 많은 사람들이 마케팅에 대해 잘못 알고 있다. 많은 업체들이 아직도 마케팅을 회사의 제품을 팔아 없애기 위해서 존재하는 것으로 알고 있는데, 사실은 제조 자체가 바로 마케팅을 지원하기 위해 존재하는 것이다. 회사는 언제든 제조 부분을 아웃소싱할 수 있으며, 실제로 회사를 번성하게 만드는 것은 바로 마케팅 아이디어와 마케팅 가치제공이기 때문이다.

마케팅은 종종 영업과 혼동되기도 하는데, 사실 마케팅과 영업은 반대되는 개념이라고 할 수 있다.

"마케팅은 제품을 처분하기 위한 현명한 방법을 찾는 분야가 아니라 진정한 고객 가치를 창조하는 분야이다. 이것은 고객이 더 나은 상태가 되도록 돕는 것이다. 따라서 마케팅 담당자의 구호는 품질, 서비스, 그리고 가치이다."

업체가 제품을 보유한 뒤에 시작되는 것이 영업이라면, 마케팅은 제품이 존재하기 전에 시작되는 것이다. 즉 고객이 어떤 니즈(needs)를 갖고 회사가 고객에게 어떤 가치를 제공할 것인가에 대해 고민하는 과제인 것이다.

마케팅은 제품·서비스를 어떻게 개발하고, 가격을 책정하고, 유통시키고, 촉진할 것인가를 정하고, 이러한 결과를 모니터한 뒤 시간이 경과함에 따라 이러한 가치제공을 향상시키는 것이다. 또한 필요하다면 이러한 가치제공을 언제 끝내야 할지에 대한 결정을 하는 것이다. 결국 마케팅은 단기 영업 노력이 아닌 장기적 투자의 노력을 의미한다.

마케팅은 타깃 고객을 잘 이해해서 결국 영업이 필요 없도록 하는 상태가 최상이다. 미국의 경제학자 피터 드러커(Peter Ferdinand Drucker)가 말했듯이, 마케팅의 목적은 영업이 필요 없게 만드는 것이다.

▮▶ 마케팅 목표를 달성하기 위한 전략 ◀▮

마케팅 프로그램을 통해 기업이 달성하고자 하는 전반적인 목표. 주로 매출액, 시장점유율 등 계량적으로 표현된다.

마케팅 활동의 최종 목표는 "시장에서의 유리한 지위를 확보하고 충족할 만한 이익을 추구하는 것"이다. 즉 최적 시장을 설정하고, 최적 장소와 시점에서 최적 가격으로 제품을 판매하며, 판매 촉진 활동에 의해서 제품 판매를 용이하게 하고, 능률적·경제적인 판매와 유통경로를 통해서 매출을 증대하고, 효과적인 고객 서비스와 제품 서비스를 제공하는 것 등이 목표가 된다.

이상과 같은 미시적 목표들을 통해 달성하려는 궁극적인 마케팅 목표는 소비자 생활의 만족이라고 할 수 있다.

마케팅 목표를 달성하기 위해서는 다양한 마케팅 활동을 통합할 수 있는 가장 적합한 방법을 찾아 실천해야 한다. 이것이 바로 마케팅 전략이다.

마케팅 전략은 장기적이고 전개 방법이 혁신적이며 계속적 개선을 노리는 점에서 마케팅 전술과 다르다. 전개의 폭은 통합적이어야 하고, 반드시 모든 마케팅 기능을 가장 적합하게 조정·구성하여야 한다. 이 점에서도 개별 기능의 개선을 중요시하는 전술과 크게 다르다. 동시에 마케팅 전략은 전략 찬스를 발견하기 위한 분석, 가장 알맞은 전략의 입안, 조직 전체의 전개라는 3차원(三次元)을 포함한다. 이러한 마케팅 전략을 전개하려면 결국 기업의 비마케팅 부문, 즉 인사·경리 등과도 많은 관련을 맺게 된다.

마케팅 믹스*는 기업이 마케팅 목표에 따라 설정한 시장 표적(market target)에 마케팅 활동을 집중시키기 위해 사용하는 모든 투입 변수 등을 해당기업의 환경과 상황에 맞게, 그리고 마케팅 효과가 최대화되도록 배합하는 마케팅 전략. 마케팅 믹스의 구성 요소는 상품이나 서비스(product), 판매 장소(place), 가격(price), 판매 촉진의 형태(promotion) 외에도 제품 계획, 판매 경로, 광고, 수송 보관, 포장, 디스플레이 등의 전통적인 내용을 중심으로 정리된다.

마케팅 효과를 높이기 위해서는 이러한 모든 요소들을 마케팅 목표에 결합시키고, 그 목표에 입각하여 각 부문의 기능을 유기적으로 결합하여 동원하면서, 전체적인 마케팅 활동을 실시해야 한다.

마케팅 믹스(marketing mix) : 기업이 계획한 마케팅 목표를 이루기 위하여 여러 가지 전략, 전술을 종합적으로 실시하는 일. 마케팅 믹스는 크게 제품(Product), 가격(Price), 유통(Place), 촉진(Promotion) 등의 4P라고 부르는 요소로 구성되는데, 각각 독립적으로 작용하지 않는 4가지 요소들을 효과적으로 조합해서 마케팅 목표를 달성하는 것이 마케팅 믹스의 핵심이다.

실제로 이러한 믹스는 기업의 종류, 상태에 따라 전략적으로 변경되며, 시장 표적에 따라 달리 형성될 수 있다는 측면에서 한 가지 사례를 보자.

C&C 광고전략

목   차

■ 전제

■ 기본 방향

1. 광고의 개혁

2. 대 고객 당사 기업관 PR(C&C IMAGE)

3. 정보 CHANNEL 수립

■ 기본 전략

■ 제품별 전략

1. 통신기기(무선TEL/키폰)

2. 이동체(HHP/PAGER)

3. OA기기(FAX/PPC)

4. 주변기기(CM/HDD)

5. PC(게임기/SW)

■ 운영 예산

1. 제품별

2. 매체별

○○○○. ○

○○팀

전 제

- ● 고객 MIND SHARE 증대, 광고의 개혁

- ● 고객 제일주의 기업관 PR(C&C IMAGE)

- ● 정보 CHANNEL 확대/구축

기본방향

1. 광고의 개혁

○ 매체 전략의 다양화
  - 분기 매체 제안 제도
  - 분기 매체 분석 보고

○ 연간 캠페인 광고
  - 연간 제품별 캠페인(SERIES) 광고
  - 이벤트 안내 광고 강화

○ 옥외광고 효과 극대화
  - 4대 매체와의 COMBINATION(시각물의 통일성)

○ 광고 과학화의 기반 조성
  - 광고효과 조사(고객 MIND SHARE / LIFE STYLE / 구매성향)
  - 연간 광고물 사전 제작제(분기단위)
  - 광고물 사전/사후 FREE TEST(사내사원 중심 테스트/주부모니터 그룹)

○ 광고대행사 평가제도
  - 광고물의 질적 수준 향상 유도

2. 대 고객, 당사 기업관 PR

○ 당사 이미지 정립
  - DI 개념 도입(사업부 DI/BI 추진위 발족)

- C&C사업, 대외적 이미지 표방

○ 기업문화 전파 주력
  - 고객을 위한 문화행사(판촉 이벤트 연계)
  - 출판물 발간(ex, 컴퓨터월드/마케팅뉴스)

○ 대외언론, 당사 PR강화
  - 여론 조성 시스템 구축(홍보실 연계)

3. 정보 CHANNEL 수립/활성화

○ 각 지점간 정보 CHANNEL

○ 각 유통점간 정보 CHANNEL

○ 지역 매스컴간 정보 CHANNEL

| 기본전략 |

1. 개혁의 실천

1) 매체 전략 합리적 운용

  - 분기 매체 제안 : 대행사 광고/ 매체국 통해 분기 운용 매체 입수
    제품 성격 + 매체 속성 + 실행 전략 → 매체 운용
    (※분기단위 시너지 효과)
  - 분기 매체 분석 : 매체의 COVERAGE, 매체와 제품 연계성, 매체와 독자
    접촉 등 분기단위 매체 조사/개발 통해 매체 전략 합리성 추구

2) 연간 캠페인 광고의 운용

  - 단품 광고 탈피 → 주요 제품군별 연간 브랜드 관리차원, 장기적 캠페인
    광고 집행
    현, MARKET SHARE>MIND SHARE → 대고객 인지증대 목표로 전환
  - 이벤트 행사광고 → 알라딘 게임기 경진대회(5월), 컴퓨터S/W 공모전/경진
    대회(4, 6월) SITE별 행사안내 광고

※ 무선전화기, OA 등 일부 전문업체 대비 당사 제품, 소비자 인지율
떨어짐(연간 PLAN에 의해 장기적 집행 절실)

3) 옥외광고의 지역화

- 특정지역(부산, 대구) 집행 탈피 → 매출취약지역, 매출포지션 우선순위로
전환(광주, 대전, 서울)으로 지역매출 일조
- 소형, 역내, 유동인구량 저급 지역 → 도심지역, 대규모 상가지역으로 단계
별 조정하여 제품별 브랜드 고지 확대(93년: 광주, 대전)
- 4대 매체와의 적절한 조화 → 동일한 콘셉트/광고물 표현, 지역 캠페인 등
전략적 집행에 따른 제품별 이미지 조화에 주력

4) 광고의 과학화 → DATA 중심으로 전환

- 광고효과 조사 : 연간, 반기 소비자 광고 접촉을 조사, 경쟁사 광고동향,
광고효과의 영향력 등 조사
- 광고물 사전/사후 EREE TEST 제도 : ① 광고물 FOCUS GROUP
INTERVIEW(제일기획 주부 그룹), ② 사내 사원 중심 탄력적 시행(주요
사안별) 광고물의 현장 반영률 확대
- 광고물 사전 제작제 : '93 LINE-UP 의거, 분기단위 전략모델 중심 광고
를 사전제작으로 선행관리 체제로 전환
※ 광고예산 투자 대비 효과 측정 : 시장 내 여러 변인증 광고의 영향력
조사 미흡 → ① 연간캠페인 광고와 연계하여, 분기~반기 매출량의 주
요 변인증 1/N을 광고 영향력으로 간주하는 방안
② 특정기간 내 유통 실판매 고객대상 광고영향력 조사(SAMPLE 조사)

5) 광고대행사 평가제도 시행
- 우수 광고물의 제작 :
① MKT전략/광고전략 내 표현 메시지 등 명확한 콘셉트 내재유무
② IMPACT의 강함, BENEFIT 제공유무 등을 기본 평가항목으로, 경쟁사
대비 차별화, 소비자 인지율 증대차원 → 광고물 질적 UP

2. 기업관 PR 확대(C&C 이미지)

1) 당사 이미지 변화 추구 → NEW IMAGE 조정
- DI 개념의 설정: 1차, '고객의 이웃, 삼성전자'(가칭)를 '93년도 주제로 선정
MI(경영이념 통일화)+VI(시각표현 통일화)+BI(행동양식 통
일화)의 사내홍보 및 사외홍보 전담기구 - 部內 DI 추진위
구성

- 대외적 이미지 표방 : 사내, 상기 '고객의~삼성전자'를 홍보, 정착, 체질화로
   전개. 사외, ① "ONE WORLD THROUGH C&C"(가
   칭)를 대외적 슬로건으로, ② "1인 1 C&C"(가칭)를
   캐치프레이즈로 모든 대외적 시각물에 적용하고 상기
   DI 추진위에서 전담 추진

2) 대 고객 기업문화 전파 주력
- 문화행사 후원/주최 : 연간 이벤트 행사와 연계, 고객참여 문화행사로 승화
   ex.1) TEL 신혼대잔치 사은행사 당첨자 or 참가자 중
   심으로 POP MUSIC의 밤 개최, 문학의 장, 호암 미술
   관 관람 등
   "기업 문화의 개념을 고객과 함께"라는 주제를 전개
- 고객 이해도 확대, 출판물 발간 : 기업관, 고객우선주의를 접목. (테마) "삼성
   과의 만남" 중심, "C&C의 세계"(가칭)를 발간
   기업문화는 고객으로부터 형성됨을 PR

3. 정보 체계 강화

1) 지점간 정보 CHANNEL
   - 당 부서와 각 지점간 정보 : 월 2회(당월 20일, 차월 5일)/ 월 1회 프로모
      션 실무회의 개최. 지점간 의사소통 원활과
      지역정보 입수

2) 유통점간 정보 CHANNEL
   - 당 부서와 유통점간 정보 : 월 2회(당월 20일, 차월 5일)/ 연 2회 유통점
      조사 실시. 유통지원의 문제/고객의 STYLE/
      매출증대 IDEA 등 고객대상 정보 입수/정책
      반영

3) 매스컴간 정보 CHANNEL
   - 당 부서와 지역 매스컴간 정보 : ① 정기, 지역매체 접수/지역상황 분석/정
      책반영(수시)
      ② PR+광고 병행, 기획시리즈 확대 지역
      언론 당사 호의도 조성. 기관활동 상황/지
      역경제, 사회, 문화, 고객동향 정보입수

제품별 전략

● 통신기기 [무선전화기/키폰]
◇ 무선 전화기

환 경 진 단	광 고 전 략
'93시장	**광고목표** MIND SHARE 극대화
총 VOL 2,400억	**표 현 전 개**
삼 성 520억 22% 550천대	○ 연간 캠페인性 광고(MIND SHARE 확보)
나 우 485억 20% 510천대	- 1차: 브랜드 이미지 고지
금 성 485억 20% 510천대	테마: TEL편리성(커뮤니케이션 자유)
맥 슨 427억 17% 450천대	- 2차: 브랜드 이미지 확대
기 타 483억 21% 530천대	테마: TEL문화성(TEL예절 캠페인)
	- 3차: 브랜드 이미지 정착
제품	테마 : TEL사회공익성(고객과 직접 접촉)
	[예, 국내·외 고아/미아/이산가족 찾아주기
○ 900MHZ대 역	운동: 매체 협찬]
- 시장 도입 단계/유·무선 복합화	○ 주요 모델 타깃별 광고(이원화)
- 底가격화로 수요층 확대 도모	- 900MHZ/고급: 35~55세 주부 타깃
	- 자동응답/복합: 25~35세 주부 타깃
○ 자동응답기종	※ 중·보급: 시장 전반
- 시장 수요 급증 추세('92 < '93,18%↑)	○ 행사광고 전개로 시즌 대비
- 新모델 출시 중대로 경쟁격화(5~6개)	[테마: 사랑을 선물하세요-삼성하이폰]
	- 결혼(신혼수요) 이벤트 광고
○ 고급기종	- 국가 절기(추석, 설날, 연말) 시즌광고
- 유·무선 복합화	(선물 수요 촉진 종합 광고)
- 디자인, 컬러, 비주얼 기능 강조	- 집들이 계절(신규 수요) 시즌광고
	- 서울/지방백화점 특별세일 시즌광고
○ 중·보급형	○ 자동응답 수요촉진 라디오 광고
- 고정채널 방식 쇠퇴	- 배경: 자동응답 일반인 거부감 존재
- 디자인의 고급화/단순기능 底가격화	- 방법: 유명인사, 인기인의 재미있는 자동
	응답 메시지를 제공
유통	명랑하고 밝은 메시지 발굴
	- 운영: 4월 주부시간대 FM/RD 활용
○ 중, 대형점 육성	
○ 신규 유통(CVS) / 컴퓨터 유통 활용	

환 경 진 단	광 고 전 략
○ 지방 백화점 공략, 지원제도 수립 ○ 특판 수요 감안, 선물 수요 개발 **소 비 자** ○ 전문회사 대비 삼성 열세 　(당사 MK'T SHARE > MIND SHARE) ○ 전반적 기술 수준 향상으로 A/S 양호 　(A/S 평균 5.6%: '92년 말 백화점 데이터) ○ 무선 TEL(MCA) 선호: 가족→개인전환 ○ 일제 TEL 맹목적 선호('92上<下 50% ↑) ○ 자동응답 TEL 인기 　(20대 후반~30대 초반의 합리적 생활 　만족형 신세대 부부의 증가)	**MEDIA MIX** ○ T.V[1,200백만] 　- 시급별(SA, A, B) 시청 중심의 프로그램 　(예, MBC 아들과 딸, 전원일기 등) 　- 메인 모델(SP-R414) 중심 ○ 신문 　- 1차: 일간지(지방지) 독자 효과면(사회/ 　경제/문화) 위주 노출 　2차: 경제지(전문지, 생활뉴스지) 중심 　2차수요 확산 　- 연간 캠페인 광고[330백만] 　1차: 3~4월/ 2차: 5~7.5월/ 3차: 9~11월 　월 55백만×8개월 　- 타깃별 광고[385백만] 　900MHZ/고급: 出시점 2개월 런칭 　자동응답/복합: 出시점 2개월 런칭 　월 4회 × 55백만 × 7개 모델 　☞ 연간 캠페인 광고 연계 　- 행사광고[250백만] 　결혼시즌: 봄, 가을(예, 혼수장만캠페인) 　명절시즌: 1/9/12월(예, 선물촉진캠페인) 　세일시즌: 세일시점(예, 백화점세일캠페인) 　월 2회(기간 전/후)×60백만 ○ 잡지[104백만] 　- 1차: 여성전문지(예, 여성중앙) 　2차: 시사/문화/경제지 중심 운영 　- 연간 캠페인 광고: 시리즈 2~4, 6P 운영 　타깃별 광고: 제품 중심 2P 운영 ○ 옥외[25백만] 　- 상·하반기 주요 모델(예, SP-R411) 중심 　신규매체 지속개발 제품 브랜드 관리

◇ 키폰

환 경 진 단	광 고 전 략

'93시장
 	
총 VOL   395억   34.3천대
삼   성   132억   34%   11.5천대
신   도   198억   50%   17.3천대
현   대   65억   16%   5.5천대
	광 고 목 표 삼성키폰, 소비자 효익을 고지
	             인지도 제고 및 신뢰도 강화
	표 현 전 개
	
	○ CONCEPT: 다양한 제품라인, 편리한 사
	    용 등 귀사의 업무효율 높여주는 경제적
	    키폰
	   - TARGET
	  MAIN: 키폰 필요성 느끼나 전문지식 NO
	          구매시 기능, 가격 민감한 중소경영
	  SUB: 유사한 심리적 특성 지닌 수용층
	○ 장기적 제품인지 광고
	   - MAIN모델: 중용량을 중심으로 연간으
	       로 운영하여 소비자 인지도 재고
	○ 출시모델 런칭 광고
	   - 디지털(SKP-2456DX/40D/무선(AS-30BC)
	      제품중심과 FULL 라인업을 강조

제품 ○ 디지털/무선카드 도입기 ○ 아날로그 제품 성숙기 ○ 중용량 시장 확산 ('92 76%→'93 80% ↑)	

	MEDIA MIX
	
	○ 신문[190백만]
	   - 장기 제품인지 광고/출시제품 광고
	     경제, 전자업계지 중심으로
	     인지광고: 3월~8월 25백만×6개월
	     출시광고: 출시월, 인지광고와 연계

유통
○ 시장증가율 정체(성숙기 제품)
○ 중용량 제품이 전체시장 좌우
○ 금성통신의 절대적 시장지위
○ 후발업체 현대전자의 低價공세
○ 기능측면 균질화 현상 심화
○ 신판/OA대리점+KP대리점 연계
	○ 잡지[40백만]
	   - TARGET별 운영
	     의약신문, 월간호텔, 중소기업전문지(현
	     대경영, 기업경영, 중소기업정보)
	     월 5백만×8개월

소비자
○ 사무자동화 관심증대/정보화사회 기대감
 	
○ 구매결정권자 제품지식 낮음
 	
○ 구매준거: 기능성, 가격 중심
 	
○ 딜러 및 사용자의 영향력 큼
	○ 옥외[144백만]
	   - 지하철광고/ 버스광고 실시로 프로모션
	     활동 강화(인쇄광고 연계)
	     월 18백만×8개월

● 이동체 [HHP/PAGER]
◇ HHP

환 경 진 단	광 고 전 략

환 경 진 단

'93시장

총 VOL 1,254억

삼 성	234억	18.7%
모 토	740억	59.2%
금 성	100억	7.9%
현 대	50억	3.9%
기 타	130억	10.3%

제품

○ 아날로그방식
 - 급격한 수용증대: 해외 선진모델 도입증대 추세(200g대)
 - 해외 선진업체 특허 문제 대응, 개발력 강화(해외 R&D센터설립/우수인력 영입)
 - OPTION/모델의 다양화 추세(소량/경량화)
○ 디지털 방식
 - 서비스용량 증대/다양화 추세 반영 디지털화 추진('94년 말 상용화 예정)
 - 차세대 시장 선점 목표, 업계 개발확대 해외선진업체 기술제휴/현지개발
 - 핵심부품 전용화, 제품원가 절감추진 VOICE CODEC/MODEM 등

유통

○ 2차점 확대 캠페인(3~4월)

○ 백화점 판매망 지방 확충

○ 위탁 대리점 제도권 강화

○ 대형 특수 수요처 확대 강화
  (대기업 업무용, 軍 통신장비)

광 고 전 략

광 고 목 표	삼성휴대폰 신뢰성 확보

표 현 전 개

○ 광고 PATTERN 2원화
 - MAIN: 제품 속성 중심 운영(8~12월)
   대상: 비즈니스맨(30대 중반~50대)
   모델: SH-700(140g대)
 - SUB: 제품 신뢰 + 기업 이미지(3~6월)
   대상: 비즈니스 + 개인(30대 초~40대)
   모델: SH-400
 - 전개 POINT
   MAIN광고: 제품 우수성 이성적 소구
   SUB 광고: 기업의 신뢰 감성적 소구

MEDIA MIX

○ TV/RD[550백만]
 - MIND SHARE 확보 → 브랜드 이미지 광고 해외모델 대비 당사모델 열세 만회 전략 (對모토로라 93초기 강력 대응)
 - BIG모델(예, 나한일, 이동준) 전략 구사, 출연모델 이미지(예, 강한 한국남성 = 한국휴대폰) 연계, 시각적 메시지 전달
 - 7. 8월 집중운영(TV)[SH-700 연계]
   6,7,8,9월 집중운영(RD)[SH-700 연계]

○ 신문[350백만]
 - 1차: SUB 광고 → 기업신뢰 감성소구(3~6월) / 월 35백만 × 4개월(일간지, 경제지, 지방지)
 - 2차: MAIN 광고 → 제품우수 이성소구(8~12월) / 월 42백만 × 5개월(일간지 중심)
 ※ MIND SHARE 확대를 위한 INFOM광고

○ 잡지[60백만]
 - 1, 2차 경영, 경제, 시사지 중심: 2~3P 운영

환 경 진 단	광 고 전 략
소비자 ○ 모토로라 선호强(최초 상기율: 당사 9%, 　모토로라 64%. 즉, 외제 선호强) ○ 이동통신(제2이동통신) 관심 증대 ○ 구매 장애요인: 가격(高價), 제품 신뢰도 ○ 특수계층 → 일반수요 확산(자영업, 개인) ○ 장년층 → 30대 초반~40대 중년층 확산	○ 옥외[15백만] 　- 상·하반기 주요모델(예, SH-400/700) 　　신규매체 지속개발 제품 브랜드 관리 ※ DM 광고 　- 대상: 30대 중반 비즈니스맨/자영업자 ※ PR 활동 　- 언론기자, 대리점주, 휴대폰 딜러대상 　　설명회/세미나/광고 연계한 판촉활동 ※ 휴대폰 브랜드 네임 선정 　- 모토대비 퍼스낼리티 구축에 한계 　　제품의 고부가가치 부여 목적

◇ PAGER

환 경 진 단	광 고 전 략
'93 시장 삼 성　　　105천대　　　15% 모 토　　　350천대　　　50%	**광 고 목 표** ○ 제품 PR/제품 이미지 런칭
제 품 ○ 150MHZ대역 : 카드타입, 펜타입 ○ 320MHZ대역 : 서울, 지방사용 SVC실시	**표 현 전 개** ○ 전략제품 출시 위주 광고운영 　(SRP-3400N/3월, SRP-6100N/6월)
소 비 자 ○ 저가 구매 현상 ○ 다양한 디자인(컬러화/패션화) ○ 수요층 변화(비즈니스→학생, 개인 등)	**MEDIA MIX**　　[100백만] ○ 신문/잡지: 제품 이미지 런칭 　경제지, 스포츠지 위주(5단 컬러) 　경영, 경제, 시사잡지 위주(2P) 　출시월 3, 6월 전/후 월 28백만×3개월

● OA기기 [FAX/PPC]

◇ FAX

환 경 진 단	광 고 전 략

환 경 진 단

'93시장

총 VOL	605억	11만대
삼 성	205억	38천대
신 도	154억	28천대
금 성	77억	14천대
대 우	55억	10천대
제 록 스	55억	10천대
기 타	59억	11천대

제품

○ G4 FAX(G3겸용)시판(ISDN, CSDN, PSDN 접속)

○ 코드리스폰 FAX, 리모콘 조작형 추세

○ 고화질(TIP), 중간조 고속전송 제품

○ 저가형 모델의 메모리 삭제모델 개발

유통

○ 안테나 SHOP 운영, 유통정보/제품반응 관리
○ 가전 컴퓨터 유통점 활용
○ HOME FAX시장의 개척(KT, FAX 정보 사업 연계)
○ 유통점 인센티브 제공

소비자

○ 복합 기능의 제품 출현 기대

○ 전문회사 대비 MIND SHARE 열세

○ BRAND IMAGE 혼선

광 고 전 략

광 고 목 표 삼성 팩시밀러 고객 BENEFIT 강조

표 현 전 개

○ 시장/고객 중심광고 2원화
 - 상반기: HOME 마켓 런칭(퍼스널모델 出)
  대상: HOME(개인)/중소기업
  HOME 시장에서의 FAX 편리성 강조
 ※ 전개방안
  1단계: 3~4월 런칭 광고(퍼스널)
  2단계: 5~6월 현장(TESTIMONYAL)광고
  3단계: 7~8월 비수기 극복 지원광고
 - 하반기: 고객 BENEFIT 중심
  대상: 중(대)소업자, 교체대상수요
  DTF 소구(LASER +보통용지)로 고객
  이익 제시(INFOM)
 ※ 전개방안
  1단계: 9~10월 런칭 광고
  2단계: 11~12월 대체수요 촉진광고

MEDIA MIX

○ 신문[490백만]
 - 상반기: 일간, 지방지 중심운영
  월 35백만×6개월(HOME시장 중심집중)
 - 하반기: 일간, 경제, 전자지 중심운영
  월 70백만×4개월(중소업, 교체수용 집중)
○ 잡지[54백만]
 - 상반기: 경영, 여성, 시사지 중심
 - 하반기: 경영, 경제, 업계지
  월 54백만×10개월 2~3P 운영
○ 옥외[15백만]
 - 상·하반기 주요 모델
  (예, STAFF7,CF5500) 신규매체 지속개발
  제품 BRAND 관리
※ 프로모션 캠페인
 - 대상: 프리랜서 작가, 개인사업자, 대학교
  수, 일반가정 등 신규수요 개발 목적
 - 배경: 오피스 수요 한계, STAFF시리즈를
  MAIN모델화하여 시장 개척

◇ PPC

환 경 진 단	광 고 전 략	
'93시장	**광고목표**	S/W 다양성, 완벽 지원 체제 확산
	표현전개	

'93시장

총 VOL	65천대	
삼　성	6천대	10%
신　도	23천대	35%
제 록 스	18천대	28%
롯　데	11천대	17%
기　타	18천대	10%

제품

○ 프론트 로딩 방식 (전면급지 방지) 추세
　(공간 점유면적이 적고 디자인 심플)
○ OPTION 및 기능 다양화
　(SORTER, ADF, 자동원고 이송장치 등)
○ 고속기종 판매 강화 예상
　- 업체별 고속기 구매 추세
　- 국내 퍼스널 기종 단종 저가수요 확대

유통

○ 고속기, 저속기 시장 양분화 체제
○ 업계 공히, 유통망 확충(신도, 제록스)
○ 신도, 제록스, 롯데 조달수요 지속장악
　(삼성: 제품 LINE-UP 열세)
○ 당사 저속기 주력 (14/16CPM 기종)

소비자

○ 고급형, 고가기 (25% 신장예상) 욕구증대
○ 신규수요 격감, 교체수요 증대
　('92 중반 이후)
○ 선발 > 후발업체, 고객신뢰 A/S 기업이미
　지 인지도 양분

표현전개

○ 제품시장별 광고 2원화
　- 저속기: 단순 편리 기능의 이성적 소구
　(저속기: 전체 시장의 26% 수요)
　대상: 중소 규모업체
　MAIN모델: DC-5655(4월)

MEDIA MIX

○ 신문[250백만]
　- 저속기: 일간, 지방지 중심
　　월 35백만 × 3개월(출시 전/후)
　- 고속기: 경제, 전자지 중심
　　월 25백만 × 3개월(출시 전/후)
　※ 하반기: 조달, 특수수요 예상
　　월 35백만 × 2개월(10, 11월)

○ 잡지[30백만]
　- 저속기: 경제, 시사지 중심 2P 운영
　- 고속기: 경영, 경제, 전자지 중심 2P
　　운영

○ 옥외[15백만]
　- 저속, 고속 주요 모델(예, DC1455,
　5655)
　　신규매체 지속개발 제품 브랜드 관리

● 주변기기 [컬러모니터/HDD]
◇ 컬러모니터

환 경 진 단	광 고 전 략

<table>
<tr><td colspan="2">환 경 진 단</td><td colspan="2">광 고 전 략</td></tr>
</table>

환 경 진 단		광 고 전 략	
'93시장		**광 고 목 표**	브랜드(싱크마스터) 인지도 확대
		표 현 전 개	
총 VOL	610천대	○ 브랜드 인지 확대 캠페인 광고(시리즈)	
5대메이커	354천대	- 상반기: 싱크마스터종합(시추에이션 반영)	
중소조립	256천대	대상: CAD/CAM, DTP, W/S PC 사용자	
삼 성	320천대 52.5%	(전문마니아 중심)	
금 성	100천대 16.4%	POINT: WORLD WILD 제품 실증제도	
전 관	126천대 20.7%	※ 전개방안	
대 우	35천대 5.7%	1단계: 3~4월 종합편 런칭	
현 대	20천대 3.3%	2단계: 5~8월 종합편 유지광고	
기 타	9천대 1.5%	- 하반기: 싱크마스터종합(최첨단 기술력)	

환 경 진 단

'93시장

총 VOL　　　　610천대
　5대메이커　354천대
　중소조립　　256천대

삼　　성	320천대	52.5%
금　　성	100천대	16.4%
전　　관	126천대	20.7%
대　　우	35천대	5.7%
현　　대	20천대	3.3%
기　　타	9천대	1.5%

제품

○ 컬러모니터로의 완전한 전환
○ 고해상도 15″ 이상 모델 신장 두드러짐
○ 슈퍼VGA급 제품으로 전환 추세
○ 일본, 14″ 취약, 고해상도 强
○ 당사, 14″~21″ FULL 라인업 구축
○ 국내업체, 라인업 및 고해상도 취약

소비자

○ 컬러모니터 요구 증대

○ 사회 환경 변화, 각종 S/W 개발 편승
　대형화, 고해상도 추세

○ 대학생 수요 → 중·고교생 수요 확산

광 고 전 략

광 고 목 표　브랜드(싱크마스터) 인지도 확대

표 현 전 개

○ 브랜드 인지 확대 캠페인 광고(시리즈)
- 상반기: 싱크마스터종합(시추에이션 반영)
　대상: CAD/CAM, DTP, W/S PC 사용자
　　　　(전문마니아 중심)
　POINT: WORLD WILD 제품 실증제도
　※ 전개방안
　　1단계: 3~4월 종합편 런칭
　　2단계: 5~8월 종합편 유지광고
- 하반기: 싱크마스터종합(최첨단 기술력)
　대상: 퍼스널 컴퓨터 시장(대학, 중·고)
　POINT: 싱크마스터→기술선도 제품 부각
　※ 전개방안
　　1단계: 9~10월 OSD, AUTO 컬러 부각
　　2단계: 11~12월 멀티미디어 환경 부각
　　　　(세계 C/M기술 리드 브랜드 →
　　　　싱크마스터)

MEDIA MIX

○ 신문[490백만]
- 상반기: 경제, 전자지 중심 운행
　월 35백만×6개월(전문마니아 중심 집중)
　하반기: 전자, 스포츠, 학생, 대학지 중심
　월 70백만×4개월(대학,중고,개인USER)

○ 잡지[84백만]
- 상반기: 경제, 컴퓨터전, 업계지 중심
　하반기: 컴퓨터전문, 학생, 대학지 중심
　월 7백만×12개월 2~4P 운영

◇ HDD

환 경 진 단			광 고 전 략	
'93시장	※ 당사기준		**광 고 목 표**	S/W 다양성, 완벽 지원 체계 확산
총 VOL	600천대		**표 현 전 개**	
삼 성	260천대	43.3%		
SEAGATE	90천대	15.0%	○ 세계적 위치, 인증광고로 인지 확산 32개국 수출(ISO9000시리즈) 광고POINT 구입이 용이, A/S가 편리 SIZE는 小, 소음은 底 용량은 最多(250MB)	
W / D	50천대	8.3%		
CONNER	150천대	25.0%		
QUANTUM	30천대	5.0%		
기 타	20천대	3.4%		

광 고 목 표: S/W 다양성, 완벽 지원 체계 확산

표 현 전 개

○ 세계적 위치, 인증광고로 인지 확산
 32개국 수출(ISO9000시리즈) 광고POINT
 구입이 용이, A/S가 편리
 SIZE는 小, 소음은 底
 용량은 最多(250MB)

 – 지속적인 제품 이미지 캠페인
  유지광고: 1/4, 3/4분기
  집중광고: 2/4, 4/4분기(PC의 방학수요)

제품

○ HARD 고용량화 / 경량화 추세
 (120MB→250MB/HD SIZE 슬림화)
○ PC＋HDD 개념으로 단일화(즉, HDD 수요 증가)
○ 국내 경쟁사 無
○ 해외 모델과의 경쟁으로 어려움
 (제품불량률 선진대비 多)

MEDIA MIX

○ 신문[120백만]
 – 新모델 중심으로 운영
  경제, 전자지 중심
  월 30백만 × 4개월
  기술력 바탕으로 이룩한 제품 강조

○ 잡지[115백만]
 – 지속적 이미지 관리
  유지: 경영, 경제, 전문지 중심
    월 11백만 3~4P 운영
  집중: 컴퓨터전문, 업계지 중심
    월 15백만 5~6P 운영

유통

○ 해외: 외국 오퍼상
○ 국내: 당사 유통망(HDD전문) 대형점 확보로 강세 / 유통건실 8개점
○ 문제점
 – 가격하락 추세에 따라 마진율 저하
 – 시황에 따른 변수 내포(유통변수)

소비자

○ 해외선진업체 대비 제품기술상의 부분적 열세로 불량률 다소 발생(약 10%)

○ 해외모델 구입시 A/S취약(불량률 1%)

○ 외제 선호 현상 잠재적 욕구

● PC [게임기/SW]

◇ 게임기

환 경 진 단		
'93시장	※ 당사기준	
<u>총 VOL</u>	200억	631천대(49.3%)
8비트	95억	160천대
16비트	65억	70천대
HANDY	1.5억	2천대
H/W	167억	235천대
S/W	33억	164천대

제품
○ 8비트 게임기 상승세 정체 ○ 16비트 시장규모 확대 ○ S/W판매 신장세 CD게임기 도입 ○ 저가복제품 시장 확대

유통
○ 유통망 확대(직판 SITE)   (호텔, 콘도 게임룸/판촉물) ○ S/W 전문 유통망 확대 ○ 16비트 경쟁 가속화로 가격인하 예상

소비자

○ 대만 복제품 범람, 고객 선호
  (대기업 원천 봉쇄)
○ 브랜드 혼선
  (겜보이 → 알라딘 보이로 전환)

광 고 전 략	
광고목표	BRAND LOYALTY 강화

표 현 전 개

○ 8/16비트: NO 1 브랜드, 선두 강조
  CD: 기술력에 의한 차세대 게임기
  핸디: 컬러 액정 휴대용 게임기
  S/W: 신규 S/W다양화, 일본과 동시발매

- TARGET
  8/16비트: 대도시 중상류자녀(초4~중1)
  핸디: 고교생~20대 후반
  CD: 16비트 소유자 中 게임마니아(상류자녀)

- CONCEPT
  8/16비트: 환상의 실감 게임기
  핸디: TV도 보고 게임도 즐김
  CD: 고난도 게임, CD-G CD기능 소구
  S/W: HIT S/W 지속출시 선보임

MEDIA MIX

○ TV [157백만]
  - 어린이 프로 집중운영(성수기)
    월 23백만 × 7개월
    6월 2차 (신규제작)광고(신제품 포함)

○ 신문[37백만]
  - 시즌별 행사광고
    (어린이날, 하기휴가, 추석, 크리스마스)
    소년, 학생지 운영
    월 10백만 × 3.7개월

○ 잡지[193백만]
  - H/W: 소년, 게임전문지
    S/W: 게임전문지
    월 16백만 × 12개월

◇ S/W

환 경 진 단		광 고 전 략	
'93시장	※당사기준	**광 고 목 표**	S/W 다양성, 완벽 지원 체제 확산
총 VOL 36억 7.4%		**표 현 전 개**	
교육용 13억			
업무용 3.3억		○ 新모델 중심 집중운영	
OA용 5.0억			
멀티용 5.1억		-S/W다양성, 신뢰성/지속개발	
기 타 9.6억		지원 토털솔루션 제공	
제품			
		- TARGET	
		교육용: 학생, 학교, 학원	
○ 윈도우용 S/W 판매주류		업무용: 도·소매점, 오피스 外	
		OA용 : 기업, 관공서 外	
○ 외제 S/W 국내시장 주도			
○ 멀티미디어 S/W 시장확대		- CONCEPT	
		교육/업무의 효율성을 높여주는	
○ S/W 有價인식 강화		삼성 S/W	
유통		**MEDIA MIX**	
○ H/W 유통社, S/W 유통전략 시도			
(예, 아프로만, 토비아)		○ 신문[51백만]	
○ S/W 가격 지속 하락		- 신제품 출시 시점광고 운영	
○ S/W 유통 관심고조, 업계, 유통 확장세		일간, 경제, 전자지	
소비자		○ 잡지[89백만]	
		- 신문과 연계	
○ 고객 S/W 불법 복제품 저가에 구입		컴퓨터전문지, S/W유통지 중심 2~3P	
(법적 장치 마련 시급)			

1. 제품별 예산

제품	정보통신					컴퓨터				합계
	통신	OA	SYS	주변	계	게임	PC	S/W	계	
'92	31 (64.8)	13 (27.2)	0.8 (1.7)	3 (6.3)	47.8	3 (13.8)	18 (83.3)	0.6 (2.7)	21.6	69.4
'93	32 (56.1)	7 (12.2)	4 (7.0)	14 (24.6)	57	5 (17.9)	21 (75.0)	2 (7.1)	28	85.0
신장률	3.2	-46.2	400	366.0	19.2	66.6	16.6	233.0	29.6	22.5

2. 매체별 예산

매체	광고선전비							비고
	TV	RD	신문	잡지	옥외	제작	계	
'92 통 컴 계	16 0.7 16.7 (24.1)	- - -	19 13 32 (46.1)	3.8 2.4 6.2 (8.9)	6.6 3.1 9.7 (13.9)	2.4 2.4 4.8 (6.9)	47.8 21.6 69.4	※산업용 제품 위주이므로 설득적인 신문 비중↑
'93 통 컴 계	18 1.9 19.9 (23.1)	1.3 - 1.3 (1.5)	23 16 39 (45.5)	4.3 3.8 8.1 (9.4)	6.9 3.8 10.7 (12.4)	4.3 2.5 6.8 (7.9)	57.8 28.0 85.8	※ 전년대비 옥외매체 증대
신장률	19.2	0	21.9	30.6	10.3	41.7	23.6	

앞의 C&C 광고전략은 커뮤니케이션 제품을 제품별로 모아서 종합적인 광고 방향을 정리한 보고서이다. 각 제품별로 갖고 있는 공통 분모들을 찾아서 정리하였고, 또 분모들의 세부적인 콘셉트를 같이 정리하여 제품의 종합적인 방향을 알 수 있도록 하였다.

▎▶ 광고 계획의 시발점인 목표 설정 ◀▎

기업의 마케팅 목표와 논리적 연계성을 가지는 특정 광고 캠페인의 목적은 상품이나 서비스에 대한 소비자의 인식 형성, 기존 사용자들에 대한 추가적인 판매 촉진 등을 포함할 수 있다. 광고 목적은 광고 계획의 시발점이 되며 전체적인 방향을 결정하는 것이다.

광고 목적을 흔히 소구점(appeal point : 광고 캠페인에서 상품이나 서비스의 특질 중 소비자에게 가장 전달하고 싶은 특징)과 혼동하는데, 소구점은 광고 목적을 전달하는 포인트를 말한다.

마케팅 전략을 달성하는 데 있어서 광고의 일반적인 기능은 상품이나 서비스에 대한 선택권을 가진 수용자가 필요로 하는 정보를 제공하여 수용자의 태도나 행동을 변화시킨다는 것이다. 특히 대중매체를 이용한 광고는 여러 지역에 분산된 소비자에게 동시에 접근할 수 있다는 특성도 가진다. 이러한 목적성에 의거하여 광고 목표가 설정되게 되는 것이다.

광고 목표는 특정 기간 내에 소정의 수준에까지 명시된 수용자를 대상으로 달성해야 할 특정 커뮤니케이션 과제이며, 효과를 측정하여 확인이 가능한 것이어야 한다.

예를 들어 광고 목적이 '자사 브랜드의 선택 의향을 창출하는 것'이라면, 그에 따른 광고 목표는 "1993년 주부 백만 명 가운데 광고상품 A의 선택 의향률을 20%로 올린다"가 된다.

광고 전략을 입안하는 전제로서 도대체 무엇을 목표로 해서 광고를 출고하는가를 명확하게 해둘 필요가 있다.

광고 목표의 가장 중요한 지표로서 마케팅 목표이기도 한 매출 목표(그 상품의 매출을 몇 퍼센트 늘리고 싶은가? 얼마큼 팔려고 하는가? 어느 만큼의 시장점유율을 지향하는가?)를 들 수 있다.

그 다음에 광고 커뮤니케이션상의 목표다. 상품의 지명률·이해율의 달성할 목표치, 또 광고 자체의 인지율 등도 목표에 포함할 수 있다.

이상의 목표의 설정 방법은 수치를 목표로 하는 정량적인 목표 설정이고, 이밖에 정성적인 목표 설정이 있다. 예컨대 이번의 캠페인 목표는 "이 상품의 새로운 사용법을 소비자에게 알린다" 등의 방법을 취하는 것이다.

목표 설정은 자사가 갖고 있는 광고 예산이나 상품력, 과거의 실적에 비추어 현실적인 것이어야 한다. 상품명의 인지율이 0%에 가까운데 갑자기 100% 가깝게 인지율을 올린다는 것은 실제로 매우 어렵다. 그러므로 광고 목표를 설정할 때는 광고회사의 전문가, 회사 안의 경험자에게 상의하여 신중하게 설정하지 않으면 안 된다.

이 목표를 바탕으로 광고 계획을 수립하게 되는데, 광고 목적과 전략에 관한 대략적 개요, 광고대행사가 특정한 광고 활동을 통해 광고주의 마케팅 목표를 어떻게 달성할 수 있을지 설계하는 상세한 계획을 말한다.

광고 계획은 마케팅 믹스에서 광고의 역할, 표적 수용자의 정의, 크리에이티브 믹스의 활용 등에 관한 결정을 포함한다.

광고 활동은 광고 계획→광고 실시→평가 계획의 개선이라는 순환 과정을 거치는데, 광고 계획은 이러한 광고 활동의 기본적인 초기 단계에 해당되며, 광고 기간에 따라 장기 계획(2~5년)과 단기 계획(1~6개월)으로 구분된다.

장기 계획은 장기적 광고 전략을 입안하는 것으로서 마케팅 정보의 수집, 판매 예측에 의한 광고 목표의 결정, 크리에이티브 전략과 매체 전략의 결정, 예산 편성, 실시일정의 작성, 효과 측정 계획 등이 포함된다.

단기 계획은 광고 전술을 입안하는 것으로서 매체 계획(배분, 일정 작성, 빈도, 계속도, 사이즈, 규모 등)과 광고 표현 계획(광고 메시지 또는 카피 제작 등)이 포함된다. 이외에 광고대행사에서 광고주의 캠페인이나 특정 상품의 판매 정책에 따르는 매체 배분 계획 등을 제시하기도 한다.

결국 광고 목표는 특정 기간 내에 해당 타깃들에게 얼마만큼의 커뮤니케이션 효과를 얻어낼 것이냐에 대한 목표이다. 다시 말해 광고 활동을 통해서 소비자들이 어느 정도의 인지율 또는 구매 의향률을 높이는 목표를 말하는 것이다.

이상의 목표 설정에 있어서 여러 가지 데이터를 활용하는 것이 필요하다. 마켓쉐어(Market Share) *, 사용자의 프로필, 광고 평가, 기업 이미지 등에 관한

마켓쉐어(Market Share) : 시장점유율 혹은 시장점거율이라고 한다. 특정 제조업자 또는 판매업자의 제품 매출액이 산업 전체의 매출액에서 차지하는 비율. 어떤 산업의 독점도를 나타내는 지표로 이용된다. 마켓쉐어의 수준은 공공정책의 관점에서는 시장집중 정도를 나타내는 지표이며, 또 기업경영의 관점에서는 기업의 경쟁상 지위를 가리키는 지표로써 중요한 의미를 갖는다. 기업이 점유율을 중시하는 이유는 점유율이 그 기업의 시장에서의 평가를 반영한다고 생각하고, 점유율의 저하가 금융기관의 경계를 초래하여 경영자의 지위를 약화시킬 우려가 있다는 등의 이유 때문이다.

데이터가 주로 활용된다. 목표를 설정할 때는 그 데이터의 신뢰성, 의미, 한계를 이해하면서 사용하는 것이 중요하다.

비주얼보다 중요한 게 환경 분석이다

Chapter 04

목표 시장의 환경 분석하기

▌▶ 제품을 둘러싼 시장 환경 분석 ◀▌

제품의 환경적 요인을 이해하기 위해서는 기본적으로 제품을 둘러싼 여러 요인들을 보아야 할 것이다. 물론 이러한 요인들을 버무려서 최적 제품 믹스 (optimal product mix)란 표현으로 쓰인다.

제품의 환경 문제를 다루면서 '제품 믹스는 무엇인가'라고 의아해 할 수 있지만, 여기서의 환경은 해당 제품을 둘러싼 모든 부분에 대한 사항들을 말하는 것이다. 또한 이러한 사항들을 하나하나 짚어 봐야 한다는 뜻이다. 모든 내용을 배경으로 분석하여야 올바른 제품 개발과 소비자가 원하는 제품을 만들 수 있기 때문이다.

소비자가 원하는 제품, 이 말의 본질 속에는 소비자의 편익(Benefit)이 있다. 빵은 배를 불리게 하고, TV는 각종 정보와 재미있는 프로그램을 제공하도록 소비자 관점으로 만들어졌다. 또한 이 핵심 편익(Core benefit)은 제품의 기본적 기능을 뛰어넘어 보다 궁극적이기도 하고, 시장에 따라 변화하기도 한다.

그러나 요즘의 각종 제품들은 그 가정의 경제적 능력이나 품위와 연관이 있다. 대부분의 가전제품들이 그 본래의 기능에 초점을 맞추지만, 삼성의 지펠, LG의 디오스 냉장고는 변화된 편익을 강조하는 광고를 보여준다.

노트북 광고가 기능이 아닌 휴대의 편의성, 데이터통신의 유리함 등을 강조한다거나 스포츠용품이 이미지 전달과 브랜드 인지도 제고를 위한 광고를 내보내는 것은 이런 맥락이다. 립스틱을 구매하는 여성들은 단순히 립스틱을 사는 것이 아니라, 멋지게 탱고를 추는 자신에 대한 '환상'을 사는 것이다.

대부분의 화장품들은 제품을 광고하는 모델이 보여 주는 인생, 아름다워질 수 있다는 '희망'을 판다. 이처럼 기업은 고객이 원하는 핵심 편익을 찾아냄으로써 보다 성공적으로 소비자에게 다가갈 수 있다.

이는 경쟁의 범위를 설정할 수 있게끔 해준다. 세련된 이미지 컷과 'just do it'으로만 구성된 나이키 광고는 신기능을 강조하는 여타 스포츠 용품과 차별화하여 생활 패션용품으로 제품의 개념을 수정하는 데 성공하였다. 이로써 스포츠맨에게 국한되어 있던 시장을 일반인들로 확대할 수 있었다. 이렇듯 기업이 설정한 제품의 본질이 소비자의 생각과 맞아 떨어질 때 마케팅 효과는 배가 된다.

제품의 환경적 요인은 결국 '고객들이 얼마나 그 제품을 찾느냐, 찾지 않느냐?'이다. 또한 경쟁 제품과의 차별성을 말하고, 그 제품을 만날 수 있는 유통을 말하고, 가격을 말하고, 제품 만족도를 말하고, 생산 공정이나 시설을 말하고, 시장에 새롭게 포지셔닝하느냐 안 하느냐를 말한다. 그리고 그 제품을 통해서 광고를 제작하고, 그 제품을 통해서 수익을 얻고, 그 제품을 통해서 매출 목표를 설정하고…. 이처럼 해당 제품을 둘러싼 환경적 요인들은 무수히 많다. 그 제품의 성격 구조에 따라 판단할 부분이 상당히 많다는 것을 알지 않고서는 광고를 기획하기가 쉽지 않다. 즉 그 제품을 둘러싼 시장의 환경 분석을 제대로 해서 판단해야 한다는 것이다.

아래는 1993년 하반기부터 시작된 삼성 그린컴퓨터 광고마케팅 캠페인의 일부분을 정리한 내용이다. 광고 목표, 마케팅 목표, 제품 환경, 소비자 등 몇 가지 사례를 각 항목에 맞추어 참조하여 판단하면 좋을 듯하다.

삼성PC는 천덕꾸러기?

시장 현황

삼성PC의 위치

가. 일반적 경쟁에서의 회사(브랜드)의 위치

① M/S나 브랜드 파워가 국내 선두의 위치 고수를 위해 2위와의 갭을 크게 하는 활동

② 수입개방에 따른 세계적 브랜드(회사)로부터 시장 고수를 위한 No.1 전략 및 동종업계에서의 다양한 브랜드 중 2위 그룹에서의 챌린저(challenger) 입장의 전략

③ 신규 참여 브랜드로서 조기에 안정적 시장 정착을 위한 전략

나. 삼성컴퓨터의 위치

① 가항의 어느 곳에도 속해 있지 않았으며, 80년대 초반 컴퓨터 사업을 동시에 시작한 전문회사인 삼보社 대비 전문성, 이미지 등 현저히 낮음

② 국내에 자회사 및 유통망 보유한 IBM社, 언제든 삼성PC사업 무력화시킬 잠재력 보유. 이미지 조사時 소비자 마인드 속에 I社 로열티(충성도) 충만함

③ 구매는 용산 상가에서 조립 구매함. PC시장 전체 규모의 25~35% 정도를 용산 전자상가에서 거래

④ 당시의 현대전자 역시 상당히 취약함. 결국 삼성의 동반자는 전혀 없는 상태였으며, 국내 S社를 모든 기업들이 가상의 경쟁자로 설정하였지만 그 활동은 대단히 미온적

⑤ 광고 및 커뮤니케이션 활동 역시 상당히 미온적 접근

먼저 대한민국의 소비자보호법부터 들여다보자.

제1장 총칙 제1조(목적)를 보면 '이 법은 소비자의 기본 권익을 보호하기 위하여 국가·지방자치단체 및 사업자의 의무와 소비자 및 소비자단체의 역할을 규정함과 아울러 소비자보호시책의 종합적 추진을 위한 기본적 사항을 규정함으로써 소비생활의 향상과 합리화를 기함을 목적으로 한다〔일부개정 2004. 1. 20 법률 제7064호〕'라고 되어 있다. 소비자의 권리에 대해서 명시하고 있는 것이다.

현실적으로 이 소비자보호법이 무색할 정도로 최근의 소비자 파워는 대단하다. 소비자 운동이라는 구호 아래 각종 소비자연맹과 단체들이 설립되어 다양한 활동을 펼치고 있다.

기술 혁신에 의한 신제품의 대규모 개발, 그리고 대량 소비 붐과 함께 소비자 운동은 더욱 활발해졌는데, 특히 1960년대 후반 이후 불량품, 과대광고, 부당한 가격 인상, 유해식품 등에 대한 소비자 권리 운동은 세계적인 규모로 확대되었다.

이러한 컨슈머리즘(consumerism)은 소비자의 힘을 결집시켜 왜곡된 현상을 시정하고 자신의 권리를 수호하려는 소비자 운동이다. 구체적인 방법으로는 불매운동과 생산업자에게 상품의 안전성 보장의무를 법제화시키는 것 등이 있다. 미국의 변호사인 랄프 네이더가 대형 자동차 제조업체를 상대로 결함 있는 자동차를 적발하는 운동을 시작한 이래 이러한 종류의 운동이 세계적으로 폭발하였다.

앞서의 소비자보호법 언급은 그만큼 소비자의 속성을 제대로 이해하고 분석하고 판단하여 제품을 생산하지 않으면 안 된다는 배경이 있어 그 부분을 강조하였다.

인간은 살아가면서 끊임없이 소비 활동을 하는 경제적 동물이다. 이러한 소비 활동의 성향은 각자의 소득, 객관적 환경요인, 개인의 기호 등 주관적 요인에 따라 좌우된다. 그리고 그에 따른 자유로운 선택은 현대 시장경제 체제 속에서 생산을 결정하고, 사업자로 하여금 원하는 상품이나 서비스를 원하는 조건으로 제공하도록 유도하는 역할을 한다.

그러나 사업자에 비해 상품에 대한 정확한 판단 능력이 부족하고 기술적 조작에서 열등한 위치에 있으므로 과장 광고나 선전 활동에 영향을 받는 수가 많다. 이로 인한 피해를 줄이기 위해 각종 단체를 조직하여 스스로 권익 보호를 추구하는 것이다.

소비자들을 알기 위해서는 먼저 소비자 행동 분석을 파악하게 되는데, 소비자들의 심리나 소속집단, 의사결정 요인 등을 조사하는 것을 말한다. 이것은 마케팅 활동의 요소인 제품, 가격, 유통, 촉진 등을 효과적으로 집행하는데 기본적인 단서가 된다.

제품을 사고 있는 사람들 또 사용하고 있는 사람들은 누구인가? 반대로 사지 않거나 쓰고 있지 않는 사람은 어떤 층의 사람들인가? 이것을 성별, 연령별, 직업별, 지역별로 데모그래픽(인구통계적) 지표에 따라 조사한다.

또한 같은 고객층에서도 대량으로 사거나 쓰거나 하고 있는 사람(헤비 유저)은 어떤 특성을 가지고 있는가를 파악해 두는 것이 중요하다. 마찬가지로 자사의 브랜드를 쓰는 사람과 타사(경쟁) 브랜드를 쓰는 사람의 특징을 이해하는 것도 빼놓을 수 없다.

이상과 같이 소비자를 여러 가지로 분류하는 것을 '세그먼테이션'*이라고 부르며 이는 마케팅의 가장 기본적인 기법의 하나이다.

1997년 가을, 거리와 유원지에는 PCS라는 새로운 통신수단을 홍보하려는 사업자들의 시연회로 넘쳐 났다. 역이나 터미널 앞, 놀이공원, 젊은이들이 많이 찾는 신촌이나 대학로 등이 그런 장소였다. PCS 사업자들은 상품의 주고객이 어떤 계층인지 이미 알고 있었기 때문에 고객이 될 가능성이 큰 사람들이 많이 모이는 장소에서 시연회를 한 것이다.

그럼에도 소비자는 속을 전혀 들여다볼 수 없는 블랙박스와 마찬가지다. 기업들이 수많은 돈을 뿌리는 것은 그 박스에 들어 있는 것이 무엇인지를 알아내고자 하기 때문이다.

세그먼테이션(Segmentation) : 세분화, 분할의 뜻. 시장을 분류하여 그 성격에 알맞은 상품을 제조하고 판매하는 활동을 하는 일을 뜻한다. 기업이 상품을 제조, 판매하고자 할 때 시장 전체에 그 수요가 꼭 있다고는 단정할 수가 없다. 그래서 어떠한 층에 잠재고객 그룹이 있는가를 분석하여, 그것을 목표로 하여 마케팅을 전개할 필요가 있다. 세분화의 기준에는 인구학적, 지역적, 사회적, 심리적 방법 등이 있다. 보급률이 포화상태에 도달했거나 먼저 나온 상품이 강할 때 세그먼테이션 전략이 전개된다.

소비자는 똑똑한 구매를 하고 있었다?

소비자 환경

소비자의 수준

① 고교 졸업 10대 후반~20대 초반 및 대학생 층에서 가장 많이 활용하고 있었고, 미래 정보화 시대를 준비하는 필연적 도구로 인식
　⇨ 입학 및 졸업선물로 구입 또는 기타 용도로 구입
　⇨ 이 사용자는 주변 사람이 PC를 구입할 시에 구매방법과 브랜드 추천의 오피니언 리더
　⇨ PC의 메인 타깃
　⇨ 삼성PC에 대한 가장 안티(Anti)한 계층 : 제품 기능은 비슷한데 가격만 비싸다는 인식 팽배
② 기업 제품의 가격 경쟁력은 거의 전무하였고, 메인 타깃의 구매 패턴은 주변 사람들에게도 적극 권장하는 현실. 경쟁사가 채용치 못한 단순 기능의 탑재로는 주목을 받을 만한 상황이나 광고 활동의 영향을 받지 못함

소비자의 Myself

① 초·중·고생이 있는 30~40대 부모의 경향은 가전제품 수준으로 마인드 급상승
② 부모 또는 자식 등이 상호 활용한다는 것과 전자제품을 필수로 구입한다는 것과 동일하게 생각하는 마인드 팽배

경쟁 상품·브랜드 분석에 있어서는 다음의 포인트를 파악해 두어야 한다.

먼저 시장 속에서 어떤 경쟁이 존재하고, 어느 정도의 힘을 시장에서 갖고 있는가? 또한 그들이 어떠한 마케팅 전략을 취하고 있는가? 경쟁 상품 가운데서 어느 것이 우리에게 가장 강적인가? 누구와 경쟁해서는 안 되는가?

이런 분석이 이루어지면 광고 전략의 입안에 도움이 된다. 시장의 리더가 너무 강할 때는 두 번째나 세 번째 기업을 현실적인 경쟁상대로 삼는 경우도 흔히 있다.

광고주는 광고기획서를 읽을 때 경쟁자에 대해 알고 싶어 한다. 상당수의 광고주들은 과거에 실제로 경쟁 환경을 경험한 사람들이란 사실을 항상 명심하여야 한다.

두산 주류의 '처음처럼'이 놀라운 속도로 소주 시장을 휩쓸고 있다. 소주 시장에서 최단기간에 100만 상자를 돌파하고 1년 만에 시장점유율이 2배 가까이 뛰어올랐다. 소주 시장에서 난공불락의 요새처럼 느껴지던 진로의 독보적 위상이 강력한 도전을 받고 있다.

대한주류공업협회에 따르면 두산의 '처음처럼'은 지난 3월 한 달간 811만 7800리터를 팔아 시장점유율 8%를 기록했다. 점유율로 보면, 선두업체를 따라잡으려면 아직 멀었다. 그러나 식품, 그것도 술 시장에서는 순식간에 소비자들의 기호가 바뀔 수 있다는 점에서 '처음처럼'의 돌풍이 어디까지 이어질지 관심거리다.

두산은 '처음처럼'을 출시하면서 새로운 핵심 고객으로 성장 가능한 20~30대 젊은 층과 여성을 겨냥하였다. 건강을 중시하는 웰빙 바람에 발맞추어, 주조용수를 알칼리 환원수를 이용하여 건강에 좋은 소주로 포지셔닝하였다. 또한 감성적인 브랜드 네이밍과 라벨의 글씨체를 조합하여 젊은 소주로 포지셔닝해 쉽게 다가간 것이다.

'처음처럼'이 이렇게 돌풍을 일으키고 있는 이유를 꼽자면 ◆ 소재(물)의 차별화 ◆ 부드러운 목 넘김 ◆ 숙취해소 ◆ 가격 경쟁력 등을 들 수 있다.

세계 최초 알칼리수 소주라는 강조에서 알 수 있듯이 '처음처럼'은 물을 차별화한 소주다. 소주 성분의 80%를 차지하는 물을 알칼리 환원수로 사용, 건강을 생각하는 소비자들의 욕구를 겨냥했다. 기존의 소주가 1% 미만의 첨가물과 여과공법으로 맛을 냈다면, '처음처럼'은 물의 성질을 변화시켜 새로운 소주의 맛을 이끌어냈다.

알칼리수는 보통 물에 비해 입자구조가 작고(25%) 치밀하기 때문에 목 넘김이 부드럽다. 알칼리수 소주의 수소이온농도(Ph)가 평균 8.3~8.5로 산성 체질의 중화 효과도 기대할 수 있다. 그래서 삼겹살 등의 산성 안주와 궁합이 잘 맞는다. 특히 미네랄과 알라닌 성분을 풍부하게 함유하고 있어 알코올 분해 활동을 촉진, 숙취 해소에도 큰 도움을 준다.

위의 내용은 두산의 '처음처럼'의 경쟁브랜드를 분석한 내용이다. 과연 광고주는 광고기획서 상의 경쟁자 분석 부분에서 해당 회사와 경쟁자를 객관적으로 검토 비교하는 것을 싫어할까? 물론 아니다. 그 이유는 간단하다. 상대를 알아야 자신이 이길 수 있다는 것은 자명한 것 아닌가!

해당 회사의 직접 경쟁자와 간접 경쟁자가 누구인지 먼저 정하고, 이들이 무엇을 어떻게 판매하는지, 얼마나 된 회사인지, 구체적인 시장은 어디인지, 그리고 경쟁자의 강점과 약점이 무엇인지 파악하여야 한다.

물론 경쟁자의 프로파일과 시장점유율 비교, 자사와 경쟁사의 강점과 약점 비교, 그리고 향후 진입장벽 정도까지도 사전에 파악해 두는 것은 기본일 것이다.

▌► 신제품일 때 더더욱 중요한 시장 조사 ◄▌

시장 조사는 유통 분석, 해당 상품의 브랜드 분석, 강점과 약점의 파악, 소비자 성향 분석 등 여러 가지 항목을 조사함으로써 시장에 진입하기 위해 또는 명확한 가이드를 얻기 위해 추진한다.

특히 신제품 광고일 경우에는 더더욱 시장 조사가 중요하다. 사전에 시장을 판단할 수 있는 근거를 마련하기 위한 차원에서라도 반드시 시장 조사를 함으로써 광고 커뮤니케이션 콘셉트를 추출하기 위해 노력한다.

마케팅이나 광고를 기획하는 관리자는 변화하는 환경에 적응하기 위하여 환경 그 자체를 깊이 파악하고 있어야 한다. 따라서 시장 조사는 마케팅 활동의 결과에 대한 조사에서 그치는 것이 아니라, 문제 해결을 지향하는 의사 결정을 위한 기초 조사가 이루어져야 한다.

필자가 삼성전자 광고팀에서 근무하던 시절에 '애니콜' 광고를 기획, 집행했었다. 이때 필자는 시장 조사의 중요성을 깨달았다. 그래서 한 번의 광고 캠페인을 끝내고 다음 캠페인을 시작하기 전에는 반드시 시장 조사를 통해서 추이를 살펴보았다.

제품을 접할 수 있는 유통

물론 조사 외에도 중요하게 짚어보아야 할 내용은 매우 많은데, 바로 소비자가 제품을 만날 수 있는 유통이다.

유통 분석에 관해서는 반드시 알아두어야 할 것이 있다. 우리 상품이 어떤 유통업자를 통해 최종 소비자의 손으로 옮아가느냐(도매는 몇 개나 있으며 최종 소매 업태는 슈퍼마켓이냐 편의점이냐? 또는 전문적인 소매 업태냐? 등) 하는 것과 해당 상품·브랜드 분석이다.

해당 상품·브랜드에 관한 것

당연한 것처럼 생각될 수 있겠지만, 우리들이 다루는 해당 상품·브랜드에 관한 분석은 충분하게 해두지 않으면 안 된다. 그 상품이 갖는 경쟁적 우위성 (제품으로서 어디가 뛰어난가? 소비자에게 가장 좋게 평가되고 있는 점은 무엇인가? 등)과 커뮤니케이션에 관련하는 데이터(그 상품·브랜드가 몇 퍼센트의 사람들에게 알려져 있는가〈지명률〉, 그 상품의 특성이 어느 정도의 사람들에게 알려져 있는가〈이해율〉, 그 브랜드의 이미지 등) 등의 정보는 사전에 입수해야 한다. 그리고 이상의 분석을 통해 그 종합화로서 강점·약점을 일람표로 해두면 편리하다.

시장에서의 위치 또는 점유율

예컨대 어느 상품은 시장점유율이 높고 그 특징도 소비자에게 잘 이해되어 있는가? 이미지가 약간 낡아져 특히 젊은 소비층의 지지를 잃고 있는 것은 아닌가? 또한 신흥의 신상품군에 의해 헤비 유저층의 일부가 침식되고 있는 것은 아닌가? 등과 같은 현실 인식이 집약된 형태로 표현될 수 있는 것이다.

사실 다음에 소개하는 실제 사례는 앞에서 나열한 제품 환경, 소비자 분석, 경쟁 상황, 기초적인 시장 조사를 통해서 만들어낸 방향에 의거하여 광고를 기획, 제작한 것이다. 이러한 기본 기능을 짚어보지 않는다면 원하는 결과를 얻지 못할지도 모른다. 적지 않은 광고비를 함부로 사용하지 않기를 바란다.

전략의 Key Point 발견!
그것은, "HOME PC시장의 개척"

작전명령: HOME PC시장을 뚫어라!

캠페인 전략

시장과 광고의 경쟁상황＋PC에 대한 소비자의 욕구＋삼성전자의 네임밸류＝Synergy

목표시장 설정

① 시대적 요청＋HOME PC＋삼성의 로열티로 침투
② 반도체 기술력＋첨단 가전제품 개발능력＋환경적 상황을 접목한 '그린' 채용
③ 타깃:10~20대초 자녀를 둔 40대 부모층(가정 수요의 대기 구매층)
④ 특히, 20대층은 본인이 직접 브랜드를 선택함에 따라 광고로서 마음을 돌

리기 힘듦

⇨ 우리가 설정한 타깃의 브랜드 선택 과정에서 저해요소만 최소화하도
록 결정

⑤ HOME PC시장은 황금시장이었으며, 타사의 커뮤니케이션 활동이 없었
던 것이 기회

⇨ 광고나 판촉활동과 홍보활동 역시 특별한 정책이 없었음

단계별 목표

① 1단계('93.5~9월) : 최초로 개발한 그린PC를 대대적으로 고지

경쟁사가 동참할 경우, 홈 PC 및 그린시장에 대한 이미지 선점 목표

※ 미국 및 전 세계 대부분의 PC에는 그린기능을 채택하고 있었으므로 그
린PC 개발은 피할 수 없는 운명

② 2단계('93.10~) : 1단계의 '그린Ⅰ'보다 개선된 '그린Ⅱ'의 출시가 예정
보다 늦어짐

※ 새로운 아이디어 필요→그린PC의 철학을 고지하여 선두이미지 유지

- '인간을 소중히, 환경을 소중히'라는 슬로건을 제정, 광고에 반영

- 그린 심벌을 탄생시켜 광고 및 컴퓨터 주변기기 스티커 확대 부착

③ 3단계('93.12~) : 1~2단계의 전개 후 반응 나타남

※ 경쟁사에서 앞 다투어 그린 개념이 탑재된 기능의 제품 출시

- 소비자 : 그린 = 삼성PC를 연상하기 시작함

- 판매 : 93년 7월부터 월 200%씩 증가되기 시작

※ '그린Ⅱ'의 개념은 기 선점된 '그린' 이미지에 UP&UP 개념을 도입하
여 연계시켜 나간다는 전략목표 수립

'그린' 슬로건으로 홈PC 시장을 개척하는 데 성공한 삼성 그린컴퓨터

앞서 언급한 것을 토대로 함부로 광고비를 쓸 수는 절대 없다. 제대로 된 시장을 보고, 제대로 된 제품을 보고, 제대로 된 유통망을 보고…, 이렇게 광고를 준비해도 번번이 실패하는 경우가 허다하다. 이러한 경우를 미리 알고 있다면 실패 확률은 줄어들 것이다. 하지만 기본적인 상황은 버려둔 채 결과에만 급급하는 성급함으로 인한 실패 확률이 더 크다고 여겨진다.

지금까지 앞에서 보여준 사례들은 1993년 하반기부터 시작된 삼성 그린컴퓨터 광고마케팅 캠페인의 일부분이다. 그렇다면 어떠한 요인들이 그린컴퓨터 광고마케팅 캠페인을 성공하게 만들었는지, 다음 사례를 보면 알 수 있다.

삼성 그린PC의 성공요인 분석

산업의 주요 추세

가격 인하 바람

외국업체의 국내 진출 확대

1.   위협적요소로서의 작용
2.   기회요소로서의 작용

용산 조립업체의 퇴조

그린개념의 도입과 멀티미디어의 추세

멀티미디어의 추세

중요성 인식

지식수준: 능숙자 집단 외에는 낮은 수준

주요 사용용도에 대한 인식

1.   정보집적기능
2.   대용량프로그램 수행
3.   영화감상 순

구입 예정시기 : 50% 이상이 1년 이후

경쟁사 분석

시장점유율의 변화 추이

Market Share

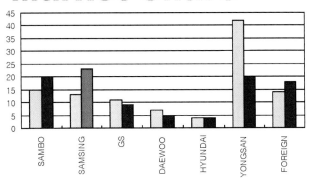

Market Share Change

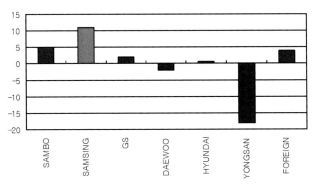

경쟁사 분석

시장점유율의 변화 추이

용산의 M/S는 어디로

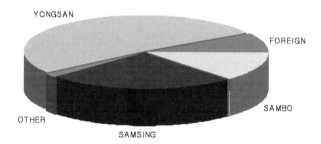

그린콘셉트와 삼성

전 집단에 걸쳐 "그린기능 우수한 기업은 삼성!"
(특히 사용가능자, 능숙자 집단에서)

그린PC = 삼성제품 연계율 높음

"그린헬스"를 삼성과 연계시키는 경우도 많음
특히 미숙자 집단일수록 높게 나타남(18% 대 24%)

그린PC 호감도가 국내 타사 모델 대비 높음

그린PC 광고 호감도 역시 타사 대비 높음

그린=삼성 (그린헬스=삼성)

산업의 주요 추세

제품의 속성들에 대한 요인분석

요인1	요인2
타제품과의 호환성 그린기능 처리속도 확장성 하드디스크 용량 소프트웨어 지원	성능대비 가격 제조회사의 신뢰성 애프터 서비스 제품광고 다기능성 타인의 권유
제품요인	비 제품 요인

PC제품에 대한 인식

PC구입시 중요한 속성

1. 처리속도 (CPU 기종)
2. 소프트웨어 지원
3. 가격
4. 하드디스크 용량

브랜드 선호에 영향을 주는 것은
"비제품요인"

Important Attribute(중요한 속성)

Relevant Attribute(의미 있는 속성)

구매결정 과정에 대한 추측 1
2 stage Choice Process

제품요인(중요한 속성)으로
Consideration Set 설정

Set에 적합한 제품중
"비제품요인"에 의해 선택

구매결정 과정에 대한 추측 2
Eliination By Aspects Model
- 중요한 속성 순으로 제품대안 평가
- 매 단계에서 속성기준점에 미달하는 제품 제거
- 제품이 하나 남을 때까지 비교

"제품요인" 고려시 대부분 브랜드 "합격"

"비제품요인" 고려시에야 브랜드별 차이 감지

Perceptual Map of the PC Market

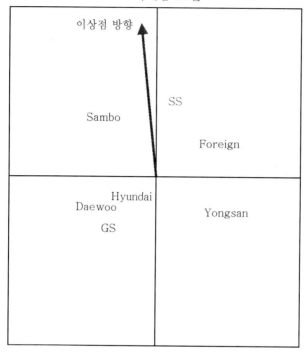

비제품 요인

이상점 방향

Sambo

SS

Foreign

제품 요인

Hyundai
Daewoo   Yongsan
GS

구매요인으로서의 그린기능

- PC 구매시 고려 속성 중 중요도 가장 낮음

- 브랜드 선호에도 영향을 주지 못함

- 삼성 구매자에게도 그린기능의 중요성 매우 낮음

그린 PC 성공요인

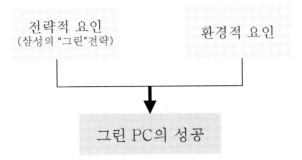

환경적 요인
- 그린 콘셉트의 사회적 인식
- 컴퓨터의 대중화 추세
- 산업 전반적인 광고 및 판촉 확대

시장의 확대

- 컴퓨터 초보자의 신규구매
- 타 경쟁자들의 그린전략 추종

삼성의 전략적 요인

- 그린 콘셉트의 최초 도입
- 지속적 그린 콘셉트의 생명 연장

그린 PC   1-> 2-> 3

- 효과적인 광고

시장상황의 변화

- 그린 PC 콘셉트의 당위성 확보
- PC구매시 비제품요인이 중요한 요인으로 등장

- 삼성에 의한 확장시장의 확보

삼성의 중,단기적 전략방향

- 약 70% 92년 제품
- 약 80% 386급 이상 (486이상 47%)
- 주 사용용도=워드, 게임, 통신 -> 고기능 PC 불필요

단기간 내 교체수요 가능성 낮음

- 교체의사는 70% 이상이 1년 후 혹은 없음

중, 단기적 성장은

신규구매자 위주

일반소비자시장의 장기적 전략방향

- 미숙자시장의 성장 정체
- 가능자, 능숙자의 재구매가 앞으로의 시장주도
- 제품본질적 요인 중요성(가격대비성능~)증대
- 용산성격의 시장을 선호

미래시장은
용산성격을 선호하는 소비자들이 주도

조직구매자시장의 중요성 증대(장기)

- 기업에 "정보에 의한 경영"이 요구되는 환경
- 일반소비자 시장의 성장 정체 가능성
- 그린기능은 기업환경에 더 효율적임
- 가격인하 추세에 따라 규모 유지는 필수적!!
- 젊은 세대에게 삼성의 포지셔닝은 양호

END

앞의 여러 자료들은 '그린컴퓨터' 광고를 진행하기까지의 과정을 기획서로 보고하거나 정리한 것을 소개한 것이다. 이 자료를 토대로 하여 집행결과를 요인별로 살펴보면, '그린컴퓨터' 광고가 어떻게 성공할 수 있었는지에 대한 판단도 가능할 것이다.

기획서를 잘 만드는 것과 기획서대로 실행하는 것도 중요하지만 성공한 캠페인을 요인별로 분석해 보는 것도 중요하다.

그러나 무엇보다 중요한 것은 성공이든, 실패이든 그 기획 전체의 과정을 정리해 두는 습관이다. 성공사례와 실패사례를 기록으로 남겨 두는 습관은 광고를 연구하는 후배들에게 좋은 지침서가 되기 때문이다.

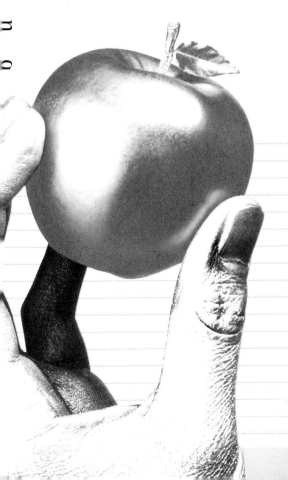

누구를 향하는지 정확하게 짚어낸다

Chapter 05

광고 타깃 정하기

광고기획을 발표하는 프레젠테이션 현장에서 광고 타깃을 구체적으로 전달하는 경우가 의외로 드물다. 광고회사 AE *들도 '타깃을 누구로 하느냐' 하는 것보다 '어떻게 표현하느냐'에 더 많은 신경을 쓰고 있다. 그만큼 광고 타깃에 대해 예사로 넘기는 경우가 많다. 왜 이런 현상이 생기는 것일까?

광고 타깃에 대해 확고한 신념을 갖지 못하는 것은 타깃이란 용어를 마케팅 용어인 세분시장의 연결 개념으로만 보기 때문이다. 마케팅에서 타깃팅은 차별적 마케팅의 일환으로 다양한 상품 계열을 다양한 경로로 판매하여 총매출을 증가시킨다는 목적으로 삼는다. 그러다 보니 타깃팅은 상품과 시장의 적합성을 기초로 한 세분시장 개념과 동의어로 쓰이고 있다. 한마디로 광고의 타깃팅은 마케팅의 타깃팅과 다르다.

세분시장 논리의 연장선상에서 타깃을 정의한 예를 보자.

〈대도시 아파트 단지에 거주하는 30대의 중상층 주부〉

위와 같이 타깃을 정의하면 '아, 우리 신상품인 산소계 표백제를 꽤 많이 알리겠구나!' 하는 안도감이 들 것이다. 그러나 그런 안도감은 많이 팔아야 살아남는다는 근시안적 마케팅 발상에 불과하다. 광고에서의 타깃팅은 더 구체적이고 생생한, 단 한 사람의 욕망 속을 파고 들어가야 한다.

어카운트이그제큐티브(Account Executive): 광고대행사와 광고주 사이의 연락 및 기획업무를 담당하는 대행사의 책임자로 약칭은 AE이다. 광고대행사에서 광고주의 광고를 전담하는 팀을 어카운트 서비스팀이라 하며, AE는 광고기획 담당자로서 어카운트 매니지먼트 부분에 속한다. 어카운트 매니지먼트는 광고주와 직접적인 관계를 가지는 핵심적인 부서이며, AE는 광고주와 협력관계를 유지하는 동시에 광고주의 전권과 책임을 가지고 광고 계획에 참여하여 광고 예산 배분, 광고 매체 선정, 광고 주제의 검토 등을 원활하게 실시하는 일을 한다.

▐► 광고 효율을 높이는 타깃 설정 ◄▐

'광고를 누구를 향해 발신할 것인가? 누구에게 그 상품에 관해 말할 것인가?'라는, 이른바 타깃(표적) 설정은 광고 계획의 책정 속에서 메시지 계획과 나란히 중요하게 생각되는 작업이다.

시장은 보통 균일한 질의 소비자로부터만 나오는 것이 아니고 그 상품에 대해 다른 생각을 가진, 또 다른 경험을 가진 소비자 그룹으로 이루어져 있다.

예컨대 커피는 많은 사람들이 즐겨 마시는 음료이기는 하지만, 젊은 층과 중년층은 각기 다른 타입의 커피를 선호하는 경향이 있다. 또한 샴푸와 같은 상품을 살펴보면, 같은 젊은 여성에 있어서도 헤어용 샴푸를 쓰는 사람과 보다 가벼운 마일드한 타입의 샴푸를 쓰는 사람들로 나뉜다.

가장 많이 사용하는 분류법은 성·연령 등 데모그래픽(인구통계적)한 지표이다(이밖에 지역·직업·가족 형태·라이프 스테이지 등의 지표도 여기에 포함된다).

한편으로는 사이코 그래픽(심리적)인 지표도 사용되는 경우가 있다. 이는 라이프스타일이나 가치관 등과 같이 그 사람의 생활이나 소비에 있어 어떤 사고를 갖고 있는가에 의해 생활자를 구분하려는 것이다.

이밖에도 상품의 사용량에 따라 헤비 유저·미디엄 유저·라이트 유저로 나누는 방법, 브랜드 로열티(충성도, 즉 그 브랜드의 되풀이 구입도)에 의한 세그먼테이션 등 여러 가지 기법이 있다.

세그먼테이션을 사고함에 있어 가장 중요한 것은 어느 층에 표적을 조여 커뮤니케이션을 하면 가장 효과적으로 목표를 달성할 수 있느냐 하는 것이다.

광고 예산에는 한계가 있기 때문에 사용할 수 있는 광고 미디어의 도달 범위가 저절로 한계가 있게 된다. 그러한 제약 속에서 최대의 효율을 얻기 위해 타깃의 적정한 설정은 광고 전략상의 중요한 결정 사항인 것이다.

타깃은 언제든지 존재하기 마련이고, 그 존재의 이유 때문에 타깃 전략이 필요한 것이다. 따라서 타깃의 설정은 광고 계획에서 매우 중요하다.

예를 들어 프로모션 전략을 실행하기 위해서는 광고, 홍보, 인적 판매, 판매 촉진의 4가지 수단을 활용하는 것이 보통이다. '끼워 팔기'는 이 중에서 판매 촉진 수단의 하나로 활용되는 기법이라고 할 수 있다. 끼워 팔기 판촉 전략은 의미상, '성격이 서로 다른 기업들이 더 많은 소비자들에게 폭 넓게 노출하기 위해 취하는 형식'으로 비내구재나 생활용품 등 일회성 제품에 주로 적용되는 것이 일반적이라고 할 수 있다.

가장 대표적인 것이 '잡지'로, 특히 여성지들은 구독자들을 위해 화장품이나 의류, 가방, 패밀리 레스토랑 식사권 등 다양한 끼워 팔기 판촉 전략을 하나의 미끼 수단으로 활용하고 있을 정도다.

그런데 이러한 끼워 팔기 판촉 전략이 최근에는 내구재나 무형 제품에도 적용되는 등 그 활용 영역에 있어서 경계가 사라지고 있다. 이는 무엇보다도 계속된 불황이 가장 큰 원인으로 인식되고 있다.

한 예로, 삼성전자는 소니와의 합작법인인 'S-LCD' 탕정단지 내 7라인의 LCD 신제품 탄생을 기념하여, 40인치 LCD TV를 구입하면 17인치 LCD TV를 공짜로 제공하는 끼워 팔기 판촉 이벤트를 진행한 바 있다. 또 클래식 음반사들 역시 그동안 값싼 이미지가 따라붙는 것을 우려해 끼워 팔기 판촉 자체를 꺼렸던 마인드를 바꾸어, 음반 판매시 화장품이나 향수 및 여성 고가 의류 상품권 등을 끼워서 파는 판촉을 벌이고 있다.

하지만 필자의 경험을 비추어 보건대, 끼워서 파는 판촉 제품도 판매하려는 제품 타깃의 성향과 소비자들의 니즈를 함께 분석하여 시행할 필요가 있다. 가령, 두부 시장의 경쟁이 치열해지면서 끼워 팔기 판촉 경쟁에도 불이 붙었는데, 두부 제품 구매시 밀폐용기를 함께 끼워 파는 판촉은 적절한 타깃 전략이었다고 보여진다. 즉 쓰고 남은 두부뿐만 아니라 다양한 수납이 가능한 밀폐용기를 함께 제공하자, 주된 타깃인 주부들은 평소보다 두부를 더 많이 구매하였을 것이다.

반면, 여성 잡지나 음반 제품 등에서 많이 제공하고 있는 화장품 끼워 팔기 판촉은 재고해 볼 필요가 있어 보인다. 최근의 웬만한 여성들이라면 자신의 피부 타입에 맞춘 화장품 선호 브랜드가 있기 마련이므로, 화장품을 끼워 준다고 해당 제품을 구매하지는 않을 것이기 때문이다.

다음 내용은 25~35세대의 비즈니스맨들을 대상으로 한 특정 통신회사의 커뮤니케이션 전략이다. 이 자료에 의해 타깃에 대한 정리가 어떤 것인지를 제대로 이해했으면 좋겠다.

Main

Comm.Strategy

Communication Team

■ Brand Strategy

✓ Core Target (핵심 목표)

-> 25~35세대 Business man의 Life Partner ── 미혼남성중심
   ※ 당사 브랜드 미션 = Mobile Life Partner

✓ Action Plan

-> 1/4분기 : Web Site Renewal, 퇴근시간에 맞춘 Event P/G 개발

-> 2/4분기 : 멤버십 Reposition, 신규 요금상품 개발

-> 3/4분기 : Main 인터넷 방송국, 직장인 체험이벤트 P/G 개발

-> 4/4분기 : Web Site Renewal, Main 부업지원 P/G 개발
   ※ 세부 일정 계획은 변동 가능하며, 메인 인터넷 방송국인 경우는 빠른 기간 내에
   구축하여 Main community 활성화 방안으로 활용하고자 하는 기획 의도임.

■ Advertisement Strategy

✓ **Main Concept (First Experience Main!!)**

-> 최초 비즈니스맨의 이동통신의 선택은 바로 Main입니다.

- 010식별번호 및 번호이동성에 따른 직장인의 First Experience Brand로 Main
선택할 수 있는 다양한 직장인 Communication

-> 25~35세대 Business Life의 Benefit Convergence

- 각박한 직장생활 속에서 휴식 공간으로 Main을 표현
- 직장생활/퇴근 후에도 파트너로서의 Main을 표현

✓ **Target Age**

-> 29세 직장생활 2~3년차의 남자(미혼+신혼)

✓ **Model : 직장인 + 프리랜스 역할 만족 가능한 모델**

-> 김민준 : ○○기업광고모델 (인라인 스케이팅편) – 직장인

■ Web Site Strategy

✓ **Concept(Slogan)**

-> "Hey!! Main??" – Night 버전

- 남성클럽 [business Man's Club] – Night 버전

-> "Nice!! Main??" – Office 버전

- Good Morning!! (출근시간) ┐
- Take it easy!! (근무시간) ├ Professional
- Let's have a spree tonight!! (퇴근시간) – Funny

✓ **Target Age**

-> 29세~32세 사이의 직장 남성(미혼+신혼)

✓ **Concept Model – 2개의 메인Site 운영**(기술적인 검토 필요)

-> 18:00 ~ 06:00 (외국 클럽 이미지에 한국적 요소 가미한 대중적 느낌)

-> 06:00 ~ 18:00 (사무실 책상 위에 업무를 보고 있는 느낌)

■ Web Site Strategy

✓ **Menu Click – Main 효과음 기능**

-> Main의 Slogan을 주메뉴 Category Click시 적용하여, Main Brand
인지도 증가 및 간접광고, 반복 청취하여 중독효과 기대
- Office Version일 경우 : Nice!! Main (남성 목소리)
- Night Version일 경우 : Hey!! Main (여성 목소리)

✓ **사무실 분위기 꾸미기 기능**

-> 자신의 Work Time에는 여러 가지 사무용품을 골라 자신만의 사무실
분위기를 연출할 수 있는 선택기능 구현
- My Main이란 Category 내에 있는 메뉴를 전화기, 서류함 등의 이미지로 표현하여
자신이 자주 애용할 만한 Contents를 선택하여 제공받을 수 있는 기능

■ Web Site Strategy

✓ **Menu Concept – Theme Category(검증요)**

-> 건강 (스포츠, 몸매, 외모, 담배, 술…)

-> 사교 (인맥, 경험담, 외국어, 장기, 취미, 남자만의 요리 패션, 이력, 경력…)

-> 정보 (유머, 생활이슈, 재테크, 연봉정보, 경치/분위기/판타스틱/휴식…)

-> 이성 (채팅, 미팅, 러브, 정모, 번개…)

✓ **Marketing 방향**

-> 당사 해당고객에 대한 Communication 타깃층에 어필하여 Site 방문을
유도하며 완전히 새롭게 Renewal한 웹, 브랜드 이미지 구현

-> Time 마케팅에 기본을 두어 낮에는 Work의 Contents를 강조하고,
밤에는 사교나 러브의 Contents를 강조함

■ On-Line Promotion

✓ Main Time

  -> 퇴근시간대에 펼쳐지는 오늘의 Main 만들기

    Ex) 아름다운 모델과 하루 멋진 데이트를 즐긴다.

    Ex) 하루 친구들에게 쏘는 비용을 대신한다(오늘은 Main이 쏜다).

    Ex) 환상의 데이트코스를 책임진다.

    Ex) 오늘의 급전을 해결한다.

✓ Theme 서비스별

  -> Theme별 서비스는 Main Time과 연결하여 별도 이벤트 추진

  -> 이벤트 안 각 담당자별로 워크숍 실시

■ On-Line Promotion

✓ Main Time Event -1

  -> Main 출근부에 도장을 찍으면 행운이 팡팡!!!

    내용 : 출근시간에 메인 Site에 접속하여 출근부 도장을 찍은 Main 고객 중

        퇴근시간에 퇴근부에 도장을 찍으면 자신의 행운 당첨 여부를 확인하여

        선물을 제공하는 이벤트

    목적 : Main Site 방문자수를 실질적으로 증가할 수 있으며, 매일 방문할 수 있는 이벤트

■ On-Line Promotion

✓ Main Time Event -2

-> Main 당신의 검색왕 숨어있는 보물을 찾아라!!!

　내용 : Main Site 내에 숨어있는 보물을 찾으면 선물을 제공하는 이벤트

　　　UTO의 Monthly Bonus와 같은 이벤트로 보일 수 있지만 그냥 일반적인

　　　이벤트 방법이 아니라, Main Site 내에 고가의 보물을 숨겨 놓고 무심코

　　　site를 검색하다가 이벤트에 당첨되게 함

　※ 단, 반드시 하나의 ID에 한 가지 선물만 당첨될 수 있게 조치하며, 찾은 선물에

　　한해서는 익월 고지하여 선물을 수령하게끔 만든다.

　목적 : Main Site 내의 히트 수를 증가할 수 있으며, 매달 보물의 위치를 변경해서,

　　　흥미를 유발하여 충성 고객 확보

　장점 : UTO대비 적은 소요예산으로 많은 구전효과를 기대할 수 있으며, 별도의 이벤트에

　　　참여하지 않아도 이벤트에 참여한 만족도 이상을 기대할 수 있음

■ On-Line Promotion

✓ Main Weekend Event

-> Main Bingo Game (Summer Vacation Event 연계)

　내용 : 직장인이 가장 싫어하는 월요일 저녁 이벤트로 빙고 게임 이벤트

　목적 : Main 휴가철에 즐길 수 있는 이벤트를 Game과 연계하여 매주 Event로 연결하여

　　　매주 즐길 수 있게 하는 이벤트 (4월 1일부터 ~ 6월 30일까지)

　　　(당첨자는 휴가철을 기대하고 미리 설계할 수 있다는 장점)

　제한 조건

　　- 당첨번호에 대한 공정성 문제를 해결해야 하는 전제조건이 있고, 사행심 조장이 아니라는 점을

　　　주지시킴

　　- 상품은 협찬 형태로 풀고, 해외여행은 직장인들 휴가기간인 7, 8월 중에 이벤트 업체에서 진행

　　- 제세공과금 / 공항이용료는 당첨자 본인이 부담

　이벤트 경품 내용 및 예산

　　- 매주 1등 : 약 20쌍 (몰디브 여행) 약 7천만원

　　- 매주 2등 : 약 40쌍 (제주도 여행) 약 7천만원

　　- 매주 3등 : 약 100쌍 (전국 유명 해수욕장) 약 8천만원

■ On-Line Contents

✓ Main 온라인 동호회

-> Main 회원들 간의 Community 활성화 P/G

내용 : Main Site 회원이면 모두 가입이 가능하며, 가입 인원수에 따라 동호회 정모 비용
지원금액도 차등 지급하며, 정회원 가입비율에 따라 지원금액도 차등 지급함

목적 : 필요한 주제와 목적을 가진 고객들 간의 Community 가입과 정모활동 강화를 통한
준회원의 정회원 유도와 구전마케팅 효과 기대

지급기준
- 회원 200명 달성시 최초 20만원 정모 활동 비용 지원
- 200명↑ ~ 500명↓ : 매월 20만원 (정회원 70% 30만원, 80% 40만원, 90% 이상 50만원)
- 500명↑ ~ 1,000명↓ : 매월 40만원 (정회원 70% 50만원, 80% 60만원, 90% 이상 70만원)
- 1,000명↑ ~ 2,000명↓ : 매월 70만원 (정회원 70% 80만원, 80% 90만원, 90% 이상 100만원)
- 2,000명↑ ~ 5,000명↓ : 매월 100만원 (정회원 70% 110만원, 80% 120만원, 90% 이상 130만원)
- 5,000명 이상 : 매월 150만원 (정회원 70% 170만원, 80% 180만원, 90% 이상 200만원)

이 기획서는 이동통신회사의 특정 타깃에 대한 커뮤니케이션 전략 보고서이
다. 광고 타깃 정하기에서 어떻게 타깃을 설정하는지를 보여 주는 사례이다.
또 그렇게 설정된 타깃을 향해 커뮤니케이션해야 할 실천 방법들은 무엇인지
를 알려 주고 있다.

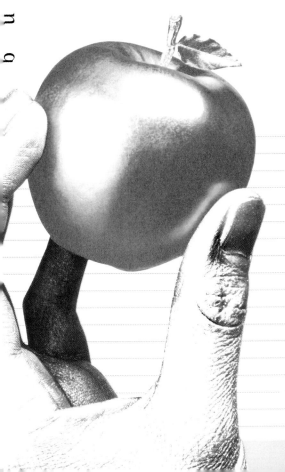

전략적 포지셔닝 설정이 필요하다

Advertising

Chapter 06

포지셔닝 광고 알기

▐▶ 포지셔닝이란? ◀┤

포지션(Position)이란 사전적 의미로 위치, 장소, 소재지 또는 광고를 게재하는 위치(신문, TV광고 경우), 경쟁제품과의 관계를 고려한 제품의 적소 등으로 해석된다. 또한 '제품이 소비자의 마음속에 어떻게 자리잡고 있는가?'에 대한 의미도 포함하고 있다.

결국 포지셔닝은 매체를 통해서 활동하는 광고나 또는 매장의 판촉행사를 통해서, 아니면 할인 마트의 시연회를 통해서 벌이는 다양한 마케팅 활동을 통해서 소비자들의 뇌 속에 긍정적으로 인지되어 있기를 바라는 차원에서 소비자의 편익을 제공하는 커뮤니케이션 활동이다.

소비자가 원하는 제품, 소비자가 원하는 가격, 소비자가 필요로 하는 기능, 소비자가 요구하는 서비스 등을 근거로 하는 포지셔닝은 소비자를 기점으로 하여 출발한다. 물론 이와 같은 포지셔닝에는 경쟁제품으로 기울어지는 소비자의 마음을 사로잡기 위한 노력까지도 포함된다.

자사 제품을 소비자의 마음속에 제대로 각인시키기 위해 부단히 노력하는 것이 마케터의 일이다. 이러한 각인 활동 속에는 광고라는 범주도 포함된다. 소비자의 마음을 흔들어 놓을 수 있는 훌륭한 아이디어와 또 그 아이디어를 녹여 넣는 기술과 기능으로 소비자들을 설득하고 서비스한다.

아울러 경쟁사의 움직임에도 항상 관심을 가지게 되는데, 자사 제품이 경쟁사의 제품보다 열등할 경우에는 기존제품을 리뉴얼하거나 전혀 새로운 상품으로 접근을 하는 활동을 하게 되는데, 이를 리포지셔닝(Repositioning)이라고 한다.

소비자의 마음속에 특정제품이 자리잡게 하기 위한 노력은 끊임없이 계속되고 있지만, 확실하게 소비자를 끌어당길 수 있는 특정제품이나 서비스는 없을 것이다. 그것은 소비자의 생각이나 행동이 시시각각 변화하기 때문이다.

기업들은 변화하는 소비자의 행동을 파악하기 위해 항상 소비자 속에서 그 답을 찾으려고 노력한다. 고객만족이라는 대승적 범주를 통해 소비자를 평생 고객으로 만들려는 기업의 욕구도 포함되어 있기 때문이다. 이것은 사랑하는 사람의 가슴속에 평생 자리잡기를 소망하는 연인들의 희망과도 같은 것이다.

결국 광고에서의 포지셔닝이란, 해당 기업의 제품을 시장에 어떻게 포지셔닝 할 것인가에서 출발한다. 그러므로 여기서는 제품 중심의 포지셔닝에 대해 얘기할 수밖에 없을 것 같다.

▶ 특별한 위치에 있게 하는 제품 포지셔닝 ◀

소비자에게 자사의 제품을 인식시키기 위해 노력하는 기업은 늘 자사의 제품이 소비자의 마음속에 특별하게 자리잡기를 원한다. 다시 말해 경쟁사의 제품보다 우월한 차별성으로 소비자의 마음 한구석에서 빠져 나오지 못하게 제품을 꽁꽁 묶어 포지셔닝한다.

경쟁제품과의 차별성에는 자사의 제품이 월등히 우월한 서비스를 제공해야하는 전제가 있다. 그러한 전제를 해결하기 위해서는 시장에서 차지하는 현재의 위치, 시장을 선도하는 기업, 새롭게 시장에 도전하는 기업, 특정시장을 맹목적으로 따라가는 기업, 시장 내의 틈새를 파고드는 기업 등 수많은 경쟁기업과 제품 속에서 포지셔닝을 해야 하고, 소비자들의 니즈를 파악하여서 새로운 제품개발에 반영해야 하고, 기존브랜드에 대한 소비자들의 인식과 자사의 마케팅 능력이나 자원 그리고 자사에 대한 소비자들의 이미지 등 고려할 항목이 너무나 많다.

이렇게 많은 고려 사항 중에서 자사의 제품을 소비자들의 마음속에 확고하게 인식시킬 수 있는 방법이 있다면 그것은 바로 마케팅믹스이다.

마케팅믹스는 소비자들 가슴속에 인지된 것이 무엇인지를 정확하게 파악하여 자사의 제품이 어느 위치에서 경쟁제품이랑 차별화될 수 있는지를 찾는 활동이다. 이러한 활동을 하는 이유는 보다 더 소비자를 이해하고 분석하는 데 도움이 될 뿐만 아니라 소비자들에게 질 좋은 제품의 제공과 서비스를 펼침으로써 소비자들의 가슴속에 확실하게 자리잡을 수 있다는 것을 알고 있기 때문이다.

다음에 소개하는 것은 필자가 참여했던 애니콜 광고 캠페인 자료이다. 국내 휴대폰 초기 시장에 어떻게 포지셔닝했는지를 엿볼 수 있을 것이다.

당시 상황은 모토롤라가 국가 통신교환기 시장을 필두로 하여 국내 통신시장을 선도하고 있었고, 국내 휴대폰 사업 역시 모토롤라가 강력한 M/S를 확보하고 있었다.

그러한 배경 때문에 국내 통신시장의 대부분은 모토롤라에 의존할 수밖에 없었던 상황이었다. 다행히 시대적 요청에 따른 국내 무선통신사업의 대중화로, 휴대폰 시장에서의 포지셔닝 전략을 추진하지 않으면 안 되는 절체절명의 기회였다.

▶ **해결과제** : 어떻게 하면 국산 휴대폰의 품질 불신, 편견을 극복하고 구매로 유도할
　　　　　　것인가?

　● PRODUCT : 기존 제품보다 우수한 제품으로 포지셔닝

　● COMMUNICATION : 강력하고 지속적인 캠페인 전개

　● 93년 11월 SH-700 탄생으로 정면대결 서막 시작

◉ 1만 6천여 명의 보증인 군단

▶ **2단계** : 삼성휴대폰 품질 증인을 찾아라

　　　　　런칭(93년 11월~94년 3월)

　　　　　결과 M/S 14%(89년~93년 M/S 10% 이하)

　　　　　원인 : 모토, 노키아, 에릭슨 등 활동 無

　● 2차 광고전략 수립

　　　테마 : 외제 선호 의식 불식 – 제품 신뢰도 제고에 중점을 둔 메시지

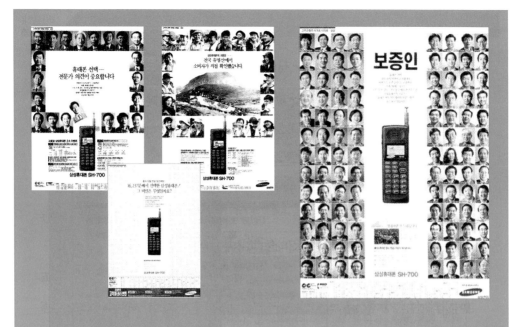

성공적인 포지셔닝 전략으로 국산 휴대폰의 불신과 편견을 극복한 삼성 휴대폰

● 전술 포인트

▶ 휴대폰 유통은 혼매점, 경쟁 제품과 동시비교, 권유선택 비율 높음에 착안→유통점 사장의 Sales Talk가 중요

▶ 고관여 제품은 주위 사람들의 평가, 추천이 중요함에 착안→기 구입자의 구전이 중요

결론은, 유통점 사장과 기 구입한 소비자들의 마음을 사로잡자

▶ 1차 대리점 사장편(94.4) '보증인' 휴대폰의 선택-전문가의 의견이 중요합니다

▶ 2차 기 구입자편(94.6) 5월 한 달간, 16,237분께서 선택한 삼성휴대폰-그 비결은?

M/S 20% 달성

대리점 사장 얼굴 알리기 경쟁으로 이어지면서 판매권유율이 높아지는 일거양득 효과

'외제가 좋다'라는 고정관념을 깨기 위한 본격적 포지셔닝 전략에 의한 광고 캠페인이 시작되었다. 이와 함께 국산 휴대폰 품질 불신을 극복하여 휴대폰의 초기 시장에서 확실하게 자리 잡기 위한 광고도 기획하였는데, 대리점 사장을 품질 보증인으로 앞세워 위치를 확보해 나갔다.

▶ 고객에게 다가가는 포지셔닝 전략 ◀

포지셔닝이라는 사고방식이 광고계에서 제안되기 시작한 것은 1970년대 초의 일이다. 1980년대에 들어와서는 포지셔닝이라는 용어가 브랜드 이미지와 같은 의미를 지칭하는 것으로 사용되어 왔다. 그러나 포지셔닝이라는 용어가 브랜드 이미지와 다른 점은 전자가 '경쟁 상대'를 의식하고 있다는 점이다.* 왜냐하면 포지셔닝 전략도 많은 광고를 접촉하여 그 많은 정보를 모두 처리할 수 없게 된 소비자라는 배경에 대응하여 탄생된 것이기 때문이다.

그리고 포지셔닝이란 '경쟁 상태 내에서의 위치 부여' '소비자의 욕구' '제품 특성' 등 세 가지 요소를 통합적으로 고찰함으로써 성립된 개념이며, 브랜드 이미지 전략과 USP 전략 등 두 가지를 포함하면서 동시에 이것을 극복하겠다는 전략이라고 정의할 수 있다.

포지셔닝 전략의 가장 고전적인 사례는 "우리는 No.2에 지나지 않습니다"라는 에이비스(Avis) 렌트카 회사의 캠페인이다. 항상 2위에 머물러 있던 에이

출처 : Aaker & Myers, Advertising Management, 1988, p.125

비스는 경쟁회사인 헤르츠(Hertz)보다 부족한 점을 솔직하게 시인하고, 더 열심히 노력하겠다는 각오를 고객들에게 밝혔다. 'No.2' 캠페인으로 성공한 이 광고는 포지셔닝의 사례로서 유명하다. 왜 에이비스를 이용해야 하는지를 소비자들에게 잘 설득한 광고이다.

한국의 경우에도 '침대는 과학'이라는 에이스 침대의 캠페인과 '100미터 깊이의 천연 암반수로 만든 맥주' 하이트 맥주의 광고 등은 기존의 아성에 도전한 캠페인 사례이다.

이처럼 소비자들의 인식 속에 있는 벽을 깨고 그 속에 자사의 이미지를 심기 위한 싸움은 계속되고 있다. 아니 지속적인 포지셔닝 전략은 전개되고 있다.

포지셔닝 전략은 ① 경쟁사가 소구할 수 없는 독특한 포인트를 소구함과 동시에, ② 그것이 바로 소비자의 욕구와 합치하는 것이고, ③ 그것이 제품의 특성이라는 포인트를 발견하는 것이다.

예를 들어 초콜릿 바를 '특근시 출출할 때 먹는 스낵'으로 포지셔닝한 것을 살펴보자. 다른 초콜릿 바가 어린이층에 타깃을 맞추어 맛을 강조하고 있는데 비해 이것은 독특할 뿐 아니라 동시에 타깃의 욕구에도 부응한 좋은 예인 것이다. 즉 포지셔닝을 한마디로 정의한다면 적소(適所)의 발견이라 하겠다.*

KTF는 2002년 'KTF적인 생각'이라는 슬로건을 내세워 광고를 시작했다. 하지만 이 캠페인은 고객과 이어지지 못하고, 기업의 입장만을 강조하고 있었다는 문제점이 드러났다. 또한 'KTF적인 생각'이 대한민국을 바꾼다는 말은,

출처 : 김성원 · 채민우 · 김동수 · 김건익 역, 1998, 신광고심리, 서울:LG애드, pp.285~286

KTF의 중심 타깃인 25~35세의 젊은이들에게는 조금 먼 이야기였다.

이에 KTF는 'Have a good time'으로 슬로건을 바꾸었는데, 이것은 고객의 행복과 함께한다는 KTF의 기업 정신을 표현한 것이다. 이 슬로건은 고객에게 한발 다가가는 이미지를 형성하였고, 고객에게 좀 더 긍정적인 이미지를 심어 주는 데 성공했다.

하지만 고객을 상대로 한 이미지 광고에서 갑자기 슬로건과 그 중심 이념을 바꿈으로써, 기업의 일관된 이미지를 심어주지 못했다는 단점이 있었다. 즉 기업의 이미지 광고에서는 일관성이 중요한데, 'Have a good time'이라는 슬로건을 사용함으로써 기존에 쌓아놓았던 KTF의 진취적이고 도전적인 이미지가 지워지게 된 것이다.

또한 이미지를 표현하는 면에서 보면, 'KTF적인 생각'의 슬로건에서는 중심 타깃인 25~35세의 표적 집단이 분명하였다. 그에 따라 사회에 진출하는 타깃의 시기적 상황과 맞추어 KTF의 이미지를 형성하는 표현 전략이 효과적이었다.

반면 'Have a good time'의 슬로건에서는, 표적 집단이 불분명해지면서 전체 고객을 모두 이미지 광고의 대상으로 삼게 된 것을 알 수 있다. 즉 표적 집단을 구체화할수록 이미지 광고의 효과를 더 높일 수 있다는 점을 감안할 때, 전체적으로 긍정적인 이미지를 형성하는 데에는 성공하였으나, 형성된 이미지의 타당성을 확보하는 면에서는 부족했다고 생각한다.

따라서 앞으로 진행될 이미지 광고에서는 표적 집단을 조금 더 명확히 하고 그들의 특징을 분석하여, 그들이 원하는 행복의 모습 또는 사회의 변화되어 가는 모습을 보여줄 수 있는 표현들이 광고에 사용되어야 할 것이다.

다양한 표현 전략으로 기업의 긍정적인 이미지를 만들어간 KTF 기업

한편 KTF가 만들어가는 기업의 이미지 표현 측면에서 볼 때, SK는 품질이 우수하다는 SK만의 특징에서 기인한 이미지(자부심)를 창출하였다. 그러나 KTF는 KTF만의 어떠한 특징에서 출발한 이미지가 아닌 긍정적인 이미지만을 심어주었다는 데 한계점을 찾아볼 수 있다.

즉 KTF적인 생각이 KTF만의 진취적인 생각의 모습이 아닌 누구나가 할 수 있는 긍정적인 모습들을 소재로 끌어오면서, KTF보다는 광고에서 이용된 '생각'을 기억하기 쉬웠다. 그리고 소비자가 그러한 생각만을 기억하고 KTF와 연결하지 못할 가능성이 컸다. 때문에 KTF가 슬로건을 'Have a good time'으로 바꾸었을 때처럼, 아무리 긍정적인 이미지를 쌓아놓았다 해도 한 번에 그 이미지가 잊히거나 무너지기 쉬운 약점을 가지고 있다.

나중에 번호 이동성 제도라는 시장적 상황을 이용하여 서비스 가격을 대폭 인하하는 진취적인 프로모션 전략을 사용함으로써 KTF적인 앞서가는 생각에 어느 정도 타당성을 확보하게 되었지만, 형성된 이미지가 무너질 만한 약한 측면이 많다는 것을 알 수 있다. 때문에 기업의 진취적이고 앞서가는 생각으로 핸드폰 시장의 또 다른 변화를 일으키는 경영 흐름을 가질 때, 기업의 이미지 광고는 그 타당성을 더욱 확보해 나갈 것이다.

기업의 이미지 광고에서 가장 문제시되는 점은, 높은 마케팅 비용에 비교할 만한 효과(수익 창출 또는 고객 유치)를 얻어냈느냐 하는 점이다. KTF의 기업 이미지 광고는 가격 할인이라는 프로모션 전략과 함께 고객을 유치하는 데 어느 정도 성공적인 효과를 거두었다고 볼 수 있다(고객만족도 1위의 성과).

먼저 기업의 이미지 광고에서 25~35세의 중심 타깃과 KTF를 이용하는 중위권의 고객들을 목표로 대한민국을 움직인다는 거대한 목표에서 벗어나 고객의 행복을 지향하는 표현 전략을 사용한 것에 대해서는 긍정적인 평가를 내릴 수 있다.

하지만 KTF는 원래 가격이 조금 저렴했다. 또한 프로모션 전략이 가격을 인하하는 것이었다는 점에서, KTF가 번호 이동성 제도라는 시장적 상황에서 유치한 고객들 대부분이 경제적이고 합리적인 소비를 하는 사람들이었다고 할 수 있다. 즉 SK로부터 뺏어올 수 있었던 고객들 대부분은 SK의 고가 정책에 불만을 가지고 있던 사람들이었다는 점이다.

KTF의 고객도 SK나 LG텔레콤으로 이동할 수 있었던 시장 상황을 예상해 볼 때, KTF의 기존 고객들이 KTF를 떠나지 못하게 할 수 있는 방법은 더욱 저렴한 가격뿐 아니라, 가격 대비 우수한 서비스를 제공받아 합리적인 소비를 가능하게 하는 요소일 것이다.

때문에 KTF의 'Have a good time'이라는 광고의 표현 전략이, KTF가 현실적으로 제공하는 서비스에 기인한 것이 아닌 긍정적인 모습과 행복한 순간을 단순하게 표현했다는 점에서 합리적인 소비를 하는 KTF의 고객 마음을 어느 정도 확고히 하였는지는 미지수이다.

핸드폰 시장에서 보다 확고한 소비자들을 가지기 위해서는, 좀 더 표적 타깃의 특징을 분석하고, 그들이 KTF에 원하는 서비스를 통해 행복을 창출할 수 있는 표현 전략이 더욱 요구된다.

▶ 처음보다 더 어려운 리포지셔닝 ◀

기업이 의도한 대로 제품 포지셔닝이 되었어도 시간이 흘러 고객의 니즈와 경쟁 환경이 변하면서 처음의 포지셔닝이 효과를 거두지 못할 때가 있다. 이럴 경우에는 시장 환경에 맞도록 기존 제품을 새로운 표적 세분시장에서 다시 포지셔닝해야 하는데, 이것을 리포지셔닝(repositioning)이라고 한다.

판매 침체로 기존 제품의 매출액이 감소되었거나 소비자의 취향이나 욕구가 변화된 경우, 시장에서의 위치 등 경쟁 상황의 변화로 전략의 수정이 필요한 경우에는 목표시장, 제품의 범위, 브랜드 등에 대하여 리포지셔닝이 이루어져야 한다.

그러나 기존 제품이나 브랜드에 대한 이미지가 너무 강한 경우에는 그 이미지를 변화시키기가 쉽지 않고, 소비자의 인식을 변화시키기 위해서는 많은 마케팅 비용이 추가되어야 하므로 신제품의 포지셔닝 전략에 비해 어려움이 따른다.

리포지셔닝은 소비자들의 인식이 깊이 뿌리 박혀 있기 때문에 다소 어렵기는 하지만 기존의 제품으로 시장을 확대할 수 있다는 장점이 있다. 하지만 소비자들의 머릿속에 각인된 제품의 이미지를 바꾸는 것은 매우 어려운 일로써, 리포지셔닝은 신제품 포지셔닝에 비해 성공하기가 훨씬 어렵다. 리포지셔닝의 성공 사례를 주위에서 쉽게 찾아볼 수 없는 것은 바로 이 때문이다. 국내 기업들이 리포지셔닝하기보다는 새로운 제품을 출시하는 것을 선호하는 것도 비용에 비해 효과가 미미할 확률이 높기 때문이다.

리포지셔닝은 아니지만 이미 시장에서 잊혀져가는 제품을 손봐서 다시 선보이는 리뉴얼(renewal)도 있다.

다음에 소개하는 자료는 애니콜 캠페인의 본격적 포지셔닝 전략의 전개라고 볼 수 있는 내용이다. 앞서 언급된 리포지셔닝의 개념도 포함되어 있지만, 보다 확실하게 시장에서 자리를 굳히기 위해 과감하게 브랜드를 도입하여 기존의 제품으로만 런칭하던 패턴에서 본격적으로 소비자의 감성을 자극하는 형태로 광고의 콘셉트에 변화를 주기 시작했다.

● 브랜드 런칭기 _94년 1월~94년 9월

▶ '애니콜' 그 이름 석자를 알려라

– 3단계 : 애니콜을 파워 브랜드로…

- 아날로그 환경의 통화적체 – 소비자의 가장 큰 불만
- 구매준거 – 통화감도, 성공률에 집중
- 표현전략 목표 : 통화성공률이 탁월한 휴대폰
- 타깃 : 30~40대 자영업자
- 브랜드 개발목표 : 콘셉트를 뒷받침하는 기억률을 높이는 이름 500여 개 후보
  안, 10개월의 산고 및 소비자 공모

● 폭풍전야…

– 94년 8월 : 애니콜 브랜드 런칭
- 93년 11월~94년 5월 : 매출액 200% 달성
- 광고비 : 93년 8억 → 94년 56억 원으로 증액
- 히트상품 선정 : 매일경제, 한국경제, 서울경제

외산업체의 위기상황 감지됨

이 책을 빌려서 얘기하지만 광고는 팀워크의 결정체이다. 각 분야의 전문가들
이 각자의 역할을 최대한 발휘하여 소비자들을 향해서 통합적으로 커뮤니케
이션하는 것이다.

오늘날 애니콜의 성공 뒤에는 많은 이들이 있었다. 당시 애니콜 캠페인에
참여했던 사람들의 노력이 없었다면 아마 이 같은 성공은 이루어지지 않았을
것이다. 또한 애니콜이 집행되도록 의사결정을 해주신 당시의 CEO와 관련
임원들 역시 훌륭한 판단을 한 것이다. 광고업계에는 이런 말이 있다. "좋은

광고는 광고주가 만든다"라고….

이러한 포지셔닝과 리포지셔닝을 혼용한 삼성 애니콜 캠페인의 발전을 위한
여러 도전 가운데 가장 과감한 도전이 필요했던 시점에 이르렀다. 그래서 소
비자들을 향해 새로운 도전을 시작했는데, 그것은 바로 '한국 지형에 강하다'
였다.

실전사례[12]

◉ 캠페인 전환기 _94년 5월~96년 1월

▶ BIG BANG : 한국 지형에 강하다

'통화성공률이 탁월한 휴대폰'을 어떻게 알릴 것인가?

– 착안점
● 외산 대비 기본 통화성공률 우위를 구체적으로 나열
● 국내 중계시설상 전파세기가 약한 지역(약전계)이 많음
● 국내 지형의 70%가 산악으로 구성되어 있다는 점
● 외국 휴대폰이 평야가 많은 지역에서 성능 검증된 점
● 소비자들의 불만, 니즈 변화를 반영

– 결과도출
● 핵심COMM, 키워드 → 한국 지형에 강하다

물론 결정된 콘셉트를 과감하고도 일관성 있게 다가가는 'One Concept,
One Scene' 크리에이티브 전략으로 초지일관 소비자들을 향해 설득하였다.

리포지셔닝 전략으로 새로운 도전에 성공한 삼성 휴대폰

실전사례[12]

산, 바다, 섬 등 우리 국토 모두를 대상
캠페인명 : '우리가 지켜야 할 겨레의 山河'
94.5.23~94.11 총 24회 집행
명산 15개소, 섬 4개소, 바닷가 4개소 및 명사 출연(영화감독 정지영, 음악가 김도
향, 개그맨 주병진, 탤런트 송병창, 시인, 작가, 화가, 교수 등 총 24명 참여)
결과, 한국 지형에서의 통화성공률은 애니콜이 보장
M/S 30% 확보

▶ **고속도로, 스키장, 휴가길도 한국 지형**

　- 6단계 : 집객 이벤트를 광고와 연계, 한국 지형을 말하라
　　　　　　추석, 설날 등 명절 고속도로 무료통화 캠페인
　　　　　　휴가철 해변가, 겨울철 스키장, 명산 등
　　　　　　→ 테스티모니얼 광고, 품질우수성 입증

▶ **마르고 닳도록 한국 지형**

　- 7단계 : 왜 한국 지형에 강한지 구체적으로 설명하라

- Reason WHY 제공

  삼성애니콜, 왜 우리의 전파환경에 강한가?(95.6)

  삼성애니콜, 왜 한국 지형에 강한가?(95.7)

  → 골드 컨넥터 안테나, 주파수 탐색기능, 접속S/W 우수

- 결과

  93년 대비 94년 350%, 95년 700% 시장성장 주도

  93년 10% 이하, 94년 30%, 95년 43%의 M/S 확보

  상표인지 92%, 구입의향 46%로 93년 대비 3배

  95년 한국능률협회 조사 고객만족도 62%(모토 35%)

  95년 4월 단일모델 판매 1위 기록(월 35,000대 / KMT 당월 가입기준)

애니콜의 전략은 기존의 모토롤라로 인식된 소비자들을 상대로 그들의 인식을 어떻게 바꿀 것인가였다. 다시 말해 소비자들의 가슴속에 외제에 대한 인식의 벽을 깨고 그 자리에 애니콜을 자리잡게 하는 활동이었던 것이다. 이렇게 포지셔닝은 소비자들의 가슴속에 어떠한 방법으로 자리잡게 되느냐에 따라 그 결과는 엄청나게 다르게 나타난다.

앞에서 읽어 보았던 애니콜에 대한 기획서에서 인식의 벽은 높다는 것을 느꼈을 것이다. 또 이어서 보았던 KTF 사례에서도 기존의 콘셉트와 새로운 콘셉트와의 전환에서 소비자들의 인식이 어떻게 진행되는지를 잘 파악해야 한다는 것을 알 수 있었을 것이다.

클라이언트와 고객 마음을 사로잡는다

Chapter 07

광고 크리에이티브 목표 세우기

광고 표현 전략의 접근 방법을 살펴보면, 첫째 USP(unique selling proposition) 전략, 둘째 브랜드 이미지(brand image) 전략, 셋째 포지셔닝(positioning) 전략으로 일반적으로 구분한다. 이번 장에서는 USP 전략과 브랜드이미지 전략 등에 관해서만 기술하기로 한다.

USP 전략

USP 전략은 1950년 생산자 중심의 마케팅 시대에 나타난 광고 전략으로, 기업이 제품에 약간의 차별적 특징만 만들어내면 광고를 통해 소비자가 인지하여 구매 행동을 일으키던 시대에 발생한 광고 전략이다.

따라서 광고는 제품 특성과 소비자에게 주는 편익을 찾아내면 된다. 그래서 제품 콘셉트가 광고의 가장 중요한 요소로 등장하게 된다. 이러한 크리에이티브 전략은 테드 베이츠(Ted & Bates Advertising Agency)의 로서 리브스(Rosser Reeves)에 의해 연구되었다.

USP 광고의 기본은 광고는 소비자에 대한 약속으로써 "이 제품을 사라. 그러면 이러이러한 이익을 얻을 것이다"라는 것을 의미한다. 여기서의 이익이란 바로 타제품과 차별화되는 제품의 특징, 즉 제품 콘셉트가 되는 것이다.

USP 광고의 전략적 접근은 크게 세 가지로 요약할 수 있다. 첫째는 제품에서 USP를 찾아내는 것이다. 둘째는 제품의 USP가 경쟁 제품에서 찾아볼 수 없는 독특한 것이어야 한다. 셋째는 제품의 USP가 소비자가 공감하여 구매 의사를 느낄 정도로 강력한 힘을 가져야 한다. 로서 리브스는 덧붙여서 이러한 USP를 찾지 못할 경우, 제품을 개선해야 하며 그것이 불가능하면 광고 제품으로 부적당하다고 이야기하고 있다.

USP 전략에서 제품의 특징을 약속할 경우 소비자의 머릿속에 기억시키는 침투율과 메시지를 효과적으로 전달하여 제품 구매를 일으키게 하는 사용 유인력을 가장 중요시한다.*

브랜드 이미지 전략

이미지란 한마디로 개성을 말한다. 상품도 사람처럼 개성을 가지고 있으며 상품이 개성을 창조하기도 하고, 시장에서 잃어버리기도 한다. 상품의 개성은 상품의 상표, 포장, 가격, 광고의 스타일 그리고 무엇보다도 상품 자체의 특성 등 여러 요소의 혼합물이다.

브랜드 이미지라는 사고방식만큼 일반인에게 영향을 미친 용어는 없을 것이다. 브랜드 이미지 전략을 주장한 사람은 그 유명한 데이비드 오길비(David Ogilvy)이다. 그의 이 전략은 위스키·담배·맥주와 같이 그 기능에 있어서 경쟁 제품 간에 큰 차이를 찾아내기 어려운 제품을 어떻게 광고 표현으로 전화(轉化)시킬 것인가 하는 문제의식에서 출발했다.

이를 위해 오길비는 브랜드의 명성에 걸맞은 이미지를 만들어 내는 것이, 장기적으로는 그 브랜드에 대한 호의를 높이고 경쟁 브랜드에 대해 우위를 지킬 수 있다고 주장했다.

오길비가 실시한 캠페인 중에는 헤더웨이 셔츠(Hathaway shirts)의 '안대(眼

출처 : 서범석, 1995, 광고기획론, 서울 : 나남, pp.112~113.

帶)를 한 남자'나 슈웹스(음료) 광고의 '슈웹스로부터 온 사나이'와 같이 심벌(상징)이 되는 인물이 등장한다.

이렇게 보면 브랜드 이미지 전략이란 어떤 심벌을 정기적으로 이용하여 고급스런 이미지나 품질에서의 좋은 이미지를 강조하는 장기적인 시도라고 말할 수 있을 것이다. 이때 심벌로는 이미지 캐릭터로서의 모델이나 유명 인사를 활용하는 경우가 많다.*

브랜드 이미지 전략이란 '어떤 심벌을 정기적으로 이용하여 고급스런 이미지나 품질에서의 좋은 이미지를 강조하는 장기적인 시도'라고 언급되어 있는데, 다음의 몇 가지 사례는 그 좋은 예가 되리라 판단한다.

● **몽블랑**(Montblanc) : 몽블랑은 사회적, 문화적, 비즈니스적 지식인들은 자신만의 라이프 스타일, 개성, 예술에서부터 의상 및 액세서리에 이르기까지 모든 부분에서 실속 있는 자기표현을 추구하는 이들에게 초점을 맞춘다. 그리하여 몽블랑의 가장 큰 모토는 신화를 만든다는 것이다. 영혼과 열정을 몽블랑과 동일시시켜 살펴보도록 하여 다른 제품처럼 단순한 물건이 아님을 강조한다. 이러한 분석적인 태도는 바로 고급 상품에만 초점을 맞춤으로써 고객을 더욱 지적이며 부유층에 국한시킨다.

또한 브랜드의 정착에 있어서 문화적 측면을 강조한다. 몽블랑은 필 하모니의 스폰서와 같은 전 세계 문화 예술에 대한 후원을 시작하였다. 이는 단순

출처 : 김성원·채민우·김동수·김건익 역, 1998, 신광고심리, 서울 : LG애드, pp.284~285

히 비싼 물건이라는 생각에서 돈을 제대로 쓸 줄 아는 부유층의 물건으로 인식됨을 알려 준다. 몽블랑의 펜촉은 금으로 만들어져 있고, 몽블랑의 역사와 그에 맞는 이니셜을 새김으로써, 제품만의 맛을 보여 준다. 남성들을 위한 제품인 몽블랑은 성공한 이들을 상징한다.

● **할리 데이비슨**(Harley-Davidson) : 미국의 모터 사이클 제조업체인 할리 데이비슨은 고소득의 숙련된 노동자를 주 고객으로 한다. 즉 소비자의 잠재적인 감정 가운데, 소속감이라는 사회적 욕구를 이용한다.

할리 데이비슨을 구매하는 것을 고급품의 구매로 생각하는 화이트 칼라의 전문 종사자들을 목표고객으로 한 것이다. 여기서 충성 고객에 관해 생각해 볼 필요가 있다. 정기적으로 재차 구매하는 고객(교외의 오토바이족), 다양한 제품과 서비스를 포괄적으로 구매하는 고객(액세서리, 가죽점퍼, 열쇠고리, 머그잔, 핀, 혁대버클 등), 다른 사람에게 업체를 추천하는 고객(할리 열병자), 뿐만 아니라 경쟁 업체의 유인전략에 동요하지 않는 고객(다른 오토바이의 존재 부정) 등이 존재한다.

이는 단순히 할리 데이비슨의 오토바이의 구매가 아닌, 할리의 이미지를 즐기고자 하는 사람들도 많이 존재한다는 것을 보여 준다.

● **스타벅스**(Starbucks) : 맛과 향과 더불어 경험을 판매하는 스타벅스는 고객에게 다양한 면을 제시한다. 초기의 커피 상품의 본질에 대한 긴장상태를 조성하는 스타벅스는 음식 서비스 사업과 정신을 부여하는 산업을 함께 하여 스타벅스를 마시는 사람은 특별하다는 것을 강조한다.

특별하다는 이미지는 자기존중과 더불어 우월감의 위치로서, 매슬로우의 이론을 적용할 수 있다. 인간 감성의 전체는 브랜드를 증대하고 부유하기 위한 기회로 사용된다고 여기며, 이를 스타벅스의 커피상품과 적용시킬 수 있다. 햄버거는 배를 채우지만, 훌륭한 커피는 영혼을 채운다.

즉 커피라는 음식 서비스 산업의 측면을 기본적으로 강조하지만, 정신적인 측면도 강조함을 알 수 있다. 게다가 스타벅스 매장의 편안한 분위기 그리고 시대의 흐름을 잘 파악해서 현재 사람들이 원하는 기호에 맞는 새로운 커피숍을 창조했다는 점이 고객의 감정적인 측면을 더욱 생각한 것이라 볼 수 있다.

스타벅스의 성공 배경에는 지금까지 살펴본 것 이외에 여러 가지 요인이 더 있다. 그러나 무엇보다도 중요한 요인은 시대의 흐름을 잘 파악해서 현재 사람들이 원하는 기호에 맞는 새로운 커피숍을 창조했다는 점일 것이다. 다른 사람들이 느끼기 전에 그 필요성을 먼저 감지하는 것은 모든 성공적인 창업의 기본 요건일 것이다.

최근 제품의 질 차이가 확연히 줄어들면서 브랜드의 가치가 높아지고 있는 추세다. 브랜드에 따른 신뢰도는 매출에는 물론 제품 이미지에까지 영향을 미치기 때문에 확실한 브랜드 이미지를 구축하는 것은 경영에 있어 가장 중요한 것이라고 할 수 있다.

▮▶ 소비자를 설득하는 광고 크리에이티브 ◀▮

광고를 과학과 예술의 만남, 마케팅과 커뮤니케이션의 만남, 이성과 감성의 만남, 감독과 배우의 만남으로 표현한다면 후자는 크리에이티브라 할 수 있다.

광고는 예술과 다르게 소비자를 설득하려는 뚜렷한 목적이 있다. 그런데 대체로 소비자는 광고 메시지에 대해 귀를 기울이지 않기 때문에 기술적인 전략과 전술이 요구되고, 구체적인 설득기술이 필요하다.

광고는 소비자를 설득시키기 위해 합리적인 내용만 전달하는 것이 아니고, 소비자를 주목시키기 위해 어떠한 방법을 필요로 한다. 이러한 방법을 크리에이티브라고 한다.

광고 표현 전략, 광고 커뮤니케이션 전략 등으로 사용되는 광고 크리에이티브 전략은 먼저 목표를 정한 뒤, 크리에이티브 콘셉트를 추출하여 효과적인 크리에이티브 전략으로 나타난다. 그런데 마지막 관계에서는 "어떻게 알릴까?" 하는 독창성, 즉 아이디어가 필요하게 된다.

광고 전략과 크리에이티브 전략을 구분해서 보면, 광고 전략은 "무엇을 알릴까(What to say)?"를 위한 전략적 토대를 마련하는 것이고, 크리에이티브 전략은 광고 전술 단계에서 고려 정보의 내용을 좀 더 구체화, 현실화하는 과정으로 "어떻게 알릴까(How to say)?"에 초점을 맞춘 것이다. 이는 주로 제작의 표현방법, 모델, CM송, 메시지, 감성적 또는 이성적인 방법, 카피의 특징 등을 들 수 있다.

크리에이티브(표현) 목표는 광고 메시지에 충분히 공감하여 "그 제품을 사고 싶다"라고 말하기를 기대하는 것이다.

구체적으로는 제품이 지니는 차별적 이미지나 정보 내용을 실현 가능한 목표까지 도달시키는 것이라 하겠다. 예를 들어 "'상큼하고 톡 쏘는 맛의 콜라'라는 메시지를 목표 소비자의 20%까지 알린다"는 크리에이티브 목표라 할 수 있다.

크리에이티브 콘셉트(Creative Concept)란 광고의 아이디어나 제품 콘셉트를 소비자의 눈에 띄게, 이해하기 쉽게 말하는 것이다. 과학적인 방법에 의해 찾아낸 제품 콘셉트를 예술적인 접근으로 만드는 작업이다. 제품 콘셉트가 생산자의 입장에서 소비자에게 말하는 것이라면 표현 콘셉트는 소비자의 입장에서 바라보는 제품의 내용을 말한다.

제품 콘셉트가 "무엇을 말할까?"라면 크리에이티브 콘셉트는 "어떻게 말할까?"에 해당한다. 크리에이티브 콘셉트란 "제품에 관한 정보(What to say)를 어떻게 알리는가(How to say)?" 하는 방법에 관한 것이다.

콘셉트란 원래 '개념'이란 철학용어로서 어떤 개체들의 불변적인 징표, 즉 그것들의 불변적인 성질이나 관계들을 기초하여 개체들의 집합을 사고상으로 반영하는 것이다. 광고 용어로는 '생각하는 방향'이라는 의미를 가지고 있으며 소비자의 일반 개념을 깨는 새로운 것, 즉 콘셉트는 만들어지는 것이 아니고 '눈에 띄게 강조되는 것'으로 정리될 수 있다.

광고에 있어서 콘셉트는 과학과 예술, 마케팅과 커뮤니케이션을 연결하는 다리 역할을 하며, 생산자의 크리에이티브 목표를 소비자에게 전달하는 과정이며, 마케팅 기회를 광고 기회로 전환하는 단계이다.

위에서 언급한 바와 같이 광고 크리에이티브는 한쪽의 마음이나 용건을 다른 상대방에게 전달한다는 점에서, 편지를 쓰거나 전화를 걸거나 하는 일상적인 커뮤니케이션 행동과 맥을 같이 한다. 전달 파이프를 매개로 하여 이쪽 사람과 맞은편 인간이 상호 쌍방향으로 교신하는 것이다.

광고의 경우 전달 파이프의 맞은편에 있는 상대방은 편지나 전화의 경우와는 달리 불특정 다수이다. 광고에서도 이들에게 자기 친구나 가족과 같은 특정 상대에 대해 하는 것과 마찬가지로 친근하게 진솔하게 얘기를 하는 것이 바람직하다.

광고 크리에이티브 작업은 일반 사람들의 눈이나 귀에 직접적으로 접하는 것을 만드는 작업이기 때문에, 그것만이 전부인 양 보일 수 있다. 하지만 그 밑바탕에는 여러 직종의 전문가들이 모여 끈기와 노력을 갖고 광고 계획을 짜는 작업이 이루어지고 있다. 또 이를 바탕으로 하여 광고 크리에이티브 작업이 착수되고, 그 결과가 광고물이 되어 비로소 세상에 모습을 드러내게 되는 것이다.

즉 광고 작업 역시 다른 분야와 마찬가지로 공동 작업에 속한다. 필자가 참여한 몇몇 캠페인 중에 삼성전자의 휴대폰 광고인 '애니콜' 브랜딩과 컴퓨터 광고인 '그린컴퓨터' 및 노트PC인 '센스' 등의 광고 작업도 마찬가지 경우에 속한다. 즉 특정한 한 사람에 의해 결정되는 것이 아니라 공동의 작업에 의해 이루어지며, 광고주 또는 그에 준하는 담당 임원에 의해 최종 의사결정이 이루어지게 된다.

물론 해당 캠페인이 성공하고 제품 판매가 성장할 경우에 기업에 따라 평가의 경중이 있기도 하겠지만, 광고 캠페인은 "누구 한 사람이 잘했다"라기보다는 스텝 없이는 되지 않는 작업이다. 그 속내를 모르는 사람이 철없이 자기 아이디어라고 주장하는, 웃지 못할 억지가 가끔 생기기도 한다.

다음에 보여 주는 〈광고제작자 의견서〉와 〈광고물 제작 경과 및 제작 보고서〉는 여러 전문가들의 의견을 취합하여 크리에이티브 작업에 도움을 주는 데이터를 기록하는 양식이다.

이 보고서들은 광고물에 대한 각자의 의견들이 다른 경우가 너무나 많기 때문에 합리적인 의사결정을 내리기 위한 수단으로서 활용된다.

즉 상품기획을 하는 담당자와 판매기획을 하는 담당자들이 각자 자신의 업무를 기준으로하여 주장하다 보니 상호 업무에 대해서 깊게 배려하지 못하는 경우가 종종 일어난다.

각 담당자는 물론이고 보고를 받고 의사결정을 하는 위치에 있는 담당 임원들 역시도 가끔은 편협된 의사결정을 하는 경우들이 허다하다. 우스개로 해 본 소리겠지만 본인 취향의 특정 탤런트나 배우 또는 모델을 활용해서 광고를 제작해야 한다고 주장을 할 때는 매우 곤혹스럽기까지하다. 본인이 책임을 져야 할 의사결정 위치에 있는데도 말이다. 강조하지만 광고물에 대한 의사결정은 중요하므로 결코 가볍게 여겨서는 안 된다.

광고제작자 의견서

결재	담당	과장	실장

2000 년   월   일

제 목		의뢰부서	
제 품			

협조부서	상품기획 담당:	특기사항	
	판매기획 담당:		

상품기획	구 조	
	기 능	
	특 징 (경쟁모델 대비)	
	장 점	
	단 점	
	보 완 책	

※ 별첨 : 항목별 관련자료, 출시계획, 경쟁사 제품동향, 기타 근거자료

판매계획	시장동향		
	당사 유통상황		
	기본방향	A안	
		B안	
		C안	
	Target(연령, 학력, 경제력 포함)		
	Seles Point		

※ 별첨 : 항목별 관련자료, 해당 상품 판매전략, 경쟁사 판매동향, 기타 근거자료

광고물 제작 경과 및 결과 보고서

해당 판매부서 _____

결재	담당	과장	부장

2 0 0 0.   .   .

결재	담당	과장	부장	본부장

건명		제품		담당자	
제작일자		제작비		특기사항	

□ 제 작 내 역

항 목	추진일자	추진 내용(회의 내용, 지시 사항 등)	비 고

□ 개 선 사 항

담당자 의견	관계자 및 지시 사항

□ 별첨 : 항목별 관련자료, 회의록, 계획안, 광고물 사본, 기타 근거자료

카피(Copy)라는 말은 광고 용어로 사용될 경우 크게 세 가지 의미로 나뉜다. 첫 번째는 광고를 구성하는 모든 요소, 두 번째는 광고에 쓰여 읽히는 요소 즉 말이나 문자로 표현되는 모든 것, 세 번째는 광고의 본문 즉 바디 카피(body copy)라고 부르는 부분이 그것이다.

일반적으로 인쇄 광고의 경우 카피를 "어떠한 매체를 통해서든 나타나는 모든 활자화된 메시지"라고 하고, 텔레비전의 경우에는 "TV 커머셜에서 영상과 함께 나타나는 언어가 카피"라고 말한다.

광고 카피의 특성에서 카피는 다양한 의미를 적재하고 있는 언어이다. 그것은 관심, 호감, 호의를 부여하고 상상력을 불러일으켜야 하며, 기억하게 만들어야 하는 기능들이 요구된다. 광고 카피는 설명의 수단이기도 하지만 단순한 기호로 사용되기도 한다.

카피는 감정을 표현하며 그 자체가 특정 의미를 나타낸다. 카피 언어에는 사실에 관한 언어, 의견에 관한 언어 중에서 꼭 기억에 남기고 싶은 '키워드'를 설정하는 것이 중요하다. 광고 언어는 또한 은유, 직유, 동음이의어 등을 자주 사용한다.

광고 목표와 카피 전략에서 광고 목표란, 기업의 마케팅 목표를 수행하기 위한 것이며 광고 카피는 이러한 광고 목표를 달성하기 위한 수단이라 할 수 있다. 따라서 카피라이터는 '광고 활동의 전략가'이어야 한다. 즉 '어떻게 말할 것인가(how to say)' 이전에 '무엇을 말할 것인가(what to say)'를 먼저 생각해야 하는 것이다.

카피 전략

- **소구타깃** : 자사 브랜드의 주요 사용자는 누구일까? 사용자를 구체적으로 규정하면 할수록 그 타깃에 친근감 있게 접근할 수 있는 광고 제작이 더욱 쉬워질 것이다. 광고 표현 전략을 수립할 때 중요시되는 것은 소비자가 그 브랜드에 대해서 어떻게 느끼며 어떻게 사용하는지를 짐작할 수 있게 하는 사회심리학적 특성(라이프스타일)이라 할 수 있다. 요즘은 가장 핵심적인 타깃이 될 만한 사람을 한 명 설정하여 그를 정밀하게 묘사하는 방법을 사용하기도 한다.

- **메시지** : 카피 전략에서는 타깃에게 무엇을 전할 것인가를 명확히 해야만 한다. 만약 소비자가 자신이 본 광고 제품의 단 한 가지 메시지만 기억할 수 있다면 과연 그것은 무엇이 되어야 할까? 그것은 소비자가 다른 제품이 아닌 자사 제품을 왜 구해야만 하는지, 그 중요한 이유를 간결하게 압축한 메시지일 것이다. 이를 광고 용어로 SMP(Single Minded Proposition)라고 한다.

- **카피의 개성** : 광고는 온갖 종류의 개성을 연출해 낼 수 있다. 광고에서 경쟁 제품과 차별화시키는 중요한 개성적인 요소는 보편적이기보다는 독특할수록 더욱 효과적일 것이다.

- **카피 폴리시** : 광고 카피를 작성하기 위한 기본적인 정책으로서 광고 카피의 기본방향의 설정이다. 이러한 카피 폴리시(copy policy)는 광고 기획에 대한 기초적인 자료로서 광고의 목표 소비자층, 광고 매체, 광고 예산, 광고 목적, 광고에서 강조할 점, 그리고 광고 후 기대되는 소비자 반응 등이 포함된다.

● **카피 플랫폼** : 광고기획 담당자로부터 입수하거나 카피라이터가 조사한 자료를 광고 크리에이티브 작업에 편리하도록 분석하여 만들어 놓은 일종의 대차대조표이다. 특히 광고 제품에 대한 마케팅 상황을 경쟁 회사와 비교분석함으로써 효과적인 카피를 쓸 수 있다. 광고 제작의 시기는 달라도 광고 플랫폼만 있으면 전체적으로 통일된 광고 카피를 쓸 수 있다.

● **광고 포맷** : 광고 카피에서 일관성 있는 광고의 흐름을 주기 위해 헤드라인이나 바디 카피 등에 통일성 있는 광고 카피를 유도하여 광고 캠페인이나 시리즈 광고 형식을 진행하는 것을 의미한다.

● **카피의 구성** : ① 헤드라인 ② 서브 헤드라인 ③ 바디 카피 ④ 캡션 ⑤ 일러스트레이션 ⑥ 심벌마크 ⑦ 로고 타입 ⑧ 캐치프레이즈 ⑨ 발룬 ⑩ 레이아웃 ⑪ 러프 스케치 ⑫ 슬로건 등으로 이루어진다.

카피라이터의 역할

광고 카피를 전문적으로 쓰는 사람을 카피라이터라고 한다. 카피라이터는 광고대행사의 크리에이티브팀에 속해 있으면서 광고기획을 하는 광고대행사의 AE와 함께 광고 전반에 깊숙이 관여한다.

그러기 위해서 카피라이터는 마케팅 및 광고디자인에 대한 전반적 이해가 필요하며 영상과 음악에 대한 기초적인 지식을 습득하고 있어야만 한다.

종합적으로 볼 때 카피라이터는 광고기획에 대한 기본적인 이해를 기초로 하여 디자인적 감각과 영상, 음악 등 다양한 분야에 재능을 가지고 있어야만 자신의 광고 카피를 극대화시킬 수 있다.

광고 카피 전략이 기본으로 정리되어 포함된 크리에이티브 작업 결과 만들어진 제작물은 상품의 매출을 크게 좌우하기 때문에 그 효과의 극대화를 위해 크리에이티브 리서치를 한다. 리서치에는 여러 종류가 있지만, 여기서의 리서치는 주로 크리에이티브 그 자체를 대상으로 하고 있다. 리서치 결과는 반드시 숫자의 양(量)으로 표시된다.

흔히 크리에이터가 하는 작업은 사람의 마음에 반응을 일으키게 하는 것이기 때문에 "양보다는 질(質)이어야 한다"는 생각을 갖게 되기 쉽다. 그러나 양을 나타내는 숫자라는 구체적인 데이터의 뒷받침이 없으면 광고주를 설득하고, 나아가서는 소비자를 움직일 수 없다.

크리에이터가 리서치를 이용해 자기가 믿는 크리에이티브의 방향을 관계자에게 납득시킬 수 있으면 그 다음 작업은 훨씬 수월해진다. 크리에이티브 리서치를 잘 활용하면 효과적인 광고를 만들 가능성이 훨씬 높아질 것이다.

물론 앞에서 말한 여러 사안들을 토대로 판단된 광고가 집행되기 전 의사결정에 있어서도 매우 중요한 과정을 거치는데, 대부분 무관심하게 처리하는 경우들이 많다는 점을 여기서 다시 강조한다. 다음 자료를 통해 어떤 유형으로 의사결정을 해야 하는지 알아보자.

광고물 제작과 의사결정 분야 추진 계획

- 목 차 -

■ 서 론

1. 과학화의 필요성
2. 제안 과제에 대한 현상

■ 본 론

1. 제안 과제에 대한 해결 방안
2. 해결 방안에 의한 기대 효과

■ 결 론

1. 광고 전략과 표현 전략의 개념
2. 마케팅상에서의 광고의 역할

일 시 : . . .
소 속 : ○○광고그룹
발 표 : ○○○

■ 서론

1. 과학화의 필요성

가. 현상

○ '92년 말 기준, 국내 총광고비 2조8,159억 ('91년 2조3,955억 대비 17.6% 신장)
○ 당 본부 광고비 (4매체 기준)

(단위 : 억 원)

구 분	가 전		C & C		계	
	매출액	광고비	매출액	광고비	매출액	광고비
92년	16,000	290	4,386	75	20,386	365
93년	17,000	300	5,500	102	22,500	402

※ '92년 국내 총광고비 대비 1.2% ('92년 '91년 국내 1위)
　'93년 당 본부 총매출 대비 1.8% ('92년 1.8%)

○ 즉, 국내 광고비 지출 1, 2위를 다투는 광고 활동

나. 변화요인 발생

○ 국내 전자산업의 환경변화 및 개성화된 소비자 행동
　▪ 경영합리로 경제규제 및 위축된 경기를 만회키 위한 노력 적극적 (당그룹 "質경영")
　▪ 소비자 단체 및 공정거래 강화로 기업 이미지 개선에 필사적 (대우의 "TANK주의")

○ UR 및 시장개방에 따른 다국적 기업들의 활동 강화
　▪ 필립스 직매장 개설, 베스트전기 및 라옥스 등 시장조사 활발
　▪ GR의 대두로 선진기업들의 독점적 활동 강화 (당사 바이오TV, 그린컴퓨터 등)
　▪ 광고시장 개방으로 전문 광고회사의 과학적 광고 전략 전개

○ 정보화 사회로의 변화에 대처
　▪ 쌍방 커뮤니케이션의 중요성 대두
　▪ 뉴 미디어 등장 (CATV, 멀티미디어)

○ 단순 광고물 제작이 아닌 Total Marketing Communication 요구
　▪ 장기 캠페인 전략에 의한 과학적 광고로의 인식 대두 (하이트맥주 광고 캠페인)
　▪ 객관성, 체계성, 예측성, 전이성에 의한 합리적 광고 전략 요구

다. 변화요인에 의한 문제 발견

○ 광고 예산 추출방법의 1차적 형태 (국내기업 · 매출액 비율법 활용 67.4%)

> 미국 : 80년 100대 기업 조사 - 목표과업법 74%, 매출액 비율법 39%
> 일본 : 84년 250대 기업 조사 - 목표과업법 56%, 매출액 비율법 37%
> 영국 : 87년 550대 기업 조사 - 목표과업법 51%, 매출액 비율법 21%

○ 광고 전략의 과학적 논리성 결여 (선진 광고 전략 모델 無)
○ 매체 전략의 효율성과 운영시스템의 비합리성
○ 광고 효과에 대한 검증과 FEED BACK 시스템 未구축
○ 조사 및 정보마인드 부족과 반영률 저조

> 광고 조사비 : 가전. 94년 광고비 320억 대비 1.5억 (0.5%)
> C&C. 94년 광고비 108억 대비 1.1억 (1.0%)

○ 광고물 제작과 의사결정의 非객관성에 의해 과학적 판단을 요구하는 여러 가지
문제들을 발견함.
따라서, 본 제안에서 각 문제들을 전부 조명하기엔 자료부족, 여건의 미성숙,
광고에 대한 인식 부족 등으로 상기 문제들 중 1개 테마를 제안 과제로 선택함.

> 추진 과제
>
> > 광고물 제작과 의사결정의 객관성

2. 제안 과제에 대한 현상(문제점)

가. 광고물 제작(표현 전략)

○ 광고기획서와 광고물 제작이 상이한 결과
○ 광고 CONCEPT보다 시각적 요소에 치중
○ 광고시안 입수 후 수정 요구 최소 5회 이상
○ 입수된 시안의 채택 비율 낮다 (C&C : '93 시안건수 167건, 채택 46건 → 27%)
○ 광고물 이력관리 체계 無 (全 광고물)

나. 광고물 의사결정

○ 의사결정時 시간적 요소에 의존
○ 社內 전문적 광고 심의기구 또는 제도 없다
○ 집행 후 발생되는 책임한계 無 (공정위 제소로 소명자료 요청時)
○ 객관화를 위한 조사체계 無 (간헐적 시행)

■ 본론

1. 제안 과제에 대한 해결 방안

가. 광고물 제작

문 제 점	해 결 방 안	장 애 요 인
○광고기획서와 광고물 제작이 상이함	① 광고물의 사전제작제 도입 (최대 90일/최소 50일)	• LINE-UP의 일관성
	② 광고물 사전 REVIEW제 (a) 사내 광고 심의기구 활용 (b) 집행 전 해당 타깃별 F.G.I (c) 유통점주 광고물 REVIEW	• REVIEW 결과에 대한 신뢰 여부 즉, 주관적 시간이 아닌 객관적 DATA에 의해 판단
○광고 Concept 보다 시각적 요소에 치중	③ 기획과 제작물의 일치성을 위한 평가제 도입(광고 심의기구 활용)	• 기획내용의 주관적 견해 즉, 시장의 명확한 분석 필요

Concept 공감도   표현의 이상점

```
5                                                          
                                                           
4       5 : 걸작
        4 : 우수
        3 : 보통
3       2 : 미흡
        1 : 부족
2
                                              IDEA 완성도
1                                             (시각)

        1        2        3        4        5
```

문 제 점	해 결 방 안	장 애 요 인
	※ 평가방법 ▪ 콘셉트 공감도가 4, 아이디어 완성도 　가 1 　콘셉트는 맞지만, 광고물 質은 떨어짐 ▪ 5×5=25의 이상점과 4×4=16의 차이 　는 25-16=9 (그물친 부분)가 되어 　제작의 질적 격차는 엄청남. ▪ 평가는 구성된 광고 심의기구 활용 ▪ 최소 10점~15점 이하時 再시안 요청	
○광고시안 입수 　후 수정 요구 　최소 5회 이상	④ Creative 제안서 입수 후 명확성 　검토(기획과 표현의 일치성 확인) ⑤ 수정 요구 지시서 발송 　(수정시 발생되는 게재용 인화지 　　15단 B/W기준: 　　56,000×5회=280,000)	▪ 담당자의 일방적 판단에 　의한 수정 요구
○입수된 시안의 　채택 비율 낮음	⑥ 광고기획서 세분화 　즉, 광고 전략과 표현 전략의 2원화 ⑦ 월1회, 당부서: 대행사 커뮤니케이션 　실무회의(광고방향 협의) ※ '93년 시안건수 167건×시안 제작료 　196천(15단, B/W)=32,732천 　채택 46건×196천=9,016천 　즉, 32,732천-9,016천=23,716천 　비효율 초래	▪ 마케팅 기획서와의 연계성
○광고물 이력 　관리 無	⑧ 연간 광고물 모음집 발간 ⑨ 집행 광고물 SLIDE 모음집 ⑩ 광고 캠페인 성공(실패) 사례집	▪ 광고歷史 구축에 대한 　의지력과 축전된 KNOW-HOW 　전수에 대한 자세

나. 광고물 의사결정

문 제 점	해 결 방 안	장 애 요 인
○의사결정時 시각적 요소 의존	① 광고기획서 ② Creative 제안서 ③ 타깃별 F.G.I 결과보고서(사전REVIEW) ④ 광고물 심의결과보고서(사전REVIEW) (별첨: 평가LIST)	▪ 심의위원의 전문성
○전문적 광고 심의기구 無	⑤ 기획분야(광고 전략)와 제작분야 (표현 전략)의 2원적 구성으로 전문성 부여 ▪ 기획분야: 과장, 부장급 / 광고 전문 플래너 ▪ 제작분야: 외부 전문인으로 구성 (현직 종사자 중심)	▪ 외부인 활용時 당 제품에 대한 전반적 이해도 낮음
○집행 후 발생 되는 책임한계 無	⑥ 광고업무 + 외부환경요인(공정위 제소의 건) = 업무 매뉴얼 작성 즉, 매뉴얼內 각 부서별 한계를 규정 ⑦ 공정위 적발사례집 발간 (당사 총 광고물 중 50% 이상 지적 당함. 지적사항 중 80%가 제소됨 – 업무팀)	▪ 해당 부서의 명확한 해석
○객관화를 위한 조사체계 無	⑧ 년 제품별 광고인지 조사 정례실시 (각 세목별 조사 포함) ⑨ 조사통계모델 개발 (조사결과 분석 F/B 포함)	

2. 해결 방안에 의한 기대 효과

가. 광고물 제작

○ 광고물 사전제작계가 큰 역할
　　즉, 제품출시 지연으로 실기에 대한 책임한계 분명해질 것이며, 사전 진단으로
　　충분한 검토를 통해 적확한 제품 정보가 고객에게 전달될 것임.
○ 사전리뷰를 통해 보다 객관적이고 합리적인 예산집행 이루어짐.
　　즉, 사전리뷰를 통해 보다 고객의 소리에 적합한 내용으로 수정되어 예산 활용의
　　효율성이 이루어질 것임.

나. 광고물 의사결정

○ 의사결정에 있어서 주관적 입장보다 객관적 논리가 형성됨.
○ 시가전 요소보다 광고의 전략과 목적에 입각한 방향성을 논의함.
○ 조사를 통한 고객 심리를 면밀히 검토, 예측함으로서 광고물의 질적인 향상과
　　고객에게 올바른 정보를 제공하는 광고로서 자리매김 기대됨.

참조 : 의사결정에 대한 향후 광고팀의 기대치 MAP

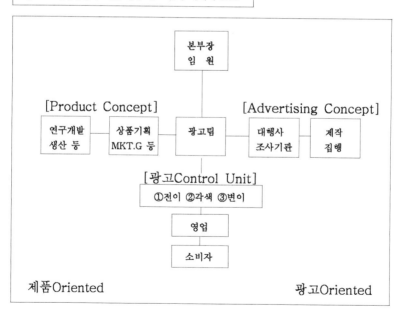

■ 결론

1. 광고 전략(기획분야)과 표현 전략(제작분야)의 개념

① 동시진행성
- 기획은 표현을 도출하고, 표현은 기획을 포함하여야 객관적 광고물이 될 수 있다.
  즉, 전략(기획) 없이 표현(제작) 없고, 표현 없는 전략은 없음.

② 상호비판성
- 상호 수정·보완시키며 보다 승화된 차원으로 진화
  즉, 전략과 표현간의 피드백기능이 있어 지속적인 순환관계 유지.

③ 역동성
- 경쟁 상황, 소비자 상황, 시장 상황의 변화에 따라 즉시 대응전략을 수립하는
  변신 기능이 필요
- ※ 결국, 전략은 광고의 콘셉트를 추출해내는 시스템사고의 산물이며,
  표현은 소비자의 구매행동과 수용태도에 영향을 미치는 IDEA이다.
  고로, 철저한 객관성과 합리성에 기인하지 않으면 안 된다.

2. 마케팅상에서의 광고의 역할

① 신제품 시장도입 기능
② 제품의 차별화 및 시장 확대 기능
③ 판매경로 확보 기능
④ 판매 활동의 조성 및 지원 기능
⑤ 상품제시 기능
⑥ 수요의 창조 기능
⑦ 정보고지 기능
⑧ 설득 기능
⑨ 인상 기능
⑩ 소비자교육 기능

※ 결국, 광고의 기능은 "경영＋과학(이성적 사고)＋문화예술(감성적 사고) ＝ 이미지
커뮤니케이션"의 혼합체로서, 생산자인 기업, 구매자인 소비자의 목표를 원활하게
하기 위한 마케팅과 일치시키는 기능으로서의 역할이 본래의 모습임.

광고물 사전 제작제 시행(안)

● 목 적

- 광고물의 集行前 Quality를 최대한 높이기 위함.
- 고객에 대한 충분한 정보 제공과 사전 Review를 통해 광고물의 목표시장 접근 최대화
- 광고 예산 투자에 대한 적확한 방향 설정으로 예산 비효율 방지
- 사전 스케줄 관리를 광고물의 적기 집행통에 시장진입 효과 증대 및 실기 최소화

● 전 개

- 사전제작은 제품 출시前 최대 3개월/최소 2개월前 제작을 START함을 원칙으로 함.
- 제작前 관련 부서와의 PROMOTION 실무회의時
  ① 광고기획서(PROMOTION전략)
  ② 상품기획서(연간 LINE-UP)
  ③ 판매기획서(시장도입전략)를 기본 회의과제로 CONCEPT를 결정
- 사전제작 후,
  ① Review Board(사내 Test)
  ② F.G.I 과정 거친 후 결과보고서를 2차 PROMOTION 실무회의時(출시 2개월)
     제출하여 표현 MESSAGE를 결정
- 표현방향 확정 후, 제작에 임함(밀착상태: 집행 1개월前). 최종 Review 후 집행대기
- 단, 본 사전제작은 기존 모델의 Version-Up 제품은 제외함(일반적인 기능 추가 등)
  을 기본으로 하고, 본부內 주요 전략 모델 및 정책성 과제 모델 중심으로 운영
  즉, 획기적 아이디어에 의한 모델(이유: 시장진입時 성공가능성 중심-예, 그린컴퓨터)
- 광고집행 후 발생되는 반응(긍정적 반응: 매출액의 급신장 / 부정적 반응: 공정거래위,
  소비자 보호위, 고객 크레임 등)의 사전 검토보고서를 2차 PROMOTION 실무회의時
  해당부서는 제출함을 기본으로 함.
- 본건 집행 후 2개월 뒤, 집행결과 보고서를 제출하여, 2차 LAUNCHING 또는 타제품
  광고에 반영하여 ITEM별로 관리함(조사기관 자료 포함).
- ※ 상기 내용은 MKT.G內의 합의를 전제로 함.

● 세부내역

시 점	각 역할별 항목	비 고
D-90일	○ 1차 PROMOTION 실무회의 ▪ 광고 기획서(PROMOTION 전략) ▪ 상품기획서(연간 LINE-UP) ▪ 판매기획서(시장도입 전략) ※ 개발배경 / 시장현황 / 고객성향 　　경쟁현황 / MKT.G환경	▪ 광고팀, 판촉팀 ▪ 개발팀 ▪ 해당영업팀
D-70일	○ 시안 완료	▪ 광고팀
D-60일	○ Review Board(사내 TEST) 및 F.G.I ▪ 결과보고서 작성	▪ 해당 Target별 ▪ 광고팀
D-55일	○ 2차 PROMOTION 실무회의 ▪ Review 결과보고서 ▪ 사전 검토보고서 ▪ 표현 Message 확정	▪ 광고팀, 판촉팀 ▪ 상품기획, 판매기획 ※ 업무팀 확인
D-30일	○ 원고 밀착상태 및 필름 완료	▪ 광고팀
D-0	○ 집행	▪ 광고팀
A-60	○ 집행 결과보고서 ▪ 문제점과 기회 ▪ 2차 LAUNCHING 대책	▪ 광고팀, 판촉팀 ▪ 상품기획, 판매기획 ▪ 해당 영업팀 ※ 조사기관

광 고 물 평 가 서

항 목 [콘셉트 완성도]	평점 1 ~~~ 5	항 목 [시각적 완성도]	평점 1 ~~~ 5
1. 대행사의 태도 ① 광고주의 사업에 대한 이해 ② 효과적인 광고전략 개발 ③ 혁신적 마케팅 제안 ④ 광고비에 대한 인식 및 효율성 ⑤ 신제품에 대한 이해와 노력 ⑥ 전략적 계획		**3. 매체집행** ① 전반적인 제작능력 ② 효과적인 표현전략개발 ③ 광고주 제안에 대한 탄력성 ④ 전파광고의 질 ⑤ 인쇄광고의 질	
2. 매체집행 ① 전반적 매체집행 능력 ② 효과적인 매체전략 개발 ③ 혁신적인 매체계획·집행 ④ 매체 경향 추이분석		**4. 연구조사** ① 기술적인 능력 ② 광고 전략을 위한 연구조사 ③ 광고효과 분석을 위한 조사 **5. 계획/관리 서비스** ① 전반적 광고주 관리능력 ② 납기엄수 ③ 대금청구 적절성, 정확도	

※ 배점표

25점 이상	16점 이상	9점 이상	4점 이상	비 고
A	B	C	D	D평점 경우
뛰어나고 훌륭함	우수함	평범함	뒤떨어짐	

아울러 앞서 언급된 각종 정보나 데이터 등을 중심으로 해서 광고를 제작하기 위한 애드 브리프(Ad brief)*를 작성하게 된다.

앞의 사례에서 본 것처럼 광고물 제작과 의사결정은 광고기획만큼이나 중요하다. 단순하게 판단해서 의사결정을 내리게 되면 그만큼의 고통의 대가를 치르게 된다. 일반적으로 광고를 재미로만 판단하는 경우가 많다. 또 최고 의사결정자의 취향에 의해 결정되는 경우도 많다. 그것은 그 제품 광고를 실패로 이끄는 지름길이다.

전문적인 일은 전문가에게 맡기면 되지만 올바른 의사결정은 최고 의사결정자가 끌고 가야 할 몫이다. 최고 의사결정자는 투자비용에 대한 회수와 잃어버린 고객의 마음 돌리기, 경쟁사의 강력한 매출확대 등을 늘 마음에 두고 있어야 한다. 시장에서의 성공할 확률을 높이고 싶은가? 그렇다면 명확한 판단을 해야 한다.

다음에 첨부한 자료는 당시의 광고 제작을 위한 사전 정보를 판단한 내용의 보고서이다. 참조하면 광고에 있어서 정보가 얼마나 중요한지를 판단할 수 있을 것이다.

브리프(brief) : 광고기획 담당자가 작성하는 전략적 광고기획 양식이며, 광고주에게 광고를 프레젠테이션하기 이전에 광고의 기본적인 방향을 합의하기 위해 만들어진다. 일반적으로 광고대행사에서는 광고기획 담당자가 브리프를 작성하는데, 크리에이티브 팀과 매체팀에 광고 제작을 의뢰하기 위해 만든 광고제작 지침서를 말한다. 또 카피 브리프는 카피라이터에게 광고의 목적을 인지케 하여 그들의 제출안들이 그것에 기초하여 평가받을 수 있도록 할 목적으로 기술된 광고나 연속광고의 목표와 상세한 기술을 말한다.

삼성 OO전화기 신문광고 AD BRIEF

[환 경 분 석]

1. 시 장 환 경
- '90년 12월 맥슨전자에서 최초로 900MHz 제품 출시
- '91년 삼성, 금성(워키)의 제품 출시로 본격적 경쟁 체제 돌입
- '92년 현재 한창 및 현대의 참여 예상
- 일반형 46/49MHz 제품 대비 뛰어난 고감도, 휴대성에도 불구하고
  제품의 고가(35~40만 원)로 시장 활성화 미비(시장 도입기 제품)
  ※ 맥슨의 경우 지속적인 광고 판촉 활동에도 불구하고, 현재 약 1만여 대의
    제품 판매에 그침. (금성, 삼성, 한창의 제품 판매 저조)

구 분	미약형 (일반형)	소전력형(300MHz)
점유율	30%	70%
가격비	1	2

- '94년도부터 본격적인 900MHz 제품의 시장 활성화 예상
  [cf] 일본의 무선전화기 시장

2. 소 비 자
- 제품 도입기 초기에 광고, 판촉의 영향으로 제품 판매에 호조를 띠는 듯하였으나,
  거리에 대한 과장광고(통달거리 800~1,000미터)로 인한 제품의 불신감 팽배
- 제품에 대한 인지도 및 이해도 약한 편임
- 가격에 대한 고가 인식 → 최대 구매 장애요인으로 작용
- 20~25만 원을 구매 적정 가격으로 고려
- 제품 이미지 평가
■ 맥슨, 나우 : 전문회사, 무선전화기의 앞선 회사 이미지
            → BRAND Loyalty가 강하게 나타남
■ 삼성, 금성 : 차별화된 BRAND 이미지 없음
            → 전문회사 대비 제품 선호도 열세로 나타나고 있음

3. 제 품
- 900MHz 제품 Trend
■ standard type → up-right , flip type화
■ 저가격화(40만 원대 → 20~30만 원대)
  ※ 맥스전자에서 하반기 출고가 19만 원대 제품 출시 예정
■ 다기능화, 소형화

■ 디자인 차별화

구 분	삼성전자 (SP-R912)	맥슨전자 (MCT-901)	금성통신 (GS-900)
TYPE	FLIP TYPE	FLIP TYPE	
채널방식	40CH	40CH	40CH
휴대장치 무게	210g	389g	412g
MULTI 휴대장치	4대	×	×
별도 밧데리 팩	O	×	×
DDD제어기능	O	O	×
출 고 가	23~24만 원 예상	32만 원 (MCT-902: 19만 원 예상)	29만 원 (시장에서 22만 원에 유통)
SALES POINT	·고품위 통화감도 ·세계 최소형, 　최경량 휴대장치 ·104MULTI 기능 ·FLIP TYPE의 　세련된 디자인 ·SCROLL방식의 　LCD 디스플레이	·고품위통화감도 ·FLIP TYPE 디 　자인	·고품위 통화감도

- 삼성 SP-R912 제품 특장점 및 경쟁 제품 비교 ※ MCT-902 : STANDARD TYPE

4. 광 고
- 각 사별 광고 CONCEPT

회 사 명	광고 CONCEPT	광 고 동 향
맥슨전자	혼신, 잡음 없는 최첨단 무선 전화기 맥스 슈퍼폰	'91년 이후 TV 및 인쇄광고 를 통한 지속 고지
삼성전자	거리제한, 혼신, 잡음 없는 무선전화기	'91년 9월 신제품 출시 광고 인쇄광고 집행
금성통신	기존 무선전화기와 차원이 다른 고품격 무선전화기	'91년 4월 TV 및 인쇄광고 를 통한 집중 고지: 유인촌을 등장시킨 빅모델 전략
한 　 창	한창의 첨단 기술로 혼신, 잡음, 거리제한을 깨끗이 해결한 무선전화기	'92년 6월 신제품 신문광고 실시

- 맥슨전자의 900MHz 제품에 대한 지속적 TV광고('91년 이후) 실시를 통해 첨단 제품 이미지 선점
  → 900MHz 제품 시장 활성화시 유리한 이미지 선정
- 맥슨, 삼성 금성 공히 통화거리 확장성(800~1,000미터)에 대한 소구
  → 실제 사용시 통화거리 제한으로 인해 소비자 불만사항으로 나타남
- 맥슨을 제외한 삼성, 금성 등은 신제품 출시와 관련한 단기적 광고에 그침
  → BRAND 이미지 누적 효과 미약

[문제점과 기회]

구 분	문 제 점	기 획
시 장	·시장 활성화 미흡 ·다수의 경쟁사 존재	·일반 무선전화기의 혼신, 잡음에 대한 불만 → 대체수요 가능성 ·경쟁사 대비 유통력 강화
제 품	·900MHz 제품의 고가인식 → 구매 장애요인으로 작용 ·경쟁사 제품(맥슨) 대비 가격 비쌈	·제품 디자인, 기능의 차별화 (최소형, 최경량, 104멀티 기능) → 900MHz 무선전화기 최고 제품으로 포지셔닝 가능
소비자	·제품의 인지도, 이해도 약함 ·전문회사 제품에 대한 BRAND Loyalty 강함	·일반 무선전화기에 대한 소비자 만족도 약함 → MARKET LEADER인 맥스, 나우의 BRAND WITCHING 가능성 多
광 고	·맥슨의 지속적 광고 실시로 900MHz 제품 이미지 선점	·제품 차별화점의 극대화

[광 고 전 략]

1. 광 고 목 표
 - 삼성 하이폰 무선전화기 SP-R912의 인지도를 높인다.
 - SP-R912를 기존 무선전화기의 불만점을 해결한 최고의 무선전화기를 포지셔닝시킨다.
   → SP-R912 제품을 통해 하이톤 무선전화기 브랜드 이미지 강화를 위한 HALO EFFECT 기대

2. 광 고 TARGET
- MAIN : 대도시 거주하는 중상류층 30~50대 주부 및 가장
  ※ 일반 무선전화기를 사용한 경험 → 혼신, 잡음에 대한 불만
  　　　　30만 원대 제품에 대한 가격 저항력 약함
  　　　　신제품, 고급제품에 대한 구매욕구 강함
- SUB : 이동성을 필요로 하는 고급 접객업소
  　　　일반 무선전화기에 불만을 갖고 있는 일반 가정주부 및 가장

3. BRAND CONCEPT

기존 무선전화기의 혼신, 잡음, 거리제한 불만	제품 가격 DOWN 900MHz 제품시장 활성화 가능성	기존 900MHz 제품과의 제품 차별화
		- 디자인 - 세계 최소형, 최경량 - 기능(104멀티, scroll display)

> 일반 무선전화기의 혼신, 잡음, 거리제한을 완벽하게 해결한 세계 최소형, 최경량 900MHz 무선전화기

4. 크리에이티브 가이드 라인
- 일반 무선전화기의 불편점인 혼신, 잡음, 거리제한을 해결한 완벽한
  무선전화기 소구
  → 무선전화기 사용에 불만을 갖고 있는 소비자의 관심 유도
- 세계 최소형, 최경량(210g) 제품임을 강하게 어필 → 900MHz 기존 제품과의
  차별화점 극대화
- 거리제한 해소에 대한 소구는 900MHz 제품 구입자들의 불만사항을 고려,
  지나치게 과장된 표현 피할 것
- 경쟁사와 차별화되는 제품 특장점 소수 → 최고 제품 이미지 소구
- 자매품으로 46/49MHz 제품 처리 → 912 제품의 기술력 이미지 halo effect
  기대
- 시안 규격 : 10단 흑백
- 시안 제시일 : 9. 8(화)

광고 소구 내용의 결정은 주로 마케팅 담당자를 중심으로 하여 '광고로 그 상품에 관해 무엇을 말하는가(what to say)'를 결정하는 과정이다.

상품은 저마다 여러 가지 특징과 경쟁상의 우위성을 갖고 있다. 한 번의 광고로는 상품에 관해 소구할 수 있는 것에 한계가 있다. 15초 텔레비전 커머셜에서는 주요 소구점*이 기껏 하나지만, 소비자에게 있어서도 상품이나 브랜드를 결정하기 위한 실마리로 가격 이외에 디자인, 사용 편리, 메이커명 등으로 다양하기 때문에 매우 한정될 수밖에 없다.

따라서 광고 속에서 그 상품을 어떻게 포착하여 어떤 점을 중심으로 소구해 가느냐는 광고 전략상 매우 중요한 결정사항이 된다.

예컨대 커피를 예로 들면 그 커피의 향기 좋음을 소구할 것인가, 그 커피를 마시는 사람과 사람과의 대화가 부드러워지는 분위기를 강조할 것인가, 또는 커피 원두의 종류가 다름을 소구할 것인가 등의 세 가지 가운데서 어떤 것을 중심으로 광고를 소구해 갈 것인가를 생각할 필요가 있다(이 소구점은 커뮤니케이션 콘셉트 또는 광고 콘셉트라고도 부른다).

이 콘셉트를 결정하기 위해서는 여러 측면에서 검토할 필요가 있다.

첫 번째로, 그 상품이 갖고 있는 특징은 어떤 것인가를 모든 각도에서 찾는

소구 : 광고 · 판매 등에서 사도록 권함을 뜻하는 용어. 비누라면 거품이나 향, 세탁력 등을 이용하는 방법이 있을 것이고, 자동차라면 연비, 가속 성능, 내구력 등이 있는데 이 중에서 가장 주된 점을 주 소구점이라고 한다. 즉 어떤 점을 가장 부각시켜서 광고를 하느냐 하는 것이다. 비슷한 두 가지 상품이 있는데 어떤 것을 부각시키느냐 하는 것이다. 가령 과자를 파는데 무게나 강도보다는 맛이나 향, 또는 이미지 등을 이용하는 것이 더 나을 것이다. 바로 이것이 주 소구점이다.

작업이 필요하다. 같은 맥주라도 새로운 맛의 표현법·포착법을 바꾸는 것으로 새로운 콘셉트의 발견이 가능하다.

두 번째로, 경쟁 상품의 소구점과 비교해서 그 상품의 어느 점을 소구해야 가장 유니크하면서도 유리한가를 생각하지 않으면 안 된다. 그 상품의 특징이라 해도 이미 다른 상품이 말한 것을 되풀이해서는 임팩트 있는 광고 표현이 되지 않는다.

세 번째로, 이것이 가장 중요한 것인데, 세 번째 스텝에서 결정한 타깃에게 있어 가장 매력 있는 콘셉트란 무엇인가를 찾아내는 것이다. 아무리 경쟁상 독특한 소구점이라 해도 그것이 구매자인 소비자에게 충분히 설득적이지 못하면 효과적인 광고가 될 수 없다.

여기서 주의할 것은 광고 콘셉트란 반드시 물성적(物性的)·이성적(理性的)인 것(예컨대 이 차는 에어백과 앤티록 브레이크 장치(ABS)를 갖춘 안전한 차다)이 아니더라도 감성적·정서적인 것(예컨대 이 웨건은 휴일을 맞은 가족의 야외 활동을 즐겁게 한다)이라도 좋다는 것이다. 경쟁간의 물성적인 차이가 적어진 오늘의 시장에서 어떻게 차이와 우위성을 살려 나가느냐는 날로 어려운 과제가 되고 있는 것이다.

광고 표현 계획의 책정은 그 소구 내용을 '광고로 어떻게 말하는가(how to say)?'를 결정하는 과정이다. 광고에서 그 상품에 대해 무엇을 말할 것인가가 결정되면 그 뒤의 광고 표현 계획은 크리에이터들이 주로 맡는 작업이 된다. 광고 표현 계획에 있어 크리에이터들은 '그 상품을 어떻게 표현하면 좋은가?'에 관해 심혈을 쏟는다.

마케팅 계획이라는 관점에서 광고 표현은 크리에이터의 자유로운 발상에 맡기는 것이나, 타깃(누구에게 말할 것인가?)과 광고 콘셉트(그 상품에 대해 무엇을 말할 것인가?)의 두 가지 큰 테두리에 대해서는 될수록 그것에서 벗어나지 않도록 체크해 나갈 필요가 있다. 마케팅 담당자의 이성적 발상과 크리에이티브 담당자의 감성적 발상이 잘 융합함으로써 보다 뛰어난 광고가 탄생되기 때문이다.

이상의 내용들을 중심으로 광고 표현 전략이니 크리에이티브니 콘셉트니 하는 것은 결국에는 고객과 광고주의 만족과 매출에 영향을 주지 못한다면 성공한 광고라고 이야기할 수 없다. 그것은 광고 속의 내용만으로 이해하는 착각에 빠진 기획자들이 많기 때문에도 이 부분에서만큼은 짚고 가지 않을 수가 없다.

광고주가 많은 마케팅 비용을 들여서 준비하는 광고 계획을 단순히 기획자 스스로의 만족 차원으로 판단하는 부분들과 또한 일부 시장의 상황과 상관없이 의사결정을 하는 클라이언트의 대표자나 임원들도 모두 마찬가지일 것이다. 왜냐하면 본인의 의사결정에 따라 시장의 MS가 올라갈 것이냐? 아니면 내려갈 것이냐? 아니면 완전히 도산할 것이냐? 하는 것도 고려하지 않을 수 없는 상황이기 때문에 매우 신중한 판단이 필요하다.

IMF시절, 일부 벤처기업들이 마케팅 비용을 과도하게 투자하거나 인기에 영합하는 광고 캠페인 실시 등으로 도산한 경우가 있었다. 이러한 회사들은 광고 계획에 문제가 있는 사례에 해당될 것이다.

한 번의 광고로 최대 효과를 노린다

Chapter 08

미디어 전략 짜기

광고는 대가를 지불해야 하는 매체(미디어)를 통해 광고주 메시지(광고)를 광고 대상(오디언스*)에게 전달함으로써 마케팅의 목적 중 일부를 달성하고자 하는 행위이다.

모든 기업이나 조직의 활동이 그러하듯이 광고도 정해진 한도의 자원(인력이나 시간, 자금)을 통해 최대한 효과적이고 효율적으로 목적을 달성해야 한다.

광고의 효과를 높이는 방법에는 효과적인 광고 메시지(광고의 외형, 슬로건 등)의 작성이나 다른 마케팅 수단과의 혼용(이벤트나 가격 할인 또는 PR 등) 등의 방법이 사용될 수 있다. 또한 동시에 광고에 이용되는 매체를 효율적으로 분산함으로써 같은 효과를 볼 수 있다. 이것이 미디어 믹스의 목적이다. 제한된 비용으로 광고 타깃에 최대한 밀착할 수 있는 각종 매체들을 다양하게 사용하여 최대의 광고 효과를 노리는 것이다.

전통적인 미디어 믹스는 TV, 라디오, 신문, 잡지 등의 미디어를 각 매체별로 또는 시간대별로 섞어서 사용하는 형태였고, 지금도 이들 네 가지는 광고의 가장 중요한 미디어들이다. 최근에는 이 네 가지 미디어에 더하여 인터넷을 통한 웹과 이메일 등이 매우 중요한 미디어로 각광 받고 있는데, 가장 큰 이유는 저렴한 비용과 타깃과 양방향 의사소통을 함으로써 보다 효과적으로 접

오디언스(audience) : 신문·잡지의 독자, 텔레비전 · 라디오의 시청취자, 소비자대중 등 매체에 대하여 수동적 입장에 놓여 있는 사람들의 총칭. 청취자(listener), 시청자(viewer), 독자(reader) 등으로 부른다.

점(contact point)을 관리할 수 있다는 이점 때문이다. 또한 우편물 등을 통한 카탈로그 등도 이용되고 있다.

광고의 효과는 광고 타깃이 특정 광고를 '얼마나 자주 많이 접하는가'와 또 '얼마나 오래 접하는가'와 매우 큰 상관관계가 있다. 한 사람의 광고 타깃이 정해진 시간 동안 특정 광고에 한 번 노출되는 것과 열 번 노출되는 것은 광고 효과 면에서 매우 다르게 나타날 수 있다.

따라서 특정 타깃 그룹에 광고 역량을 집중하고자 할 때, 그 타깃 그룹의 라이프스타일이나 동선 등에 따라 집중적으로 광고를 하게 된다. 이때 라이프스타일에 따른 타깃 그룹에게 더 큰 영향을 미치는 두 가지 이상의 미디어들을 선택적으로 사용하는 것이다. 이렇게 미디어 믹스 계획에 따라 선택된 미디어를 통한 집중적인 광고는 비용대비 효율을 극대화시켜 줄 수 있다.

예를 들면 15~20세 학생을 상대로 하는 캐주얼 의류 브랜드를 새로 런칭한다고 할 때, 일반적으로 가장 효과가 좋다는 프라임 타임(prime time: 시청자나 청취자가 가장 많은 시간대로 시청률과 청취율이 가장 높고, 광고비도 가장 비싼 방송시간대)의 TV광고를 할 수도 있다.

하지만 비용이 비싼 관계로 매일 한 번씩 한 달 동안밖에는 할 수 없다고 할 때, 같은 비용으로 더 오래 할 수 있는 방법들을 생각해 내야 한다. 학생들이 많이 다니는 거리의 옥외광고, 작은 이벤트와 함께 하는 다음이나 네이버를 통한 배너광고, 플래시 애니메이션 작품 등을 통한 PPL 등을 다양하게 배합한 광고 캠페인은 광고비가 비싼 TV광고에 비해 돈이 적게 든다.

이때 한 명의 학생이 일주일 동안 그 브랜드를 접하게 되는 횟수가 일반적으로 미디어를 다양하게 사용하는 경우에 비해 더 많다. 그리고 TV의 주요

시간대 광고에 집중하는 것에 비해 같은 비용으로 더 오랜 기간 동안 광고 캠페인을 할 수 있다는 이점도 있다.

하지만 다양한 미디어 믹스가 반드시 좋은 것만은 아니다. 그 이유는 각 미디어는 나름대로의 특성을 가지고 있고, 광고를 통해 이루고자 하는 목표에 따라 특정 미디어가 더 잘 어울릴 수 있기 때문이다. 또는 광고하고자 하는 브랜드의 성격이나 상품의 종류에 따라서도 많은 차이가 있다.

예를 들면 TV는 많은 수의 다양한 사람들이 한꺼번에 시청하기 때문에 상대적으로 보다 대중적인 상품이나 기업의 브랜드 이미지 광고 등에 적합하다. 신문 역시 비슷하다. 신문은 TV에 비해 더 많은 정보를 제공할 수 있기에 상품의 성능이나 설명이 필요한 특징 등을 보다 효과적으로 표현할 수 있다는 장점이 있다. 반대로 인터넷으로 일반적 식료품이나 그 브랜드 등을 광고하는 경우는 매우 드물다. 그 성격상 TV나 라디오, 신문 등에 광고하는 것이 더 알맞기 때문이다.

이렇게 미디어 믹스는 상품과 브랜드의 성격과 광고 타깃의 성향, 그리고 전체적인 마케팅 전략 등을 바탕으로 매우 구체적이고 직접적인 광고의 효과를 결정짓는 매우 중요한 요소이다.

미디어 믹스라는 말은 원래 각종 광고매체를 혼합 이용하여 광고 효과를 올리는 수법을 의미한다. 주로 신문, 잡지, 라디오, 텔레비전 등의 미디어에 동시 다발적으로 공고를 게재하는 현상을 말한다. 그러나 현재는 인접 장르가 하나의 아이템으로 서로 혼합하는 것을 의미하게 되었다.

이러한 미디어 믹스는 1975년 할리우드영화 사상 최초의 블록버스터로 손

꼽히는 《조스》에서부터 시작되었다. 영화 《조스》는 피터 벤츨리의 베스트셀러 소설을 스티븐 스필버그 감독이 영화로 만든 것으로, 여기서 캐릭터 상품을 개발하고 테마파크 그리고 게임으로까지 그 가지를 확장했다. 즉 대중소설로서 검증된 흥행을 바탕으로 막대한 자본을 투입한 것으로, 지금은 매우 흔하게 보는 현상이다.

《반지의 제왕》 또한 소설에서 TPRG 게임, 롤플레잉게임, 랄프 박시 감독의 애니메이션, 그리고 2001년에 개봉된 피터 잭슨 감독의 영화로 제작되었다. 조앤 K. 롤링의 소설 《해리포터와 마법사의 돌》도 마찬가지다. 소설의 내용을 아이템으로 하여 게임, 만화, 애니메이션, 영화로 제작되는 이러한 특징은 주로 미국에서 많이 볼 수 있다.

그런데 최근에는 이러한 미디어 믹스가 한 걸음 더 발전하여 기획 단계에서 하나의 아이템을 개발하여 이를 동시 다발적으로 제작하는 시스템이 정착되고 있다. 바로 '원 소스 멀티 유즈(One Source Multi Use)'라는 개념으로 전개되어 가고 있기도 하다.

미디어 계획을 입안하는 데 있어서는 먼저 어떤 미디어를 이용하는가를 결정한다. 각각의 미디어는 광고 목적에 대응해 특징이 있다.

- **TV** : 타깃을 작게 한정하지 않고 넓은 타깃층을 향해 될수록 단기간에 지명률이나 이미지를 올리려 할 때 필요하다.
- **신문** : 상품의 설명을 자세하게 전하려 할 때나 독자가 그 상품에 높은 관심을 갖고 있어 상품 선택에 시간을 들여 결정하는 경우이다.

● **잡지** : 좁혀진 타깃층에 상품의 내용이나 이미지를 자세하게 전하고자 할 때 필요하다.

● **라디오** : 라디오를 들을 수 있는 상황(예를 들어 아침, 차 안, 심야 등)에 비추어 광고 목적이 걸맞을 때 필요하다.

● **기타 매체** : 여러 매체가 있는데 매스 미디어와 병용하는 것이면 어떤 매체를 쓰면 보강수단이 되는가로 선택한다.

미디어의 특징을 이해한 다음에 대략적으로 어느 미디어를 중심으로 사용할 것인지를 결정한다. 그 다음에 각 미디어에 관해 광고회사에 커뮤니케이션 목표를 제시해 그 목표를 달성하기 위해 어느 만큼의 광고량과 예산이 필요한지 견적을 의뢰한다.

　그 광고회사의 견적도 자사가 지출할 수 있는 광고비와 비교 검토한다. 대개의 경우 달성해야 할 목표와 예산 사이에 갭(GAP)이 생기기 때문에 광고회사와 상의하여 어떤 미디어에 효율적으로 배분할 것인지를 전략적으로 결정할 필요가 생긴다. 어떻든 한정된 광고비를 효율적으로 배분하기 위해서는 경험이 필요하게 된다.

매체 계획 담당자는 광고 계획의 이상형을 실현할 매체 계획을 잘 세웠다 해도 실제의 매체 실시작업이 이상적으로 진척하기 어려운 차이 때문에 자주 고민에 빠지게 된다. 매체 계획자(미디어 플래너)는 광고에서 달성해야 할 과제를 십분 파악함과 아울러 현실의 매체 사정에 정통해 둘 필요가 있다.

▮▶ 최적의 광고 예산 계획 ◀▮

광고 계획의 현장에서는 자주 '광고 예산의 최적 규모가 얼마면 되는지?' '광고 효과를 내기 위한 최적 기준은 얼마인지?' 등이 논의된다. 이 같은 논의에 간단하게 답을 낼 수 있으면 좋으련만 유감스럽게도 현재까지는 이 같은 방법은 나오지 않고 있다.

그것은 기업과 그 상품이 놓여 있는 상황에 따라 최적의 광고 예산에 대한 사고가 크게 달라지기 때문이다. 광고 예산을 산출하기 위해서는 다음의 요소를 고려해 둘 필요가 있다.

- **광고 목표** : 특히 커뮤니케이션 목표에 비추어 어느 정도의 광고 노출량이 필요한가?
- **타깃** : 타깃 소비자에 도달하기 위해 어느 매체에서 어느 정도의 노출을 확보하지 않으면 안 되나?
- **경합** : 그 상품 분야에 있어 어떤 광고 활동이 이루어지고 있는가?
- **매체** : 미디어 측에서 어느 정도의 노출을 하면 어느 정도의 광고비용이 드는가? 또한 매체의 확보는 어느 정도인가?

광고 예산을 측정하기 위해서는 몇 가지를 고려할 필요가 있다. 또한 광고 예산의 대략적 기준을 얻기 위해서는 다음의 방법을 참고로 하면 좋다.

① 경합이나 업계에서 현재 어떠한 예산 규모로 광고가 실시되고 있는가를

파악해 두는 것이다. 그 업계에서 길게 광고 활동을 하는 광고주는 그 나름의 노하우를 축적하고 있다고 보이기 때문에 공개 데이터에 의해 타사의 광고 예산의 사용법을 보아 두는 것은 크게 참고가 된다.

② 자기가 주로 쓰는 매체에 대해 예산을 먼저 결정해 보는 것이다. 예컨대 신문을 중심 매체로 여겨 이를 위해 필요한 예산을 광고회사에서 산출해 받으면 광고 예산의 큰 부분이 먼저 정해진다.

③ 그 뒤 남은 예산을 TV, 라디오, 잡지, 기타에 배분하는 것으로 보다 사고를 쉽게 진척시킬 수 있게 된다.

④ 점점 매체가 다양화되고 광고 예산의 책정도 보다 어려운 시대에 들어서고 있다. 현재까지는 광고 예산 경험과 완전히 합리적으로 책정하는 방법은 발견되지 않고 있으나, 경험과 노하우의 축적, 광고 과업 기준(태스크)을 의식한 고질 방법 등이 이 분야에서 얻어진다. 리스크를 안는 것도 경우에 따라서는 보다 필요하다고 생각된다.

또한 광고비의 연간 예산을 결정하는 데는 다음의 각종 기준이 적용된다.

(1) 판매액 비율 기준

회사의 과거나 앞으로의 판매액에 대한 일정 비율에 따라 광고비 예산을 계상하는 방법이다. 이 방법은 꼭 합리적이라고 할 수는 없다. 광고는 수요를 환기시키기 위한 지출이고 판매액의 한 원인이지, 결코 판매액의 결과는 아니다. 특히 과거의 판매액은 기업의 장래를 위하여 지출되는 광고비의 결정에는 별로 의미가 없다.

판매예측의 일정 비율을 결정 기준으로 삼는 방법은 약간 합리적이지만, 판매액이 광고 이외의 요인인 소득이나 경기 동향 등에 의해 좌우될 경우, 장래의 판매액도 합리적인 기준이라고는 할 수 없다.

그러나 이러한 방법이 보통 잘 쓰이는 까닭은, ① 광고 효과의 불확실성을 피해 광고비를 일정 수준으로 통제하려는 경영자의 요청이 있고, ② 예상 판매액의 일정 비율로 억제함으로써 광고비의 지출 능력이 확보되며, ③ 각 기업이 판매액 비율 기준으로 광고비를 결정함으로써 서로 시장 침식을 위한 광고 전쟁에 빠지지 않아도 된다는 점 등을 들 수 있다.

(2) 이익 기준

이익의 실적 또는 예상액에 대한 일정 비율에 의하여 광고비를 결정하는 방법이다. 광고비의 지출 능력을 확보하는 동시에 이익과세(利益課稅)를 정부에 납부하기보다는 기업의 장래를 위하여 이익의 일부를 광고비에 충당하려고 하는 목적이 있다.

이 방법에서는 이익은 경기 변동에 따라 크게 변화하므로, 호황기에 수요가 증가할 때에는 광고비가 늘고 불황기에 수요가 줄어 수요를 환기시켜야만 할 때에는 광고비가 삭감되는 모순이 있다.

(3) 현금수지 기준

차입금 조달도 포함한 현금수지 계획에서 잉여자금을 짜내어 광고비에 충당하는 방법이다. 이 방법은 (1), (2)의 경우보다도 재무유동성(財務流動性)에 중점을 두는 방법인데, 광고와 판매 효과 사이에는 시간 차이가 있으므로 결함은 마찬가지이다.

(4) 경쟁 기준

경쟁업자의 광고 예산에 준거하여 광고비를 책정하는 방법으로, 업계의 광고비 전체에 대한 자사의 광고비 비율을 자사의 시장점유율과 같게 하는 방법 등이다.

　과점업계(寡占業界)에 있어서는 한 회사의 광고비 증대 효과는 다른 회사의 광고비 증대에 의하여 상쇄되기 때문에, 산업계로서는 불필요한 광고 경쟁을 회피하기 위하여 경쟁업자와 항상 대등한 비율로 광고비를 결정하고 광고 전쟁 없이 자사의 시장점유율을 유지하려고 하는 것이다.

　그러나 광고가 경쟁 전략의 전부는 아니다. 한 석유회사가 가솔린 광고비를 늘리면 다른 석유회사는 가격 인하, 가솔린의 옥탄가(octane 價) 인상, 주유소의 시설 및 서비스 개선 등의 경쟁 전략으로 대항할 수가 있다. 한 식품회사의 광고비 증대에 대항하여 다른 식품회사는 소매 이익률을 올릴 수도 있다.

(5) 자본이익률 기준

광고비를 기업의 장래를 위한 투자로 보고 광고가 가져올 자본이익률을 산정하여, 자본 지출 계획의 일부로서 광고비를 결정하는 방법이다. 회사의 지명도를 높이기 위한 기업 광고는 물론, 단기적 판매 증가를 목적으로 한 제품 광고도 광고비는 계속 지출되어 누적됨으로써 장기적 효과를 가지게 되는 것이기 때문에, 광고비를 자본 지출로 간주하여 자본이익률 기준을 광고비 책정에 적용하는 것은 합리적이다. 그러나 실제로는 광고비의 얼마만큼이 장래를 위한 투자의 성격을 띠는가를 판정하거나, 또는 판매액에 대한 광고의 장기적 효과를 측정하는 데에 난점이 있다.

(6) 전략 기준

각 제품시장에 대한 회사의 경쟁 전략을 세운 다음, 그 전략의 실행 계획으로서 구체적으로 광고 계획을 작성하고 그 광고 계획의 단가를 계산하여 광고 예산을 책정하는 방법이다.

경쟁 전략의 차이에 따라 광고 매체나 광고 방법이 달라진다. 시장침투 전략의 일환으로서 소비자의 상표 선호도를 높이기 위한 광고, 시장개발 전략을 실행하기 위한 광고, 제품의 용도개발 전략을 위한 광고, 배급 경로의 계열화 전략을 실행하기 위한 광고 등을 종합하여 광고 예산을 결정한다.

물론 위의 여섯 가지 기준들 외에도 여러 학술적 기준들도 제시되고 있지만, 일반적으로 잘 지켜지지 않는 것이 현실이다. 기업 입장에서는 광고비를 마케팅 비용으로 보기도 하지만, 단순한 일반 비용으로 판단하는 경우가 허다하다.

▮▶ 광고 담당자가 꼭 알아야 할 것들 ◀▮

광고 계획의 입안은 많은 스텝이나 회사가 참여하여 행하는 조직적인 의사결정의 작업으로 혼자 모두를 할 수 있는 것은 아니다. 이를 위해서는 광고 계획 담당자는 몇 가지 주의해야 할 점이 있다.

첫째, 그 광고 캠페인의 역할·임무라는 것을 자기 나름대로 파악해서 납득하는 것이다. 즉 도대체 무엇을 위해서 그 상품의 광고가 필요한가를 생각해 볼 필요가 있는 것이다.

광고는 보통 많은 예산이 소요되고 그 상품에 관련하는 여러 관계자(마케팅 담당자, 세일즈, 유통, 톱매니지먼트…)로부터 많은 기대를 갖고, 그 성과가 평가되고 있는 것이다. 광고 담당자는 그 관계자를 될수록 만족시키기 위한 광고의 실시라고 해도 과언이 아닌 것이다. 이를 위해 광고 담당자야말로 다른 스텝 이상으로 광고의 성과에 대해 현실주의적이어야 하는 것이다.

즉 광고의 임무를 잘 이해해 그 임무 달성을 위해 광고를 잘 관리하지 않으면 안 된다. 그리고 그 성과를 바르게 평가할 수 있는 방법과 견식을 갖고 있어야 한다. 만약에 그렇지 않으면 다른 관계자로부터의 광고 활동에 대한 평가를 담당자로서 대응을 잘해 나갈 수 없게 된다.

둘째, 광고 계획 담당자는 광고 활동의 궁극적인 성과인 상품의 매출과 광고 활동의 성과를 전문가로서 냉정하게 평가할 수 있는 눈을 갖는 것이다.

현재로서는 광고 계획과 매출을 다이렉트로 연결 짓는 예측시스템이 되어 있지 않다. 그런 만큼 여러 가지 정보를 바탕으로 하여 광고의 성과에 대해 종합적으로 평가할 수 있는 능력이 긴요한 것이다.

광고의 성과란 매출만이 아니고 커뮤니케이션 효과도 포함해 복수의 잣대로 평가해야 한다. 또한 광고의 효과에서 매출에 이르는 사이에 끼여 있는 여러 영향 요인(예컨대 유통 사정이나 날씨 또는 트렌드 등)을 끄집어내, 이를 분석할 수 있는 것이 광고 담당자에 부하된 역할이라 할 것이다.

광고 계획은 역동적이면서 신나고 재미있는 일이다. 마케팅 작업 중에서도 광고는 직접 소비자에게 작용할 수 있는, 한정되고 유력한 수단의 하나이다. 광고 계획의 입안 과정을 바르게 터득하는 것은 바로 이 같은 중요하고도 흥미로운 작업에 참가하기 위한 요건이 되고 있는 것이다.

다음은 광고 계획을 어떻게 정리하면 좋을지에 대한 참고자료를 첨부하였다. 물론 필자가 경험할 당시의 자료이므로 그동안의 세월이 흘러 많은 변화가 있으리라 여겨지지만, 광고에 있어서의 여러 가지 기본적인 틀은 크게 변하지 않았으리라 생각된다. 왜냐하면 어떠한 것이라도 기본은 불변이기 때문에 더욱 그렇다.

하반기 광고 운영계획

○○○○. ○. ○○

광 고 팀

상반기 반성

1. 중장기 종합 계획에의 투자 결여

○ 향후 기술의 흐름, 소비자의 유형, 유통시장의 변화, PROMOTION의 新기법, 광고의 형태변화 등 장기적 변화의 틀에 맞는 당사 광고의 발전에 대한 투자가 부족

2. 연간 PLANNING에 의한 집행능력 미흡

○ LINE-UP과 상이한 월, 분기, 반기 계획이 무산 [예: TEL/FAX]

3. BRAND와 캐릭터의 혼선으로 고객 커뮤니케이션 활동 부족

○ 알라딘, 데스크마스타, 그린과 아인슈타인 등 각각의 표현에 문제 [예: PC]
○ 갬보이와 알라딘 보이의 혼재로 사·내외 단일화 부족 [예: 게임기]

4. 단발성 광고로 PULL전략 체제 미흡

○ 출시모델에 맞춘 광고 집행으로 장기성보다 1~2개월에 그치는 집행
  [예: KP/PPC]

5. 매체전략 운영에의 체계성이 부족

○ 제품별 성격에 따라 4매체 이외의 매체 활용도가 미흡 [예: PC → 매체를
  이용한 EVENT]

6. 객관적 DATA에 의한 광고기획이 부재

○ 과학적 통계자료와 각종 조사에 의한 논리적 근거 반영률 부족
  즉, 경험적 KNOW-HOW에 의한 감각적, 주관적 입장에의 집행이 높은 탓

7. DESIGN POLICY와 IDENTITY가 결여

○ 시각적 요소가 필요 이상으로 많고 동일 제품 광고일 경우에도 TONE&MANNER
  다른 탓 [예: 전제품]

하반기 중점관계

1. 광고 과학화 기반 조성
- 정보조사 체계 개선
- MEDIA MIX 체계 확립
- 대행사 평가제도 도입
- 광고-판매간 투자대비 효과 분석

2. 5大, 중점 광고품목 설정
- TEL / HHP / FAX / PC / CM

3. 제품별 BRAND 운영 방안 구체화
- 제품 성격별 통일 - 군별 통일
- 신규 BRAND개발 체재 구축

4. 크리에이티브 전략의 통일성, 합리성 유지
- 시각적 요소의 통일화
- 획기적 VISUAL IDEA
- 전달 MESSAGE의 명확화

5. 전략 제품 EVENT TOOL 설정

6. PROMOTION 실무회의 개설

7. 광고정보 CHANNEL 마련
- 유통점 커뮤니케이션
- 일일 매체 정도
- 광고, 매체동향 정보
- 광고실적 및 통계추이

실 천 계 획

1. 과학화 기반조성 1차 단계

① 정보조사 체계, 개선
- 반기, 분기 조사계획 통일화 및 효율성 토대 조성
- FGI(CORE타깃 심층조사), ATTITUDE&USAGE(고객 태도조사),
  옴니버스 조사 내용별 통일화
- 조사 결과의 FEED BACK 기능 체계 보완
  (현, 결과에 대한 반영비율 저조)

② MEDIA MIX 체계 확립
- 국내 4매체 조사 및 매체별 분류, 분석 ┐
- 분기별, 매체별 제안제도의 조기 정착   매체 관리
- LOCAL 매체의 반영 비율 확대   지침의 마련
  (현, 본부 76 : 지방 24 →
  조정, 본부 65 : 지방 35 점진 확대) ┘
- AREA MKT에 따른 매체전략 방안 수립

③ 광고대행사 평가제도 시행계획
- 공정거래제도의 강화와 자율경쟁 체제의 필요성 대두
- 이성적 평가(광고전략, 크리에이티브 전략, 제품 이해 및 분석력 등)
  감성적 평가(VISUAL IDEA 창의력, 서비스력 등)를 기본 항목으로 설정

④ 광고-판매간 투자대비 효과분석 체계 마련
- 광고가 판매에 미치는 영향력(MARKET SHARE 중대 영향력) - 매출 효과
- 광고가 인지에 미치는 영향력(MIND SHARE 중대 영향력) - 커뮤니케이션 효과
  즉, 투자대비 효과력에 대한 통계적 DATA 추출
- 예산운영의 비합리, 예산설정 체계의 모순, 전략 시행과 예산의 괴리 등 효과의
  피드백 필연적

2. 5大 중점 광고 품목 조정

① 현, 15개 품목 → 5大 중점 품목으로 조정
- 광고 예산의 비효율적(출시 모델별, 순간대응 등) 운영의 대체
- 총 17개(교환, 응용, POS 포함) 광고 품목 → 5大 중점 광고 품목을 설정하여
  광고 활용도 극대화, 즉 예산의 비효율성을 방지하고 중점 품목에 대한 PULL전략을
  시행하기 위함

② 5大 중점 품목 : TEL, HHP, FAX, PC, C/M
- 당초 설정된 예산 내 사람과 정책적 과제해결의 예산을 공통적으로 묶어 중점 품목
  중심으로 예산을 상호 전용

③ 기타 품목 중 등급조정에 의한 광고 관리
· A급 분류 : PPC, K/P, PAGER → M/S 확대 품목
· B급 분류 : HA, GAME, DOT, H(F)DD, POS, S/W, LBP → M/S 유지 및 신규사업 개발 품목
· C급 분류 : 교환, 응용 → 정책성 운영 품목

3. 제품, BRAND 운영체제 개선

① 현, 사용 네이밍, 성격별 통일 및 용어의 통일
· 제품 성격의 명확한 분석을 통한 네이밍 작업 절실
· 제품 또는 모델별 네이밍 제작 전담부서 명확화
(현, 사내 SOP상 상품기획 → 광고팀으로 이관)
※ 광고를 통한 시각적 작업과 표현의 제사용이 고객과 직접 접촉되기 때문
이며, 특허등록 관련 사항은 전사 지적 재산팀에 의회
· 제품의 종합적 네이밍과 제품 내 모델별 네이밍 분류 및 정리 작업
(예: TEL종합 네이밍 → 하이폰: BRAND/TEL모델 네이밍 → 셀라: PET NAME
FAX 〃 〃 → 코팩스: 〃 / FAX 〃 〃 → 스텝: 〃 〃)

② BRAND의 체계화로 광고 전략에의 효율성 운영
· 정기적 광고 집행時 적극적 수용으로 BRAND의 자산축적(예: C/M의 싱크마스타)
· 全社 CI 기준의거, BRAND 운영 MANUAL을 제작하여 업무전반 반영 및
유관부서 교육

③ 신규 BRAND 개발 체제 구축
· 사내 개발계획 : PET NAME 등 사원들의 현장감을 중심으로 개발
· 외주 개발계획 : BRAND 등 주요 사안에 따라 외주 개발
단, 특정 PROJECT의 경우(예: SKYⅡ-홈 팩스 관련) 및 가업의 중요도에 따라
외주의뢰 개발

4. 크리에이티브 및 VISUAL TONE의 일관성

① 획기적 VISUAL IDEA 강화
· 반기 단위, 광고물 REVIEW 제도 도입으로 시각화 작업 강화

② 시각적 요소의 통일성 강화
· 시각적 요소(CATCH, PHRASE, SLOGAN, 기호표시물, 케릭터,
LOGO TYPE 등)의 일관된 적용

③ 전달 MESSAGE의 강화(즉, 소구점 강화)
· 표현 메시지의 적확한 언어사용 및 제품의 정확한 성격에 FOCUS
· 반기 단위, 광고물 REVIEW 제도 연계

1. TEL

1) 기본 방향

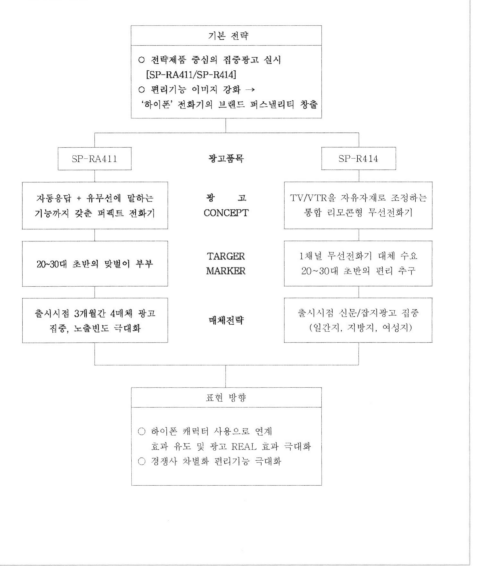

기본 전략

○ 전략제품 중심의 집중광고 실시
  [SP-RA411/SP-R414]
○ 편리기능 이미지 강화 →
  '하이폰' 전화기의 브랜드 퍼스낼리티 창출

SP-RA411	광고품목	SP-R414
자동응답 + 유무선에 말하는 기능까지 갖춘 퍼펙트 전화기	광 고 CONCEPT	TV/VTR을 자유자재로 조정하는 통합 리모콘형 무선전화기
20~30대 초반의 맞벌이 부부	TARGER MARKER	1채널 무선전화기 대체 수요 20~30대 초반의 편리 추구
출시시점 3개월간 4매체 광고 집중, 노출빈도 극대화	매체전략	출시시점 신문/잡지광고 집중 (일간지, 지방지, 여성지)

표현 방향

○ 하이폰 캐릭터 사용으로 연계
  효과 유도 및 광고 REAL 효과 극대화
○ 경쟁사 차별화 편리기능 극대화

2) 하반기 계획

광고목표	MIND SHARE 극대화

RY.
○ 광고노출빈도 저조
  (당사 3.2 : 나우 20.0)
○ 메시지 복잡
  (나우: 개-바텔-나우/84.2%
  당사: 유선, 무선 김혜선 8.3%)
○ BRAND(하이폰) 인지율: 58%
     (바 텔)   〃   : 84.2%

  생활소프트팀 조사자료 93.4-
─────────────────────────
○ MAKER SHARE 量的 지향에서
  MIND SHARE 質的 지향으로 전환

매체전략	매체 다양화

RY.
○ 4대 매체 활용도 저조(현, RD광고 全無)
  및 TV, 신문에만 의존
─────────────────────────
○ 매체 성격별 다양화를 통한 TARGET
  도달을 극대화
  TV : 기존 프로그램 + 특집 프로그램
          활용도 증대
  RD : 신규 프로그램 확보 노출 확대
  NP : 중앙, 지방지 비중 60:40 전환
  MG : NP보조 역할 탈피,
          다양한 지면 활용

표현전략	BRAND PERSONALITY 창출

AT.
○ 삼성 무선전화기의 대표 캐릭터 개발,
  즉, 하이폰 = 캐릭터의 연계로 브랜드
  인지도 증대 유도
  (예 : 나우의 개 - 콜리)
○ 메시지의 일관성 유도
  즉, 복잡多機한 패턴에서
  1 THIN 1 CONCEPT으로 전환
  (RY.고객: 이해하기 쉽고 간단한 기능
  요구)
○ 출시 모델별 광고 지향 → 전략 모델
  광고, 캠페인 광고, 이슈별 광고로의
  전환
  (예: 출시時 백화점式의 기능 나열
    광고 탈피)

예산운영	PULL 전략으로 예산집중화

○'93 당초 2,269백만

1~6월	905백만	7~12월	1,364만
TV	65%	586	TV 70%	954(5%↑)
RD	-	-	RD 7%	95(7 〃)
NP	8%	75	NP 12%	164(4 〃)
SP	13%	115	SP -	-
AW	10%	89	AW 5%	69

※ 하반기 TV : SP-RA411 출시 지연으로
        8월 말 이후 운용
      RD : 8월 중순 이후 운용

2. HHP

1) 기본 방향

◆ 광고 목표

- 삼성휴대폰의 차별화된 이미지 구축을 통해 한국 휴대폰의 대명사화

◆ 광고 TARGET

- 생업의 필요성에 의해 휴대폰을 구입하려는 도시거주 자영업자, 비즈니스맨
- ※ TARGET PROFILE
- ◦ 나이 : 30대 중반
- ◦ 심리 : 휴대폰의 필요성을 인식하고 있으나, 제품에 대한 정보가 많지 않음
        자신을 과시하기보다는 실속 있는 구매 행동
        제품 구입시 제조회사의 신뢰도를 많이 고려
        외국제품보다는 국산품을 애용하려는 마음
        자신의 일에 자부심을 갖고 생활

◆ 광고 CONCEPT

- 한국 휴대폰의 자존심을 상징하는 삼성 휴대폰 SH-700
- ※ RY.
- ◦ SH-300 광고시 "한국 휴대폰의 자존심"에 대한 인지도 높음
- ◦ 제품 기능에서의 차별화 어려움 → 이미지 차별화
   즉, 특정한 상징성 (한국 휴대폰의 자존심)을 CONCEPT로 설정

◆ 표현 방향

- 자신의 일에 최선을 다하는 사람들의 모습 속에서 삼성 휴대폰 조명
- 실제 사람들이 일하는 전개될 수 있는 표현 전개
- 한국 휴대폰의 자존심을 테마로 시리즈 광고 집행

2) 운영 계획

매체전략	TV 광고로 이미지 강화	예산운용	예산의 전용 실시

◦ 상반기 NP 65% / MG 13% / SP 18%
  AW 4%로 TV 광고 無
 → 하반기 SH-700 출시시점 FORCUS.
   TV 15% / NP 60% / MG 10%
   AW 15%로 TV, NP로 집중함
◦ 하반기 NP : 단발성 지양하고,
   시리즈로 전개
 ※ 고객관리 DM광고 실시
• 대상: 삼성 휴대폰 구입자+SH-700
   구매자
• 내용: 휴대폰의 올바른 사용방법,
   A/S 이용방법, C7C 신제품 안내
• 목적: 삼성휴대폰을 사용하는 고객
   대상으로 고객 만족을 성실히
   수행하는 이미지 부각

RY.
◦ '93 당초 723백만 (PAGER 포함)

1~6월			7~12월		
		334백만			390만
TV	–	–	TV	15%	59백만
RD	–	–	RD	–	–
NP	65%	217백만	NP	10%	234
MG	13%	42	MG	10%	38
SP	18%	61	SP	–	–
AW	4%	13	AW	15%	59

※ TV의 경우 KP 96백만/ 교환, 응용 180
  SW50 → 326백만 + 상기
  59백만 = 385백만
  (월 128백만/ 월 25회 예상)

3. FAX

1) 기본 방향

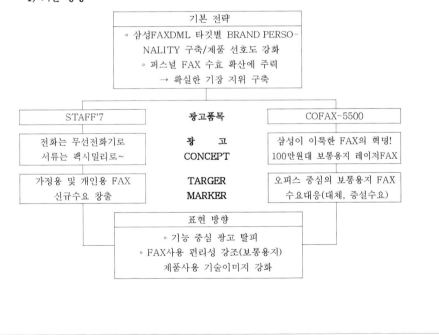

기본 전략
◦ 삼성FAXDML 타깃별 BRAND PERSO- NALITY 구축/제품 선호도 강화 ◦ 퍼스널 FAX 수요 확산에 주력 → 확실한 기장 지위 구축

STAFF'7	광고품목	COFAX-5500
전화는 무선전화기로 서류는 팩시밀리로~	광 고 CONCEPT	삼성이 이룩한 FAX의 혁명! 100만원대 보통용지 레이저FAX
가정용 및 개인용 FAX 신규수요 창출	TARGER MARKER	오피스 중심의 보통용지 FAX 수요대응(대체, 증설수요)

표현 방향
◦ 기능 중심 광고 탈피 ◦ FAX사용 편리성 강조(보통용지) 제품사용 기술이미지 강화

2) 운영 계획

광고목표 MIND SHARE 극대화	**매체전략** 매체 다양화
RY. ◦ 전문회사 대비 MIND 열세 　(신도·롯데 등) ◦ 브랜드 호의도 제고 위한 광고집행 미흡 　(고급형 미출시 등) ─────────────── ◦ MARKET SHARE의 양적 지향에서 　MIND SHARE의 質적 지향으로 전환 ◦ 가정 및 퍼스널 FAX의 신규 수효 　창출 위한 소재 발굴, 제품과 연계성 　고려한 광고 전략 　　예: 프리랜서 작가와 FAX의 연계, 　　고입학생과 FAX의 연계→타깃별 　　(MAIN테마 설정하여 지속 전개)	◦ 매체 성격별 다양화를 통한 TARGET 　도달을 극대화 　NP: 중앙, 지방지 비중 60:40 전환 　MG: NP보조 역할 탈피, 다양한 지면활용 　※ STAFF: 일간지, 지방지 　　COFAX: 경제지 　※ 잡지매체 적극 활용 　타깃별 성격을 수용, 잡지의 성격과 연계 　신규 수요 확신의 설득적 전개

표현전략 CREATIVE	**예산운영** 多단계 예산전용
◦ 삼성 팩시밀리 대표 캐릭터 개발, 　즉, FAX = 캐릭터의 연계로 브랜드 　인지 중대 유도 ◦ 메시지의 일관성 유도 　즉 복잡多機한 패턴에서 　1 THIN 1 CONCEPT로 전환 　(RY.고객: 이해하기 쉽고 간단한 　기능 요구) ◦ FAX의 대체, 수요 창출의 시기이므로 　주요의 개발 위한 제안형 광고의 실시 • 사용상 편익 • 경제적 가격 • 정보의 공유 • 커뮤니케이션 확대 등의 소구로 　이성보다 감성에의 접근	◦ '93당초 544백만 ◦ '93당초 723백만(PAGER 포함)

1~6월	334백만		7~12월	390만	
TV	–	–	TV	–	–
RD	–	–	RD	–	–
NP	69%	341	NP	77%	381
MG	5%	23	MG	18%	69
SP	23%	117	SP	–	–
AW	2%	10	AW	8%	40
			계	490(~437)	

※ 2개 모델(스탭'7/CF5500)을 중심으로
　한 광고의 2원화 예상되므로 예산의
　집중화에 애로.
　타제품 단위별 전력을 시절별로
　전용 활용

4. PC

1) 목표 : MIND SHARE 열세 극복

◦ 그린 컴퓨터의 국내 LEADING BRAND ◦ 컴퓨터 전문회사 IMAGE BUILD-UP	→ 삼보 대비, TOTAL 경쟁우위 이미지 　확보 → 조립업체 대비, 가격 경쟁력 열세를 　고급, 첨단 신뢰성 이미지로 보강 → 외국 회사 대비, 그린 콘셉트로 경쟁 　대응력 신장

2) 기본 전략

※ 기본 전략 설정 배경
◦ 삼보가 전문회사 이미지로 MIND/MARKET SHARE에서 앞서고 있는 상황에서.
◦ 당사는 제품 차원에서 차별화되는 요소(그린 개념)를 확고하게 심을 수 있는
　　그린 컴퓨터의 기회 선점의 POINT로 선정
◦ 환경보호, 자원절약의 우호적인 사회 분위기를 편승하여 M/S를 확보해야 하는 당위성

3) 매체 전략 : 다양한 커뮤니케이션 TOOL의 적극 활용

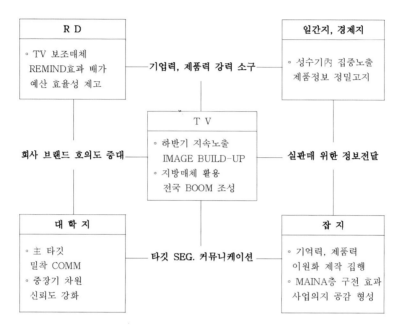

```
          R D                            일간지, 경제지

  ◦ TV 보조매체                            ◦ 성수기內 집중노출
    REMIND효과 배가   ──기업력, 제품력 강력 소구──     제품정보 정밀고지
    예산 효율성 제고


                        T V

                 ◦ 하반기 지속노출
  회사 브랜드 호의도 증대 ──  IMAGE BUILD-UP   ── 실판매 위한 정보전달
                 ◦ 지방매체 활용
                   전국 BOOM 조성


         대 학 지                            잡 지

  ◦ 主 타깃                               ◦ 기억력, 제품력
    밀착 COMM      ──타깃 SEG. 커뮤니케이션──     이원화 제작 집행
  ◦ 중장기 차원                            ◦ MAINA층 구전 효과
    신뢰도 강화                              사업의지 공감 형성
```

4) 예산 운영

※ '93 당초 2.089백만

1~6월 334백만		7~12월 390만		
TV	6	87	TV 42%	880	
RD	–	–	RD 5%	100	
NP 63%		889	NP 31%	574	(대학지 포함)
MG 3%		48	MG 3%	55	
SP 14%		195	SP –	–	
AW 135%		188	AW 12%	220	

계 1,829백만 → 추가분 1,200백만 포함 (삼보 우위 전략)

즉 하반기內 TV: 300회, RD: 800회, NP: 40회, MG: 30회로
총 1,170회 노출(1평균 4~5회 노출)

5. C / M

1) 기본 방향 : 이미지 강화 전략

> ◦ 삼성제품은 싸게 판매한다는 이미지 불식 → 유통점 및 END USER
> 즉, 고급 및 기술력 제품으로서 BRAND IMAGE 강조

2) 운영 계획

> ◦ 기종별 광고 지양, FULL LINE-UP 광고 지속
>
> ◦ 고품질, A/S의 신속성 강조
>
> ◦ 신제품 출하時 대소비자 인지도 제고 위한 집중 홍보
> → END USER TARGET 광고를 통해 직접 삼성 제품을 선택하도록 유도
>
> ◦ C/M 및 기타 주변제품의 SYSTEM화 유도 → 주변기기 제품群 광고
> ◦ 컴퓨터 및 주변기기 종합 광고로 이미지 유도

3) 예산 운영

※ '93 당초 414백만 (주변 총예산 1,416백만 중 29%)

1~6월		144백만	7~12월		270백만
NP	84%	121백만	NP	85%	230백만
MG	11%	15	MG	11%	30
AW	6%	8	AW	4%	10

단. C/MDML 경우 샘트론의 강력 대응時 캠페인 광고로 전환하며 예산의 전용은
F(H)DD: 100백만 전용하여 운영함 (신문 C/L 전단 총 25회 노출 예상)

세일즈 프로모션의 영역이 넓어지고 있다

Chapter 09

SP 전략 이해하기

▌▶ 세일즈 프로모션의 이해 ◀▐

SP(Sales Promotion)광고는 매스미디어를 통한 반복적인 정보 제공 수준의 광고와는 다르다. 구매시점에 소비자를 유도하여 행동에 옮기도록 하기 위한 비반복적인 세일즈 수준에서의 광고로, 특히 유통 판매 촉진 부문과 밀접한 관련을 가지고 있다.

일반적으로 세일즈 프로모션이란 ① 소비자 콘테스트, 프리미엄, 소비자 교육, 애용자의 모임 등을 통한 소비자에 대한 수요 환기, ② 계열 점포 경영, 점포 설계 지도, 점두실연(店頭實演), 트레이드 쇼〔見本市〕* 등 중간 판매업자에 대한 지원, ③ 판매원 교육, 세일즈 매뉴얼, 사내 PR지(誌), 판매원 회의 등 사내 관련 부문에 대한 작용 등 판매 촉진 기능을 뜻한다. 수요를 환기시키는 광고와의 경계선을 긋기는 어려우며, SP광고는 그 경계선 위에 위치한다.

세일즈 프로모션은 소비자의 구매를 자극하기 위해서 전개되는 광고 이외에 실행되는 여러 가지 마케팅 활동을 말한다. 또 주만근의 SP 강좌에서는 세일즈 프로모션을 '소비자의 구매 및 판매업자의 판매효율을 자극하기 때문에 판매와 광고를 보충하여 그것들을 보다 효과적이게 하는 것으로써, 맨투맨 판매, 퍼블리시티(Publicity)* 이외의 제 활동을 말한다'라고 정의하기도 한다.

단순히 미디어 광고에 의존하기보다는 소비자들에게 좀 더 다가가기 위해

견본시(見本市) : 견본을 통해 거래를 촉진시키기 위해 열리는 시장을 말한다. 각종 상품의 견본을 테마별로 구분하여 전시하고 품질과 성질·효용을 설명하며 실제 사용하는 것을 보여 준다. 전시회와 비슷한 성격으로 트레이드 쇼(trade show), 트레이드 페어(trade fair)라고도 한다.

서 광고활동과 연계한 부분을 포함한 기업 내 여러 형태의 경영 자원들을 통해서 기업의 입장을 소비자들에게 직접적으로 적극적으로 펼치는 활동이다.

신제품 설명회, 전시회, 시연회, 세미나, 고객초청 발표회 등 그 사례는 다양하다. 물론 이러한 사례는 제품의 성격과 소비자 타깃별로 다르다.

영화시사회도 이러한 범주에 속한다고 할 수 있다. 새로 개봉되는 영화 속의 주연 배우들을 무대에 세워 영화를 제작하게 된 배경, 촬영장에서 있었던 에피소드 등 영화 속의 재미를 관객들에게 소개시키는 것도 해당 영화에 대한 궁금증을 자극하여 영화매출을 늘리기 위한 마케팅 행사의 일환이라 볼 수 있다.

앞의 내용과 같은 마케팅의 모든 활동 중에서 특히 중요한 범주로서, 세일즈 프로모션이 클로즈업되어 온 것이 큰 이유이다. 더욱이 세일즈 프로모션이 관여하는 분야는 여러 갈래이다. 언어 그 자체, 판매를 증진시키기 위한 모든 활동이라고 해석된다. 일반적으로는 마케팅의 모든 기능, 즉 광고 선전, 세일즈맨에 의한 대면 판매, PR까지 포함하여 이해하려는 입장도 꽤 유력하다.

그러나 어떤 사람들은 그것을 판매 및 광고에 관한 모든 기능을 포함하는 것으로써 파악하며, 또 어떤 사람들은 광고에 관련된 부속적 활동만을 의미하는 것으로 생각한다. 결국 세일즈 프로모션이라고 하는 전문용어를 이해

퍼블리시티(Publicity) : 광고주가 누구인지 모르게 하는 PR 방법. 신문 · 잡지 등의 기사나 라디오 · 방송 등을 이용하여 자연스럽게 광고 · 선전하는 것을 말한다. 광고는 광고주가 매체를 통하여 자기의 기업이나 신제품에 대하여 유료로 광고 · 선전하는 방법인 데 비하여, 퍼블리시티는 광고주 뜻과는 관계없이 무료로 매체 측의 계획에 의해 내용의 표현 등이 자유롭게 기사화되는 선전 방법이다.

하려면, 판매라고 하는 영업 활동과 판매 촉진하는 활동이 존재한다.

아래의 몇몇 유형들이 판매 촉진 활동의 사례들이다.

- 오픈 하우스(open house) *
- 쇼(show), 발표회와 같은 연예(演藝)
- 전시회, 견본회, 박람회 등
- 강습회 등
- 쇼룸(show room) *, 매물 상담 등
- 점두(가게 앞쪽)에서의 데먼스트레이션(demonstration), 실연 판매
- 점두나 다이렉트메일(direct mail) *에 의한 샘플 배포
- 점두나 다이렉트메일에의 자료, PR지, 기타 인쇄물의 배포
- 모니터 모집, 콘테스트 등
- PR영화의 상영
- 동호회 또는 동우회와 같은 소비자 서클(동아리)의 설립, 운영 및 회원에 대한 우대정책(마일리지 등)

다음 내용은 홍보 프로모션의 사례인데, 스타크래프트 게이머들의 대회를 알리기 위한 세일즈 프로모션 사례라기보다는 기업 이미지를 증대하기 위한 이벤트성 유형으로 전개된 것이다. 세일즈 프로모션을 기획하거나 비슷한 이벤트를 준비중인 사람들에게 참고가 되었으면 한다.

오픈 하우스(open house) : 각계 인사들을 초청하여 신문사 방송국 설비제조업 따위의 운영을 보여주는 이벤트

쇼룸(show room) : 상품의 진열실이나 전시실

다이렉트메일(direct mail) : 상품 등의 선전을 위해서 특정 고객층 앞으로 직접 발송하는 서신·카탈로그 등의 인쇄물

21C 주요산업 게임, Target시장과 브랜드의 Promotion 연계성 발견

청소년 문화 코드
Game

.게임은 청소년층의 중요한 Life Culture로 자리 매김
.프로게이머
.청소년에게 선망의 대상 수많은 팬클럽 및 회원 확보 프로게이머 직종희망:전체28%
(청소년 1000명 설문/게임 잡지 챔프/2002.1)

1318 타깃 브랜드
Bigi

.실사용자가 만 18세 이하인 미성년자를 대상으로 하는 KTF 요금상품
.1318 세대가 공유하는 Contents인 Fun, Fresh 등 Entertainment적 Image 요소

게임+Bigi의 core Target인 1318의 이미지,콘텐츠로 전략(案) 수립

"Bigi배 Starcraft 4대 천왕전"

각종 대회를 통해 검증된 고수 초청·진정한 의미의 Starcraft Master of the Master 선발

Starcraft : 네트웍 게임, 전략 시뮬 레이션과 유니트의 창조, 타 유저 와의 동맹 등 전략·전술 대결 게임

Master   **Fighter**

검증된 고수들 중 Starcraft의 진정한 최고수를 선발
"Master of the Master"

홍보 Promotion 활동 배경

유수 게임대회 대비 차별화,유니크한 구성,관심·집중 효과 극
대화로 전국의 Bigi Target층, 브랜드인지 확보 및 확장

Publicity	.아마추어 발굴 및 장학금 지급을 통한 육성 청소년 대상,게임대회로 게이머 발굴 육성 .대한민국 공식 대표 게임대회 게임협회 인증, 연례화된 공신력 있는 대회
Entertainment	.아마추어와 프로게이머가 함께하는 대회 아마 4대 천왕+프로 4대 천왕 전 .Bigi와 게임 핵심 타깃인 청소년층 Fun요소 제공 프로게이머 팬사인회,팬클럽 및 특별공연,응원전
Assortment	.참가한 프로게이머의 권위 향상 게임 매니아층 에서 인정하는 선수 선발 .Bigi고객의 로열티 제고 .Bigi석 마련 등 일반석과 차별화 서비스 제공

홍보Promotion Concept

홍보 프로모션의 기본방향 확정 및 실행으로 Core
Target인 1318세대에 대한 브랜드 인지율 확보

행사명	KTF Bigi배 4대 천왕전		
일 시	Pre : 20 년 월 일 / Main : 20 년 월 일		
장 소	Pre:Coex Mega Web Station/Main:올림픽공원 펜싱경기장		
참가 대상	초청 프로게이머, Bigi 고객 및 게임 매니아 등		
행사 내용	**Pre** KTF Bigi배 4대 천왕전 예선 .행사고지 통해 사전 접수된 참가자 대상 KTF Bigi배 프로암 대회 본선 4명 선발 1차 게임 Clinic .Pre Event 통해 선발된 아 마추어 게이머 4명 대상 프로게이머의 게임 Clinic 실시	**Main** 사전행사 및 본행사 .Starcraft 코스튬플레이/프로 게이머 물품 Auction/매직엔 멀티팩 게임 시연부스/우승자 맞추기 .Opening/예선 (아마추어, 프로)/초청가수 공연/3·4위전 (아마추어, 프로)/Bridge 공연 결승전 (아마추어)/시상식/경 품 추첨	**Post** KTF 매직엔스 게임단 명예 회원 제1기 발족 .Main Event 후 최종 선발된 아마추어 4대천왕을 명예 회원으로 안정하여 매직엔 스 활동과 함께 프로게이머 육성을 위한 기회 제공

프로모션 전략의 수립

운영방식

Pre
· KTF Bigi배 Starcraft 4대 천왕전 프로암 게임대회 예선
  Bigi 신규 및 기존 고객 대상으로 프로암 대회개최
  예선을 통해 프로암 게임대회 본선 진출자 4명 선정
  게임 Clinic을 통해 프로게이머의 Know-How 전수

Main
· KTF Bigi배 Starcraft 4대 천왕전
  진행되는 케이블TV 게임대회와 차별화된 게임대회
  게임매니아층에서 인정하는 프로게이머 선정
· KTF Bigi배 Starcraft 4대 천왕전 프로암 대회 본선
  Pre-Event로 프로암 게임대회 예선통과자 4명 대상
  4대 천왕전과 동일한 형식의 본선대회 진행

Post
· 게임 Clinic
  KTF Bigi배 Starcraft 4대천왕전 프로암 게임대회
  본선 진출자 4명을 대상으로 1, 2차 2회 실시
  일반인과 프로게이머 게임기회 제공 / Know-How 전수
  1,2차 게임 Clinic : 프로암 게임대회 예선/결선 후

프로모션 전략의 수립

관중동원

**프로게이머가 게임대회 관중동원의 60%이상의
비중을 차지**

· 2002 Sky배 온게임넷 스타리그 결승전 임요환 대 박정석 경기의 경우,
  20,000명 이상 동원.
· g@mbc 스타리그 결승전 박정석 대 이윤열 경기의 경우 10,000명 동원.
※ 두 리그의 결승전은 선수가 관중동원에 절대적 위치를 잘 보여줌.

주요 프로게이머의 관중 동원 능력이 필요함

· 임요환 10,000명 이상 / 홍진호 5,000명 이상 / 박정석, 강도경, 김동수
  3,000명 이상 / 이윤열 2,000명 이상
※ 임요환, 홍진호 등 인지도가 높은 프로게이머의 경우 전국적 규모의
  팬클럽 유지

**"임요환, 홍진호, 박정석, 이윤열 등 관중동원
능력이 높은 선수 선발"**

프로모션 전략의 수립

홍보활동계획

구 분		내 용
신문 잡지	기획기사	·전자 신문, 스포츠지, 전문 게임 잡지 등 대회 관련 기사 및 참가 선수 프로필, Interview 등 기사 연속 게재
	Interview	·대회 관련 주최 / 참가 선수 취재 인터뷰 요청
New Media	Internet	·KTF Bigi 브랜드 Homepage [www.bigi.co.kr] 內 Pop-up 및 관련 Page 운영 ·게임관련 Site, empass, Yahoo 등 검색 엔진 등 Pop-up 및 Banner 광고
	Mobile	·Bigi 기존 고객, 신규가입 고객을 대상으로 문자 메시지를 통한 대회 홍보
기타	Poster	·KTF 대리점, 전국 10,000여개 PC방에 Poster 부착 및 홍보

프로모션 전략의 수립

홍보물 제작

<A타입>

<B타입>

프로모션 전략의 수립

홍보물 제작

<C타입>    <D타입>

프로모션 전략의 수립

홍보물 제작

구 분	항 목	내 용
POP	애드벌룬	행사 안내용 4구 애드벌룬 제작, 설치
	대형 배너	행사장 외부 및 내부 Display
	현수막	행사 Title용 현수막
	가로등 Banner	행사장 안내 및 이동 동선 안내용 가로등 Banner
	유도 Sign	행사장 안내 및 이동 동선 안내 유도 Sign물
	X-Banner	행사장 안내 및 이동 동선 안내
	Name Tag	행사 관련 진행요원 및 Staff용 Name Tag
인쇄물	포스터	행사 고지 및 홍보용 포스터 20,000장 제작, 배포

판매 촉진은 소비자들에게 '덤'의 가치를 일깨워 주는 행위로서, 기존제품의 가치에 다른 하나를 덧붙여 서비스하는 커뮤니케이션 활동이다.

여성들이 화장품을 구입할 때 받는 샘플 제품이 바로 '덤'에 해당한다. 우리는 공짜로 제공되는 화장품 샘플 속에 숨어 있는 상술이 뭔지 뻔히 알면서도 다시 그 매장을 찾아가 그 브랜드를 선택한다. '덤'의 가치를 알고 있기 때문이다. 무료쿠폰, 경품, 추첨행사, 박람회 등 수많은 마케팅 촉진 활동의 설득 대상에 소비자들은 노출되어 있다.

판매 촉진 활동은 다른 커뮤니케이션 수단들과 함께 운영돼야 그 효과가 배가 된다. 앞서 언급되었던 'KTF Bigi배 스타크래프트 4대천왕전'도 광고와 이벤트 및 방송뉴스 그리고 신문의 퍼블리시티 등을 병행하여 운영했다. 또한 행사 당일에 참석한 고객들에게 무료경품 및 게임CD 제공 등 기업의 이미지를 높이는 촉진수단을 함께 운영하여 전체적인 행사 분위기를 높이는 데 주력하였다. 즉 여러 마케팅 수단들과 같이 운영되어짐으로써 효과가 배가 된 것이다.

우리는 영업을 처음 시작하는 가게가 홍보를 위해서, 요란한 음악과 춤추는 멋진 도우미들 그리고 행사장 풍선 등을 이용하여 벌이는 오픈 행사를 종종 접한다. 또 애석하게 점점 사라지고는 있으나, 새로 이사 온 이웃이 가까운 이웃에게 떡을 돌리는 정겨운 풍속도 알고 있다. 이러한 행위가 판매 촉진의 시초이다.

다른 마케팅 수단들과 다르게 판매 촉진 활동은 현장에서 바로 성과를 확인할 수 있다. 주말 할인마트에 가 보면 각종 음식물 코너에서 제품 시식회를 실시하는데, 그 자리에서 맛을 보고 맛있다는 판단이 들면 소비자들은 즉시 그 제품을 구매한다. 또 하나를 구매하면 하나를 더 주는 '1＋1 행사'도 하나의 가격에 제품을 덤으로 더 얻을 수 있다는 이익 때문에 소비자들이 망설임 없이 구매한다는 것을 우리는 알고 있다.

바로 이러한 점 때문에 기업들은 치열한 경쟁 시장에서 매출과 점유율의 증대를 위해 판매 촉진에 점점 더 많이 의존하게 되는 것이다.

펩시콜라가 신규 고객을 확보하기 위해서는 코카콜라의 고객을 빼앗아 오는 수밖에 없다. 코카콜라 고객에게 24캔이 들어 있는 펩시콜라 박스 샘플을 주어서 심리적인 장벽을 없애는 캠페인을 한 경우가 있다. 신규 고객이라고 해서 전혀 모르는 고객이 아닐 수 있다.

미국의 어느 은행에서 조사를 해보았는데 3%의 고객이 150%의 수익을 가져다주는 것을 발견하였다. 물론 하위 50%의 고객들은 적자를 내고 있었다. 그래서 VIP고객이 오면 다양한 서비스를 제공하는 등 관리를 잘해 주게 되었다. 이 고객들은 그 은행의 모든 서비스를 이용하고 있는 것이 아니었으므로 모든 서비스를 이용할 수 있게끔 했다. 이것도 나름대로 신규 고객 확보라고 할 수 있을 것이다.

기존 고객을 위한 전략에는 고객활성화 전략, 기존 고객의 구매 빈도를 향상시키기 위한 인센티브 프로그램이다. 보상 프로그램(Reward Program)의 일반적인 문제는 고객들의 과도한 노출과 사용 경험 증대에 따른 학습 효과로 보상 프로그램의 실효성에 대한 의문이 제기된다. 또한 보상 프로그램에 대한 기업 간의 경쟁이 심화되어 그에 따른 비용이 급격하게 증가하였다.

상후하박(上厚下薄) 현상이 일어나서 충성도를 형성하는 단계에서는 큰 유인요소가 되지 못하고, 이미 높은 수준의 충성도를 형성한 고객들에겐 필요 이상의 보상품을 제공할 수 있다. 고객별(고객의 누적 포인트 수준별) 비차별적 보상 프로그램을 적용하여 고객 지향적 보상 품목의 선정이 필요하다. 고객들의 보상품에 대한 반응함수(예를 들면, 역치(Threshold) 현상-일정 수준의 보상까지는 보상으로서의 효과가 없음)에 대한 이해가 부족하다.

효과적인 보상 프로그램 개발시 고려할 사항은 먼저 종합적인 보상 프로그램 개발을 위한 개념적인 틀을 형성하고 보상품의 전략적 운용 방안을 세워야 한다. 어떤 보상을 언제, 누구에게, 어떻게 제공해야 하는가를 생각해야 한다. 보상의 타입, 보상의 시기, 보상의 대상, 보상 방식을 결정하고 보상 프로그램이 기업의 성과에 어떤 영향을 미치는지를 조사해야 한다.

상호관계를 바탕으로 하는 교차판매 전략

한 제품의 고객 DB를 이용하여 다른 제품의 판매를 촉진하는 것으로 제품들 간의 특정한 상호작용(interaction)이나 상호관계를 바탕으로 한다. 대표적인 예로 양복과 넥타이, 예금과 융자, 기저귀와 맥주 등이 있다.

국내에서는 LG전자가 에어컨을 판매할 때 와이드 TV를 판매하는 교차판매를 할 수 있고, 삼성카드에서는 기존 DB를 분석하여 새로운 콘도 회원권 분양이 가능하다. 또 한솔CS클럽은 인터넷쇼핑 고객의 DB를 활용하여 맞춤 마케팅 활동을 전개할 수 있다. 국외에서는 시티뱅크(Citybank)의 신용카드 업무 담당직원이 3천 개 이상의 보험 상품을 판매하였고, 미국의 유통업체인 시어스(Sears) 사는 소속 부동산회사를 통해 주택을 구입한 고객에게 시어스 백화점에서 특정 제품 구매시 20% 할인혜택을 하고, 디스커버리(Discovery) 카드 고객에게 할인쿠폰을 발행하였다.

요즈음은 모바일을 이용한 프로모션이 성행하고 있는데, 그 사례를 '모바일 광고' 페이지에서 확인할 수 있다.

▶ 기업과 고객, 모두에게 좋은 이벤트 전략 ◀

원래 영어로 사건, 시합을 뜻하는 말이다. 서구에서는 마케팅 용어로 판매 촉진을 위한 특별행사라는 뜻으로 스페셜 이벤트(special event)라고 불리어 왔다. 구미에서는 판촉 또는 프로모션, 프리미엄 행사 등으로 부르며, 콘서트, 패션쇼, 전시회, 쿠폰, 샘플링, 콘테스트, 환불, 스포츠 이벤트 등의 단위 이벤트에도 사용한다.

실제 이벤트란 용어가 보편화된 곳은 일본이다. 일본은 1964년 도쿄올림픽과 1970년 오사카 만국박람회를 계기로 이러한 이벤트가 국가나 지역 발전에 무엇보다도 중요한 산업임을 인식하기 시작했다. 그리고 여러 마케팅 활동, 문화 행사, 공공 행사, 기업 행사 등을 합쳐 이벤트라는 이름으로 연구·발전시키기 시작했다. 일본은 많은 지역 이벤트(커뮤니티 이벤트)를 통해 지역 발전을 도모했다.

서양적인 의미의 이벤트란 스포츠 행사, 아주 큰 사건이나 행사, 판촉 행사 등을 뜻하며, 이때 이벤트란 용어는 단독으로 사용되지 않고 성격을 수식해 주는 형용사와 함께 사용된다. 그러나 동양적인 의미의 이벤트는 사람을 많이 모아놓고 현장에서 행하는 모든 활동을 뜻한다. 그러므로 자칫하면 그 의미가 너무 넓고 막연하다.

한국이벤트연구회에서 말하는 이벤트 정의를 보면, "이벤트란 공익, 기업 이익 등 뚜렷한 목적을 가지고 치밀하게 사전 계획되어 대상을 참여시켜 실행하는 사건 또는 행사를 총칭하는 말이다"로 되어 있다.

이벤트의 사전적 의미는 갑자기 발생하는 사건이나 사고 등이나 마케팅 개념으로는 판매 촉진을 위한 행위로 인식되고 있으며, 또한 지금과 같은 마케팅 차원에서의 이벤트 역사는 1990년도부터라고 할 수 있다. 좀 더 짚어보면 이벤트는 고객의 관심을 단시간 내에 끌 수 있는 장점을 지니고 있으며, 이러한 이벤트의 지속적인 실시는 기업의 이미지를 고급화하고 기업의 이익을 고객에게 환원한다는 차원에서도 필요하다고 할 수 있다.

최근 들어 중요성이 점점 높아지고 있는 이벤트 마케팅은 행사를 통해 업체나 브랜드의 이미지를 높이는 목적으로 사용되는 기법으로, 대중화된 사회에서 효과적으로 통용되는 마케팅 기법이다.

수많은 업체가 경쟁하고 상품이 넘쳐나는 지금의 시장에서 신규 고객을 확보하기까지는 엄청난 투자와 시간이 소요되며, 이러한 경우 각 업체의 가장 일차적인 과제는 바로 고객을 불러들이는 것이라 할 수 있다. 이 목적을 달성하기 위한 수단으로 이벤트 전략을 통한 마케팅이 각광받고 있으며, 아울러 고정 고객에게 보다 많은 만족을 줄 수 있다는 효과도 동시에 높일 수 있다.

1980년대를 기점으로 정보사회의 도래에 따른 소비자 시장의 변화, 노사 관계 등 기업 환경의 변화에 의한 프로모션과 기업 창립 행사를 기업문화 축제로 이벤트화하는 등 PR 이벤트가 활성화되기 시작했다. 80년대는 미스유니버스대회, IPU 총회, IMF 총회 등을 통해 이벤트 산업의 국제화가 이루어지기 시작한 시기였다. 또한 정치적, 문화적 목적을 가지고 실시된 정부 주도형 대규모 이벤트인 '국풍 81'이 실시되었으며, '86 아시안게임', '88 서울올림픽' 등 스포츠, 사회 이벤트 등이 자리를 잡아가는 시기였다.

90년대 들어서는 '대전 엑스포', '95 서울 정도 600년 기념사업', '95 한국 방문의 해' 기념 관광 이벤트 등이 연이어 개최되었다. 기업 이벤트가 본격화되는 등 바야흐로 이벤트 문화시대가 도래했다.*

이벤트는 입체적인 커뮤니케이션 수단

이벤트는 참가자(공감자)가 호응하고 공존, 공감하여 가장 인간적으로 통하는 가운데 이벤트에서 주최자의 의도(목적)를 참가자에게 커뮤니케이션할 수 있는 최고의 입체적인 미디어라 할 수 있다. 결국 다른 미디어와 비교하여 가장 인간적인 커뮤니케이션이 가능한 기능을 갖고 있다. 체험과 경험으로, 확실한 신뢰와 선택으로 과거의 왕이나 공주가 아닌 실제의 주인 의식으로 동참하는 파트너 프로모션이며, 3D 커뮤니케이션이다.

불투명한 시대에 이벤트는 공존, 공감이라는 가장 인간적인 교류 가운데 주최자의 의도를 소비자에게 커뮤니케이션할 수 있는 이상적인 도구로 가능

출처 : www.emonitors.co.kr

하기 때문이다. 매스미디어는 정보화 시대에 대응할 수 있는 미디어를 개발
하도록 요구된다.

이벤트 콘셉트의 중요성

이벤트는 어디까지나 커뮤니케이션의 수단이지 목적은 아니다. 그러므로 콘
셉트(기본적인 사고방식)가 없는 이벤트는 단순한 행사에 그치고 만다. 이벤트
는 콘셉트를 명확히 해서 이벤트의 목적과 목표를 달성하기 위한 수단이어야
한다. 이벤트의 아이디어와 연출도 이벤트의 콘셉트를 정확히 전달하는 것
이어야 한다. 단순히 이벤트를 행하는 것만으로 이벤트라고 말하기는 어렵
다. 왜냐하면 콘셉트가 없는 이벤트는 무엇을 하는지 알 수 없이 시작하고 갑
자기 실행에 들어가기 때문이다.

　콘셉트가 있는 이벤트는 무엇 때문에 할 것인가로부터 시작된다. 결국 이
벤트의 기본적 사고방식을 달성하기 위하여 이벤트라 하는 미디어를 사용해
서 어떻게 전개할 것인지, 목적·목표를 달성하기 위해 어떤 이벤트 아이디어
가 좋은지, 항상 콘셉트가 중심이 되어 이벤트 만들기가 진행되는 것이다.

매력 있는 독창적 이벤트

이벤트를 성공시키는 포인트 가운데 또 다른 하나는 독창성이다. 즉 타 이벤
트와의 차별화를 꾀하여 독창적이고도 매력 있는 이벤트를 만드는 것이다.
매력이 없는 이벤트에는 당연히 사람이 모이지를 않는다. 더구나 교통이 불
편한 지역에서 이벤트를 하게 되면 많은 사람을 끌어 모으기 어렵다. 그러므
로 지방에서 행하는 지역 활성화 이벤트의 경우, 만국박람회와 과학박람회

를 축소화한 듯한 것으로는 참가자를 끌어올 수 없다. 지역 활성화 이벤트인 이상 그 지역의 특성을 명확하게 내세운 독특한 이벤트를 행해야만 한다.

이벤트가 유행인 요즘, 독창적인 것이 더욱 요구되어 그것을 무시하게 되면 반드시 실패하게 된다고 해도 과언이 아니다. 콘셉트 만들기 단계에서 독창성, 의외성, 감동성, 차별성, 참가성 등을 모두 종합해 매력적인 이벤트를 만들기 위해 노력해야 한다.

지역 활성화 이벤트에는 지역 산업, 전통을 중심으로 전개하는 것과 그 지역에서 종래에 없던 요소를 중심으로 전개하는 것이 있다. 이벤트를 통하여 과거를 돌이켜보고 지역의 좋은 점을 강조하는 '고향 만들기'의 스타일로 할 것인가, 아니면 미래지향의 이벤트(예, 21세기로의 지역 전망을 어떻게 할 것인가를 테마로 하는 이벤트), 지역 산업의 부흥에 기여하는 이벤트, 살기 좋고 생활하기 편한 지역 전체의 진흥과 환경 정비를 겸한 이벤트, 지역 문화·교육의 진흥에 기여하는 이벤트, 정보발신기지로 하여 발신력을 소구하는 이벤트, 지역의 관광을 선전하는 관광 이벤트 등, 이러한 것들을 모두 조합해 복합적인 이벤트로 할 것인지를 결정한다.

이벤트 테마의 변화는 여러 가지가 있지만 어느 경우에도 그 목적은 지역의 활성화이고 지역 진흥에 연결되는 것이 아니면 안 된다. 지역 독자의 이벤트 콘셉트에 의해 독창적인 이벤트 만들기를 할 수 있는지가 지역 활성화 이벤트의 성공 포인트가 된다. *

출처: 주만근 – SP와 이벤트

결	담당자	과장	부장	임원
재	/	/	/	/

하반기 행사 계획 (안)

Ⅰ. 비디오 도어폰 고객 초청 이벤트

Ⅱ. 신제품 설명회 및 세미나

년   월   일

○○○○팀

1. 행사 목적

가. 당사 제품 브랜드 이미지 및 호감, 신뢰성 제고
나. 제품별 시장에서 TOP BRAND의 부상 및 정착화
다. 제품별 매출의 극대화
라. 특정 제품의 행사를 통한 당사 기업 이미지의 획기적 혁신

2. 행사 전개도

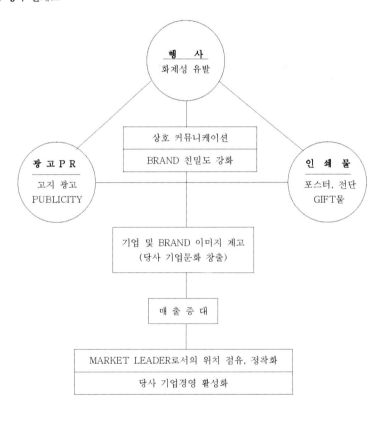

VIDEO DOOR PHONE 고객 초청 이벤트

1. 개 요

주부들에게 VDP(VIDEO DOOR PHONE)의 CONCEPT인 "방문자의 얼굴을 영상으로 확인"
에서 '얼굴'이라는 주제를 가지고 편지글을 공모하여 당선자 30명 × 3회 = 90명
(3차, 지역별)을 뽑아 공장견학 및 관광과 함께 주부들의 당 제품에 대한 안목과
미래 가정의 비전을 제시하여 당사 IMAGE 고지 및 향후 매출 극대화를 도모하기 위함.

2. 이벤트의 배경

가. 주부들의 건전한 가정문화 및 정서함양의 필요성
나. 기업행사를 통해 여성의 사회참여 의식 고취
다. 주부들과의 '대화의 장' 마련, 소비패턴 파악

3. 이벤트 CONCEPT & PARASE

가. 이벤트 CONCEPT
- 방문자의 얼굴을 영상으로 확인 : 삼성 비디오 도어폰

나. CATCH PHRASE
- 들어오면 편리한 집, 나가면 안전한 집

4. 시기 및 응모방법

가. 행사시기
- 90년 10월, 11월, 2개월간 3차에 걸쳐 실시

나. 고지 및 접수
- 주부대상 잡지사와 JOINT하여 고지 (POSTER, 신문광고 등 이용)
- 10월호 잡지부터 게재, 매회 30편 선정
- 매회 당선작 중 우수작 3편을 잡지 및 사내 사보에 게재
- 응모요령 : 선정용 POSTER 내 응모권
　　　　　　　 잡지, 신문광고 내 응모권 등 활용

5. 행사 전개도

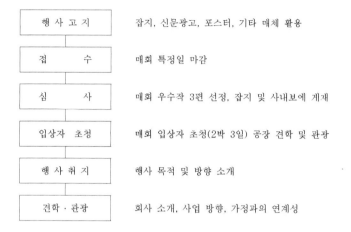

행 사 고 지	잡지, 신문광고, 포스터, 기타 매체 활용
접 수	매회 특정일 마감
심 사	매회 우수작 3편 선정, 잡지 및 사내보에 게재
입상자 초청	매회 입상자 초청(2박 3일) 공장 견학 및 관광
행 사 취 지	행사 목적 및 방향 소개
견학 · 관광	회사 소개, 사업 방향, 가정과의 연계성

6. 세부내용

가. 행사기간

90년 10월 초순부터 11월 중순경 약 2개월간
(호응도가 높을 경우 연례화)

나. 고지 접수
- 신문광고, 선전용 POSTER, 기타 전단 및 매체 (수도권 중심 배포) 통해 고지
- 주부대상 잡지사와 JOINT
- 고지내용
  1) '얼굴' 주제의 편지글 우송해오면 심사, 발표
  2) 우수작을 발표, JOINT한 잡지에 게재 및 사내보 소개
  3) 입상자(30명) 전원에게 공장 견학 및 관광
  4) 우수작 당선작(최우수, 우수, 장려) 부상 지급
  5) 보낼 곳 : 서울 강남구 역삼동 628-14 삼성전자단지(본)
     비디오 도어폰 이벤트 담당자 앞
  6) 응모요령 : 일반 편지지 2~3매 내외로 얼굴을 주제로 편지글을 적어
     기 배포된 광고 및 포스터, 전단의 응모권을 절취하여 함께 우송
     (응모권이 필요하신 분 전화주시면 우송해 드립니다)

다. 심 사
- 잡지사 편집실 간부, 당사 임원 등으로 구성된 심사위원이 매회 당선작 30편
  (최우수, 우수, 장려 각 1편 포함) 선정

라. 발표 및 초청
  - 잡지 매체를 통해 입상자 발표
  - 입상자에게 통보 (공장 견학 및 관광 기회 부여)
  - 우수작 당선자 행사 마지막 날 '대화의 장' 시간에 부상 시상

7. 기 타

가. 응모자는 사후 DM LIST로 이용하여 가정 자동화 문화고지 활용
나. 입상자는 광고 모니터 및 시장조사, 소비패턴 조사요원으로 활용 가능
다. 응모한 글은 광고 소재 발굴시 활용함

* 예산 및 추진일정은 별도계획 수립 보고함

신제품 설명회 및 세미나

1. 행사개요
  - 일 시 : 1990년 (해당 월 전략모델 중심) 16:40 ~ 20:30 (약 4시간)

2. 장 소
  - HOTEL 그랜드불룸 (1급 호텔에 준함)

3. 대 상 : 약 200명
  - 대리점 주
  - 관련업체 구매담당
  - 관련단체 (남 · 여 구분)
  - 기자단

4. 행사내용
  - 신제품 DISPLAY 및 실연 BOOTH 설치
  - 제품 실연으로 구매 자극
  - 연예 프로그램 제공으로 여흥
  - GIFT물 제공으로 친근감 조성

5. 행사계획

시 간	구 분	내 용	비 고
16:40 ~ 17:00	칵테일	참석자 영접 및 안내	• 영접 인사 • NAME 배포 및 방명록 기재 • BGM • VTR 촬영
17:05 ~ 17:50	인사말 (10´) 축하말씀(5´) 제품 소개(10´) 신제품 실연(20´)	대표이사 인사말 신제품 탄생 축하말씀 (제품관련) 제품 소개 VTR 방영 제품 실연 및 특장점 안내	• 비디오 PROJECT • 실연용 DISPLAY, 패널 • 세미나 준비

17:50 ~ 19:00	제품관련
	세미나
		초청강사 주제 발표 및 토의
		EX. "제품이 소비자 생활에
		     미치는 영향"
			• 대학교수 (제품관련)
			  (20´)
			• 실무부서장 (제품관련)
			  (20´)
			• 토의 (20´)

19:00 ~ 20:00	뷔페 및 연예 프로그램	사회자 : 1인 초청가수 : 2인 외	• 뷔페시작 15~20분 후 SHOW START
	행운권 추첨	행운권 추첨 및 상품 전달	
20:30 ~	GIFT 전단	퇴장 및 GIFT 전달	NAME TAG과 GIFT 교환 주차권 배포

6. 실시계획

가. 연출계획
- 제품 전시 BOOTH에 제품 소개요원 배치 (필요인원 : 아르바이트)
  (제품 실연이 가능토록 준비한다)
- 모델의 특징을 나타내는 패널 전시 및 실물 전시
- 현수막, HANGER, ICE CARVING 등 삼성제품 이미지 부각
- VTR 방영 (VIDEO PROJECT)
- 안내요원(여) 배치 (필요인원 : 아르바이트)
  (방명록 비치 및 NAME CARD 배포)

나. DISPLAY 계획
- 해당제품을 실연하기에 용이하게 BOOTH 제작
- 실연코너에 제품 소개 패널 전시
- 아르바이트 요원의 제품 소개 및 실연 서비스
- 행사장 입구 SIGN BOARD 설치

7. 기 타

가. 대리점, 관련단체 등에 당사 이미지 고지에 주력
나. 관련단체 및 구매담당자 등은 향후 제품 소개 책자 등 발송으로 지속 고지

* 예산 및 추진일정은 별도계획 수립 보고함

하반기 행사계획 사례는 공장견학을 통해, 본 제품에 대한 신뢰감을 고객들에게 심어주기 위한 행사로 마련되었던 것이다. 행사계획 한 가지를 기획함에 있어서도, 그 내용의 전개가 소비자들의 마음을 움직일 수 있을 때에만 비로소 이벤트다운 이벤트가 될 것이다.

이벤트의 유형

최근에 인터넷을 통한 이벤트들이 활발히 이루어지고 있다. 사례를 보면, 인터넷 이벤트를 기획하기 전에 최근의 인터넷 동향 및 이벤트 경향 등을 분석하여 기획에 반영해야 한다. 최근 국내 인터넷 이벤트 기획의 특징은 닷컴 기업들의 위기로 인하여 신규 고객 확보보다 기존 고객 관리를 통한 매출 향상을 꾀하고 있으며, 기존 배너나 형식적인 이벤트에 신선한 자극을 주기 위한 기발한 아이디어를 접목한 이벤트들을 전개하고 있다.

또한 마케팅 비용을 절감하기 위하여 상호 윈윈(Win-Win)할 수 있는 협력업체와 공동으로 마케팅을 진행하고 있다.

● **고객세분화 이벤트** : 회원을 모집하는 것에서 벗어나 회원 관리에 중점을 두어 이벤트 내용에 세일즈 오퍼를 제시하는 형태의 이벤트로, 고객들의 구매를 유도하여 직접적인 매출 향상을 가져올 수 있도록 하는 것이 특징이다. 이러한 방법은 CRM(Customer relationship management : 고객관계관리)을 통한 충성도 있는 고객 관리와 연령, 취미, 구매 성향, 구매 빈도 등의 다양한 고객 세분화를 통한 타깃 마케팅이 가능하다.

● **게릴라 형태 이벤트** : 닷컴 기업들의 위기로 인하여 마케팅 비용의 절감과 고객 환기 차원에서의 저렴한 비용으로 큰 효과를 얻을 수 있는 게릴라 형태의 이벤트이다. 이러한 게릴라 이벤트는 고객이 밀집한 시내 번화가, 지하철 등에서 전개되며, 기발한 이벤트 상상력을 통하여 고객에게 신선한 자극을 주고 있다.

● **네트워크 기반 이벤트** : 그물처럼 엮어 있는 네트워크 기반을 활용한 이벤트로, 인터넷의 특징인 인터랙티브(Interactive)* 한 커뮤니케이션을 통하여 저렴한 비용으로 급속히 신규 고객 확보 및 제품의 인지도 확산을 꾀할 수 있다. 친구 소개하기처럼 추천 이메일 보내기, 알까기 같은 바이러스성 플래시 게임 등을 활용한 이벤트들이 이러한 네트워크 기반 이벤트에 속한다.

● **유무선 연동 이벤트** : 유무선 인프라의 확산에 따른 고객의 이동성과 상황성 등을 고려한 고객 접점의 통합 관리를 효율적으로 활용한 이벤트이다. 유무선 연동의 특징은 언제 어디서나 고객이 이벤트에 참여할 수 있다는 것이다. 또한 유무선을 동시에 진행하기 때문에 통합적인 고객 관리와 채널 관리를 통한 다양한 방식의 이벤트를 진행할 수 있다는 장점이 있다.

● **감성·경험 이벤트** : 고객의 감성 및 경험을 자극하여 브랜드의 충성도와 연대감을 구축하는 이벤트이다. 비대면 매체인 인터넷에서 고객과의 장기적인 관계를 유지하기 위해서는 이성보다는 고객이 느끼는 오감에 호소하여 고객의 감성코드를 자극하는 이벤트가 더욱 효과적일 수가 있다.

● **제휴 및 공동 이벤트** : 마케팅 비용을 절감하기 위하여 오프라인 기업과 제휴를 통한 공동 이벤트이다. 공동 이벤트는 상호 배너 교환을 통한 이벤트 홍

인터랙티브(interactive) : '상호간'의 뜻을 지닌 인터(Inter-)와 '활동적'의 뜻을 지닌 액티브(Active)의 합성어. 상호활동적인, 곧 쌍방향이라는 의미를 지닌다.

보 채널 지원, 제휴기업의 서비스 공동 사용을 통한 이벤트 비용 절감, 비용 및 경품 지원을 통한 상호협력 등이 공동 이벤트의 주류를 이루고 있다.

● **LCM 이벤트** : 고객의 서비스 사용에 따른 다양한 고객 상호작용을 개발하고 관리하기 위한 이벤트로서, 고객 개개인이 지닌 가치(value) 및 라이프 사이클을 측정하여 신규 마케팅 전략 기획 및 고객 관리에 반영하기 위해서 많이 활용된다. LCM(Life Cycle Management) 이벤트는 고객세분화뿐만 아니라 고객의 라이프스타일에 따른 각각의 사이클을 모듈화시켜 다양한 매트릭스(Matrix)로 분석하여 고객의 상황에 맞는 이벤트 전략을 제시하는 것이 관건이다.

이러한 LCM 이벤트의 가장 기초적인 형태가 고객 관리를 위한 데이터베이스를 효율화하기 위하여 기존 회원의 실명제 전환이나 고객 관심 사항의 추가 등을 유도하는 형태의 이벤트이다.

물론 앞에서 말한 것과 같은 일반적인 이벤트 외에도 크고 작은 규모의 이벤트나 국가적인 문화 이벤트 행사 등의 활동은 제품의 인지도를 상승시키거나 판매를 촉진시키는 역할을 한다. 이와 함께 기업은 매출 성장과 기업 이미지를 높일 수 있고, 국가의 경우에는 국가 신임도와 세계적인 국가 이미지 상승에도 상당한 도움을 얻을 수 있는 좋은 기회가 되기도 한다.

2002년 한일 월드컵, 1988 서울올림픽 등이 스포츠 문화 이벤트로서 국가 이미지를 높이는 데 크게 기여한 사례들이다.

노트북 PC
'센스 라이프' 축제 기획안

년   월   일

목 차

100. 기획 배경

"빠르고 강한 노트북 PC가 온다!!"

컴퓨터 이용자의 상당수가 기존의 데스크톱 PC의 대체 수요로, 이동이 용이하고 기존 데스크톱 PC에 비해 성능 면에서도 크게 뒤지지 않는 노트북 PC를 선호하는 경향으로 돌아서고 있는 시점에서 노트북 PC의 복잡성, 고가격 등의 이유로 실판매에서 부진했던 점들을 고객들과의 직접적인 접촉을 통하여 체험 및 실기 등을 할 수 있는 기회를 제공. 흥미를 유발하여 실판매와 직결될 수 있도록 한다.

아울러 '센스 노트북 PC'의 적극적인 對고객 홍보 활동을 통하여 노트북 PC의 BOOM을 조성하여 판매량 극대화를 꾀하도록 한다.

고객 만족, 고객 서비스 차원에서 새로운 행사 형식의 제시로, 기업에 대한 好 IMAGE-UP 효과를 얻을 수 있도록 본 행사를 기획한다.

200. 행사 개요

210. 행사 구성

MAIN EVENT	+	SUB EVENT
- 공연성 판촉 행사		- MAN TO MAN式 센스특공대 운영

210. 행사 개요

구 분	내　　　　　　　용	비 고
행사명	- 삼성 노트북 PC "센스 라이프" 축제	가　제
슬로건	- "센스 있게 살아요, 센스 라이프!!!"	가　제
행사장소	- 주요 거점 및 대학로 마로니에 공원	예　정
대 상	- 행사장 내방 고객 및 유동 인구	
행사내용	- 노트북 PC를 주제로 한 공연성 판촉행사 - MAN TO MAN式 센스특공대 운영	강의 및 미디연주 등 차별화
주 최	- 삼성전자(주)	
연출 및 진행	- 프로덕션 테라	

300. 분석을 통한 전략 수립

※ 행사기간 / 프로그램 / 대상에 대하여

■ 시간에 대하여
◦ 학생, 회사원 등의 적극적인 참여유도를 위해 오후 시간대에 실시
 → 집객과 더불어 행사진행 소프트웨어(특효 등)의 효과적인 사용으로 행사효과 극대화
◦ 고객 참여 행사는 오후 12시 이후에 진행
 → 낮시간대에는 참가자들에 대한 도우미들의 홍보 활동
 → 고객들에게 직접 체험의 기회 제공

■ 프로그램에 대하여
◦ 단발성, 해프닝성 행사는 지양하고 무대 및 중앙 집중도를 높이는 행사 프로그램으로
 구성하여 다함께 어우러질 수 있는 한마당 연출
◦ 내방한 고객들이 관심과 흥미를 집중시킬 수 있는 프로그램 구성
◦ 회상 가능한 공통된 추억거리의 제공과 다양한 볼거리 제시

■ 대상에 대하여
◦ 학생, 회사원의 내방객에게 집중적인 홍보 활동 전개
◦ 내방 고객에 대한 적극적인 ATTRACTION 전개로 최고의 VIP로 접대

400. CONCEPT 설정

상황 분석	◦ 전국적으로 불어닥친 컴퓨터 열풍에 컴퓨터를 모르면 안 되는 의식 팽배	◦ 무분별한 소비 형태로, 일단 구입해 놓고 보자는 심리 작용 ◦ 성능이 떨어지는 컴퓨터 소유자는 상대적 열등감 내재	◦ 일방적인 홍보 프로그램의 차별화 필요 ◦ 열린 공간에서의 만남
CHECK POINT	◦ 올바른 컴퓨터 사용법 등 컴퓨터의 유용성 상기	◦ 장식용으로 전락해 버린 컴퓨터의 올바른 사용 ◦ 이를 통한 대책 수요 창출	◦ 접객을 위해 경연 형식의 프로그램과 참여를 통한 즐거움 창출 ◦ 참석자들이 客이 아닌 主가 될 수 있는 공감대 형성
BASIC CONCEPT	새로운 컴퓨터 풍속도의 필요성이 부각되는 시점에서 '삼성전자 노트북 PC'의 적극적인 홍보 필요		
CONCEPT	빠르고 강한 노트북 PC가 온다!!		

500. 프로그램 구성안(案)

510. 형태별 분류

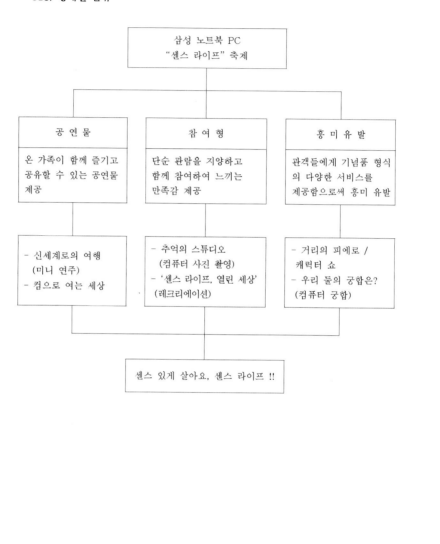

삼성 노트북 PC
"센스 라이프" 축제

공 연 물
온 가족이 함께 즐기고 공유할 수 있는 공연물 제공

참 여 형
단순 관람을 지양하고 함께 참여하여 느끼는 만족감 제공

흥 미 유 발
관객들에게 기념품 형식의 다양한 서비스를 제공함으로써 흥미 유발

- 신세계로의 여행
  (미니 연주)
- 컴으로 여는 세상

- 추억의 스튜디오
  (컴퓨터 사진 촬영)
- '센스 라이프, 열린 세상'
  (레크리에이션)

- 거리의 피에로 /
  캐릭터 쇼
- 우리 둘의 궁합은?
  (컴퓨터 궁합)

센스 있게 살아요, 센스 라이프 !!

520. 세부 프로그램안(案) → ※ 각 행사 ITEM은 주최측과 협의 후 결정

▶ 공 연 물

| 신세계로의 여행 |

- 미디 음악가의 새로운 장르의 음악 소개 및 연주
- 보고 듣고 함께 부르고 박수 치며 즐기는 오감만족의 행사로 운영

| 컴으로 여는 세상 |

- 유명 컴퓨터 강사 중에서 섭외 진행. 또한 보조진행자로 인기 연예인을 섭외하여
  함께 진행
- 컴퓨터를 이용하면서도 몰랐던 부분에 대한 재미난 내용으로 진행하면서
  노트북 PC의 활용도 소개

▶ 참 여 형

| 추억의 스튜디오 |

- 내방 고객들을 대상으로 노트북 PC 및 캠코더를 이용하여 촬영, 프린팅해서
  기념품으로 증정
- 참석자들의 자발적인 참여 유도로 축제 분위기 조성

| 센스 라이프 열린 세상 |

- 춤과 노래, 각종 게임과 더불어 푸짐한 경품이 마련된 신세대 한마당
- 인기 개그맨의 진행으로 행사의 차별화

▶ 흥 미 유 발 형

| 거리의 피에로 / 캐릭터 쇼 |

- 관객들에게 흥미를 주고 홍보 활동을 하기 위한 장대 피에로 / 캐릭터 활용
- 동물모양의 풍선 등을 만들어서 기념품으로 증정

| 우리 둘의 궁합은? |

- 커플들의 궁합을 신세대답게 컴퓨터를 활용하여 재밋거리로 제공

600. 행사에 따른 기대 효과

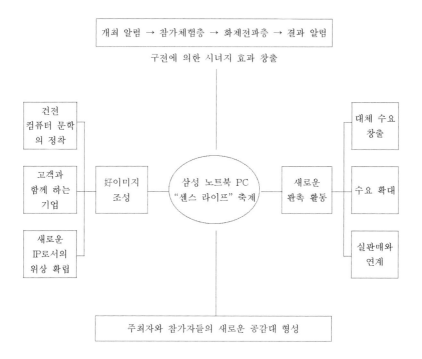

개최 알림 → 참가체험층 → 화제전파층 → 결과 알림

구전에 의한 시너지 효과 창출

건전
컴퓨터 문학
의 정착

고객과
함께 하는
기업

새로운
IP로서의
위상 확립

好이미지
조성

삼성 노트북 PC
"센스 라이프" 축제

새로운
판촉 활동

대체 수요
창출

수요 확대

실판매와
연계

주최자와 참가자들의 새로운 공감대 형성

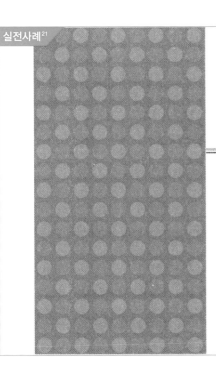

이동통신 모바일 이벤트

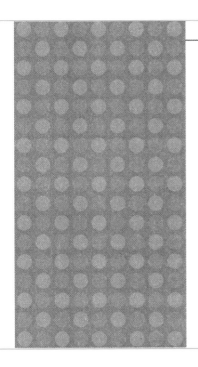

- SK Telecom -

- 데이트 완전 지원
- 루돌프의 반란
- 육봉달의 포토드라마 방송국
- 살아가면서 꼭 해야 할 이벤트
- 모바일 게임 네이트에서 찍어라
- 화끈한 경품 플레이
- 달콤한 인생머니, 로맨틱 겨울여행

- LG Telecom -

1. 해피쪽지 퀴즈 이벤트

무가지 신문

데이트 ♥ 완전 지원

행 사 기 간	2005년 12월 6일까지
행 사 대 상	SKT고객
참 여 방 법	• NATE접속 > 이벤트 > 데이트 완전 지원 • **79+NATE 또는 통화 버튼
행 사 내 용	친구찾기 서비스를 이용하여 친구의 위치를 확인하면 추첨을 통해 경품 증정
경 품 내 용	영화예매권 2매 (매일 100명) 무료 통화 1만원권 (매일 30명)
홍 보 채 널 (무가지 광고)	

루돌프의 반란 -1)

행 사 일 정	2005년 11월 21일 ~ 2005년 12월 25일
행 사 대 상	SKT 고객
참 여 방 법	NATE > 이벤트 > 루돌프의 반란 **365누르고 NATE버튼 > 루돌프의 반란 ☞ 루돌프 사서함~**053로 문자 메시지
행 사 내 용	Event 1. 돌아와줘 루돌프 **053로 응원 메시지를 보내면 경품에 자동 응모 Evnet 2. 양말 속에서 선물을 꺼내라 - 응원 메시지를 보낼 때마다 양말을 하나씩 증정 - 연계 행사 참여시마다 양말 5개씩 증정 • 양말? 온라인 즉석 스크래치 복권 → 획득한 양말 확인하면 즉석에서 경품 당첨 여부 확인 가능
경 품	1. 현금 50만원 매일 1명 소년소녀 가장 돕기 후원금 (당첨자 이름으로) 2. 아웃백 상품권 10만원권 TGIF상품권 5만원권 씨즐 영화예매권

-이벤트 웹페이지 화면-

루돌프의 반란 -2)

행사일정	2005년 11월 21일 ~ 2005년 12월 25일
행사대상	SKT 고객
참여방법	NATE > 이벤트 > 루돌프의 반란 **365누르고 NATE버튼 > 루돌프의 반란 ※ 루돌프 사서함 - **053로 문자 메시지
행사내용	Event 1. 루돌프가 좋아하는 음악 마이벨/라이브벨, 컬러링, 뮤직앨범, 뮤직 비디오를 이용하고 즉석게임에 참여하면 즉석 경품 및 추첨 경품 응모 Event 2. 루돌프의 보물상자 루돌프 보물상자에 들어 있는 콘텐츠를 이용하고 즉석게임을 하면 즉석경품 및 추첨 경품 응모 Event 3. 찾아라! 루돌프 그림친구, 이야기 그림친구, 라이브 스크린에서 산타를 찾은 후 즉석게임을 하면 즉석 경품 증정, 행사 종료 후 추첨을 통한 경품 증정
경품	- 추첨경품 : 일본 아오모리 눈꽃 스키여행 즉석경품 : SK상품권 5만원권/씨즐 영화예매권/캐롤 마이벨/라이브벨 추첨경품 : 노트북 - 즉석경품 : SK상품권 5만원권/씨즐 영화 예매권/양말 5개 - 추첨경품 : LCD-TV (3명) 즉석경품 : SK상품권 5만원권/씨즐 영화 예매권/양말 5개

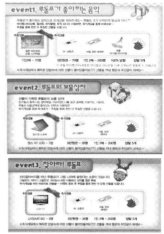

-이벤트 웹페이지 화면-

5

육봉달의 포토드라마 방송국 -1)

행사일정	2005년 11월 17일 ~ 2005년 12월 16일
행사대상	SKT 고객
참여방법	**608 + NATE 또는 통화 버튼 www.sktworld.com 이벤트 페이지에서 휴대폰 번호입력 후 인증번호 입력
행사내용	1. 강추 드라마 때려잡고 섹시/코믹/강추/특집채널 포토드라마를 3편만 보면 추첨을 통한 경품 증정 2.. 철근 포인트 쌓어 모아 포토드라마 보고 포인트 모아 원하는 경품에 응모하면 추첨을 통한 경품 증정
경품	1. 씨즐 영화 예매권 (매일 1560장) 2. 5000점 - HP노트북 (1명) 3500점 - 현금 100만원 (3명) 2500점 - 아이리버 U10 (5명) 1500점 - 제일모직 의류상품권 25만원권 (10명) 1000점 - SK 상품권 5만원권 (50명) 500점 - SKT통화상품권 1만원권 (10명)

-이벤트 웹페이지 화면-

6

육봉달의 포토드라마 방송국 -2)

행사일정	2005년 11월 17일 ~ 2005년 12월 16일
행사대상	SKT 고객
참여방법	**608+NATE 또는 통화 버튼 www.sktworld.com 이벤트 페이지에서 휴대폰 번호입력 후 인증번호 입력
행사내용	1. 공짜로 만나볼래? 　무료 알리미를 설정하면 2000포인트 증정 및 　추첨을 통한 경품 증정 2.. 나 육봉달을 소개해줘 　친구에게 행사를 추천하면 한 명당 50포인트 증정 　추천 고객 모두 추첨 경품 응모 3. 마을버스 2-1 프리패스 　월 26,000원으로 NATE와 JUNE을 무제한 이용 알림
경품	추첨경품 1. 소니 디카 T7 2. 소니 PSP

-이벤트 웹페이지 화면-

7

살아있는 동안 꼭 해야 할 이벤트

행사기간	2005년 11월 21일 ~ 12월 21일
행사대상	SKT 고객
참여방법	• **19 + NATE 또는 통화버튼 >[M북]살동꼭이벤트 • NATE접속 > 8. 온센/학습/예매/쇼핑 > 4. 책책책!m-book > [M북] 　살동꼭 이벤트
행사내용	'살아있는 동안 꼭 해야 할 49가지' 베스트셀러 시화집과 요약본을 다운받는 이용자 중 추첨을 통해 경품 증정
경품내용	영화예매권 (1일 2매) - 490명 디지털 카메라 여행 상품권 족탕기

-이벤트 웹페이지 화면-

8

모바일 게임 NATE에서 찍어라!

행사기간	2005년 10월 27일 ~ 2005년 11월 30일
행사대상	온라인 네이트 전체 회원 중 SKT고객
참여방법	· www.nate.com > 폰 꾸미기 > 원하는 게임 선택 > 휴대폰으로 게임 다운로드
행사내용	1. SK모바일 게임 중 인기 베스트 6종 원하는 게임을 다운받으면 경품 증정 2. 모바일 게임을 다운 받고 응모권을 받고 갖고 싶은 경품을 골라서 응모하면 추첨을 통해 경품 증정 3. 이벤트 페이지 방문시 휴대폰 번호를 입력하고 6번 이상 방문하면 추첨을 통해 경품 증정 (번호 입력하면 다음부터 자동 체크) 4. 모바일 게임 리뷰를 쓰면 자동응모, 추첨을 통해 경품 증정
경품내용	1. 뉴질랜드 여행 (5명) / 현금 5만원 (20명) 씨줄 영화예매권 (100명/1인 2매) 네이트 카드 상품권 (100% 경품) 2. 도시바 노트북 (1명) / SKY IM-8500 (3명) 파나소닉 FX9 (5명) / 거원 PMP A2 (5명) iPOD NANO (5명) / 씨줄 영화예매권 (100명/1인 2매) 3. 도시바 노트북 (1명) / SKY IM-8500 (1명) 파나소닉 FX9 (1명) / 거원 PMP A2 (1명) iPOD NANO (1명) / 씨줄 영화예매권 (100명/1인 2매) 4. 싸이 도토리 1만원 상품권 (200명) 네이트 만화 1일 상품권 (1500명)

-이벤트 웹페이지 화면-

9

화끈한 경품 플레이

행사기간	2005년 12월 11일까지
행사대상	SKT고객
참여방법	· www.nate.com >폰 꾸미기 > 컬러링 / 벨소리
행사내용	1. 폰꾸미기에서 컬러링/벨소리를 다운받거나 선물하고 예시되는 경품 중 직접 지정하면 추첨을 통해 경품 증정 2. 폰꾸미기 페이지 내의 '요술 램프' 이미지를 클릭하면 경품 자동 응모 (하루에 20개까지만 찍을 수 있다)
경품내용	1. 혼다 줌머 스쿠터 (1명) 삼성 센스 노트북 (2명) 애니콜 V740 슬림폰 (3명) Canon IXUS 750 (5명) SONY PSP (5명) 아웃백 10만원 상품권 (20명) 도토리 10개 (5,000명) 2. 남태평양 피지 여행상품권 (1명) 비발디 파크 시즌권 (2명) 스노우보드 세트 (3명) 아웃백 10만원 상품권 (5명) 씨줄 예매권 (200명) 네이트 캐시 5천원권 (1,000명)

-이벤트 웹페이지 화면-

10

달콤한 인생 머니 로맨틱 겨울여행

행사기간	2005년 11월 15일 ~ 2005년 11월 30일
행사대상	SKT 고객
참여방법	• SKT 114 • 이벤트 페이지에서 휴대폰 번호 입력 후 인증번호 입력
행사내용	달콤 ♥인생 머니 서비스 가입하면 경품에 자동 응모 추첨을 통해 경품 증정 (월정액 5000원)
경품내용	휴대폰 통화 상품권 개인정보 지킴이 1개월 이용권 일본 럭셔리 온천 여행권 2매 (1명) 태백산 눈꽃 열차 당일 여행 2매 (10명) 전국 팬션 이용권 (10명) 스키여행 할인 패키지 (선착순 1000명)

-이벤트 웹페이지 화면-

해피쪽지 퀴즈이벤트 2탄

행사기간	2005년 11월 24일 ~ 2005년 12월 23일
행사대상	11월 기준 My LGT 정회원 개인 고객
참여방법	• My LGT 로그인 후 My Page에서 해피쪽지 퀴즈 풀기
행사내용	My LGT홈페이지에 로그인 후 해피쪽지 퀴즈를 풀고 정답을 맞추면 추첨을 통해 경품 증정
경품내용	최신 핸드폰 LG LP4400 (4명) 5만원 백화점 상품권 (6명) 2만원 외식 레저 상품권 (3명)

-이벤트 웹페이지 화면-

이동통신 모바일-웹 이벤트

무가지 신문

주식아 놀자!

행사기간	2005년 10월 20일 ~ 11월 30일
행사대상	SKT 고객
참여방법	•1) **1200 + NATE 또는 통화 버튼 •2) NATE > 이벤트 > 증권보고 현금타고 •3) MSTOCK > 휴대폰 번호 입력하고 칩 신청, 칩 수령하고 정액제 가입
행사내용	핸드폰을 이용해 주식 정보를 조회하면 경품 자동 응모 정액제와 알리미를 가입하면 경품 자동 응모
경품내용	1) 노트북 (1명 추첨) 2) DMB폰 (1명 추첨) 3) 현금 10만원 (100명 추첨) 4) 영화예매권 (100명 추첨)
무가지 광고 이미지	

2006 독일! 아우토반 원정대

행사기간	2005년 11월 7일 ~ 12월 31일
행사대상	기간 중 네비게이션 전용폰 구매 고객 중 네이트 드라이브 가입고객 (대상 기종 : LG-SV900, PT-S120)
행사내용	네비게이션 전용폰 구매 고객 중 네이트 드라이브 가입 고객을 대상으 로 차량용 거치대 무료 증정 및 추천을 통해 경품 증정
경품내용	독일 축구 예선전 관람 및 아우토반 체험 (10명) 캐논 디지털 카메라 (5명) PSP (10명) SK 주유상품권 5만원권 (50명) 휴대폰 음향 포터블 (125명)

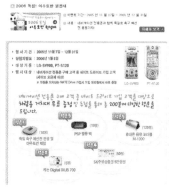

멜론 1주년 기념 Melon Happy Birthday Party

행사기간	2005년 11월 1일 ~ 11월 30일
행사대상	멜론 가입 고객
참여방법	• 이벤트 기간 동안 체험이벤트 가입자
행사내용	1> 무료 1개월 이용신청 한 후 무료 MP3 다운로드 받으면 경품 자동 응모 선물1) 멜론 1개월 무료로 즐기고 프라하 가자 　　　　행사 기간 동안 체험 이벤트 가입 시 자동 응모 선물 2) 멤버십 할인 받고 메모리 또 받고! 　　　　SKT가입 고객에게 할인 판매 선물 3) 친구에게 추천하면 1명당 10개 도토리 증정
경품내용	1. 시드니 패키지 5쌍 　　소니 노트북 5명 　　최신 MP3 폰 30명 　　최신 MP플레이어 150명 선물 1) 무료 MP3 다운, 무료 벨소리 (선착순) 　　　　프라하 5일 패키지 상품권 (2명, 1인 2매) 　　　　W호텔 1박/식사/수영/스키/헬스 (7명, 1명 2매) 　　　　SCH-B250 휴대폰 (5명) 　　　　삼성 Yepp (5명)

수다 페스티벌 (수능 본 사람- 다 모여라)

행사기간	2005년 11월 11일 ~ 12월 11일
행사대상	모든 고객
참여방법	•1) 수험표를 지참하고 SKT대리점 방문 •2) 행사 기간 동안 SKT에 신규가입 •3) 행사 미니 홈피에 수능 기원 메시지나 수능백서를 남기면 경품 증정

행사내용	1) 2006년 수능 수험표를 지참하고 SK 텔레콤 대리점을 방문하면
	   선착순 경품 증정
	
	2) 행사 기간 중 SK에 신규 가입하신 고객 중 추첨을 통해 경품 증정.
	
	3) 미니 홈피에 수험생에게 격려, 응원의 메시지를 남기면 추첨을 통해
	   도토리 증정.
	   수능을 잘 볼 수 있는 비결을 올리면 추첨을 통해 경품 증정.

경품내용	1) 포토인화권 15만장 선착순 증정
	2) 프라하 여행상품권 (1명)
	   샤프 전자 수첩 (10명)
	   스키장 리프트 이용권 (100명)
	   크리스마스 케이크 (1000명)
	   씨즐 모바일 영화 예매권 (1000명)
	3) 도토리 총 5000개
	   PSP (1대)

지식 검색이 모바일 속으로~

행사기간	2005년 11월 7일 ~ 12월 31일
행사대상	네이버 전체 회원 중 SKT고객 모두!
참여방법	• 네이트 > 이벤트> 모바일 지식검색 • **369 + NATE 또는 통화버튼

행사내용	1) 모바일 지식검색 퀴즈왕 대회
	   매주 출제되는 모바일 지식검색 퀴즈를 풀면 경품 응모
	2) 모바일 지식검색 정액제 가입
	   모바일 지식검색 정액제 가입하면 경품에 자동 응모

경품내용	1) PDP-LG X 캔버스 42인치 (1명)
	   지식 장학금 100만원 (1명)
	   MP3P iriverU10 클래들 패키지 (5명)
	   씨즐 영화 예매권 (300명)
	
	2) 노트북 (1명)
	   지식장학금 100만원 (1명)
	   SK 텔레콤 통화상품권 1만원 (300명)
	   모바일 지식검색 1개월 무료이용권 (가입자 전원)
	   네이버 웹SMS문자 메시지 100건 (가입자 전원)

80초! Long 필링 EVENT

행사기간	2005년 11월 7일 ~ 11월 30일
행사대상	80초! Long 필링을 설정/선물한 고객
참여방법	• 유무선 ez-i 에서 가입
행사내용	80초! Long 필링을 설정/선물한 고객들 중에 추첨을 통해 경품 증정
경품내용	MP3 2대 롯데월드 아이스링크 세트권 60매 (1인 2매) 영화 예매권 100매 (1인 2매)

〈센스 라이프 축제 기획안〉은 소비자들과 면대면으로 제품을 만날 수 있는 센스 노트북 PC 행사 계획의 한 사례이며, 〈이동통신 모바일 이벤트〉는 웹에서 벌어지는 이벤트를 구성하여 네티즌들이 좋아하는 이벤트 아이템들을 구성하여 소비자들의 관심과 참여를 유도하는 참여형 이벤트의 사례로 볼 수 있다.

건물 옥상에 있는 광고판을 말한다. 물론 옥외라는 의미에서 느끼듯이 단순히 옥상뿐만 아니라 그 이외에도 거리 곳곳에서 흔히 만날 수 있는 광고판이다.

야립(野立)간판, 고속도로변 옥외광고, 애드벌룬 광고, 네온사인 광고, 광고탑, 버스정류장 쉘터광고, 지하철 광고 등 그 사이즈나 규모가 매우 다양하다. 광고업계에서는 대개 가로 8미터, 세로 4미터 크기의 간판을 옥외매체로 보고 있지만, 워낙 새로운 옥외 광고물들이 개발되고 있는 상황이라 사이즈를 기준으로 옥외매체를 구분하긴 어렵다.

옥외광고는 옥외광고 회사가 광고주에게 옥외광고물을 제안하여 광고주가 검토, 집행하도록 하는 방식을 주로 택하고 있다. 물론 광고주가 임대료를 대신 지불하고 광고물을 설치할 수도 있지만, 옥외광고 회사의 전문적인 작업에 의해 설치, 운영하는 것이 쉽고 편리하다.

최근에는 환경과 자연보호 그리고 도시미관 등의 문제로 옥외광고물에 대한 규제가 강화되고 있는 추세여서 광고를 집행하는 데 까다로운 실정이다.

옥외광고를 일반적으로 몇 가지로 나누어 판단하지만, 불특정 다수의 사람들을 소구 대상으로 하는 광고물이며, 어떤 일정한 공간을 점거하여 그 시계(視界) 영역에 강제적, 반복적, 시각적 자극을 부여하는 광고 수단이라고도 한다.

옥외광고의 기원은 이집트의 상인들이 납작한 석재판에다 자신들이 취급하는 상품과 관련 내용을 새겨서 도로변에 세운 것에서 시작한다. 또 고대 로마 사람들과 폼페이 사람들은 벽에 그림을 그려서 자신들이 즐기는 경기나 상업을 고양하는 데 활용하였다고 한다.

옥외광고의 분류

▶ 광고 목적 기간에 의한 분류

- 회사명, 상품명 인지, 행사 고지, 세일즈 캠페인 등

▶ 제작 수량에 의한 분류

- **동일 규격의 복수 생산** : 플라스틱 간판 등
- **단일 생산** : 대형 네온, 회사나 영업소의 돌출 간판 등

▶ 게재 지역에 의한 분류

- 주택지 광고, 번화가 광고, 철도 간선 광고, 터미널 부근의 광고
- 고속도로 간선 광고, 유원지 광고

▶ 설치 장소에 의한 분류

- 옥상 광고, 벽면 광고, 야립(野立) 광고, 돌출 광고, 입(立)간판 광고

▶ 형태에 의한 분류

- 광고탑(원탑·삼각탑·사각탑), 광고 간판, 돌출 간판

▶ 구조에 의한 분류

- **네온탑, 네온 간판, 광고탑, 광고 간판, 조명 광고탑** : 수은등, 백열등

- **조명 간판, 플라스틱 간판** : 회사, 영업소의 표시 간판, 돌출 간판 등에 형광등 내장
- **회전광고탑** : 탑 전체 또는 일부를 회전시키는 것
- **입간판** : 비닐, 천, 종이 등 사용

위의 종류 외에도 다양한 형태의 옥외 광고들이 개발되고 있고 또 집행되지만, 지나치게 요란한 광고물이나 입간판 등 무수히 넘쳐나는 광고물 때문에 정부는 '옥외광고물등관리법'을 공표하여 시행하고 있다.

다음 내용은 2001년 7월 24일 기준 옥외광고물등관리법에 명시된 내용인데, 정부의 옥외광고물에 관한 의지를 엿볼 수 있다. "제1조(목적) 이 법은 옥외광고물의 표시장소·표시방법과 게시시설의 설치·유지 등에 관하여 필요한 사항을 규정함으로써 미관풍치와 미풍양속을 유지하고 공중에 대한 위해(危害)를 방지하며 건강하고 쾌적한 생활환경을 조성함을 목적으로 한다. 〈개정 2001.7.24〉"

또한 옥외광고물에 대한 효과를 측정하기 위해 여러 전략들이 개발되고 있지만, 필수적으로 짚어야 할 부분은 다음과 같다.

- **유동인구** : 유동인구를 기준으로 설정하고 실측 후 계량화한다.
- **타깃비율** : 특정 지역의 유동인구 중 광고주의 타깃이 어느 정도 포함되어 있는지를 고려하고 지역 경제력, 상권 등을 포함한다.
- **차량정체도** : 허용속도·평균속도로 기준을 설정하여 실측 후 계량화한다.

- **정면도** : 직선도로, 곡점, 교차로 등과 관련하여 설치된 각 광고물의 효과를 계량화한다.

- **간섭도** : 경쟁사의 광고물이 동일지역에 설치된 점을 고려하여, 경쟁사의 광고물 유무와 개수에 따른 효과를 계량화한다.

- **크기** : 크기가 통상 20m×10m인 점을 고려한 야립간판을 기준으로 하여, 크기 변화에 따른 효과를 계량화한다.

- **높이** : 도로의 넓이, 광고물 설치, 건물의 높이를 고려하여 2차선 평지도로에서의 5층 높이를 기준으로 하여 도로의 넓이와 건물 높이의 변화에 따른 시선과의 일치도를 비율로 나타낸다.

- **매체의 회소성** : 새로운 야립간판의 회소적 가치를 통해 개발된 것으로, 각 옥외 매체의 회소성을 평가한다.

- **영향력**(Impact) : 네온사인의 조명을 이용한 콘티를 통해 개발된 것으로, 각 옥외 매체의 주목성을 평가한다.

SP매체 옥외광고 계획(案)

년　월　일

I. 개 요

1. 지역적으로 광범위한 대상이 지속적으로 홍보 효과를 둘 수 있는 SP매체의 특장점을 최대한으로 소구함으로서

2. 본 제품의 인지도 제고 및 정보통신회사로서의 이미지를 소비자에게 자연스럽게 어필할 수 있도록 한다.

3. 아울러 보다 효율적인 SP매체 광고가 집행될 수 있는 환경 조성과 함께 향후 Total Communication 전략을 지속적으로 수립할 수 있는 여건을 구축할 수 있도록 한다.

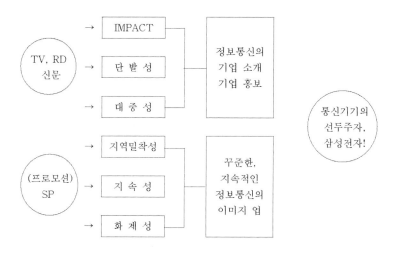

II. 옥외광고의 환경 및 전망

옥외광고 시장 규모의 확대

- 4대 매스미디어의 한계
- 첨단 매체의 등장 (전광판, L.E.D 등)
- 신규 SP 매체물의 증가

해외광고 물량의 급증

- 소련 및 동구권과의 수교
- 바르셀로나 올림픽, 히로시마 아시안게임 참여
- 각종 해외 SPORTS EVENT 참여

옥외광고에 대한 규제 강화 추세

- 걸프사태로 인한 유가 급등
- 전광판, NEON 등의 신규허가 금지

옥외광고의 집행

- 광고주의 SP에 대한 인식XX
- 매스미디어와 연동한 캠페인 추진
- 광고 Total SP 전략화

Ⅲ. 집행 현황

(1999년 4월   일 현재)

매 체 명	설 치 위 치	월 광 고 비	매 체 사	비 고
구로역 입간판 광고	구로역 철로변		태양기획	
고속도로 빌보드	대구 고속도로변		달구벌산업사	
지하철 차내 광고	지하철 1호선		국 전	350매
폴사인,* 내부시계	각 부산지하철역		인 풍	부산 지하철시설물
와이드칼라(W/C)	대구역		달구벌산업사	대합실 내
	역삼역		국 전	대합실 내
	부산역		미 진	대합실 내
	동대구역		미 진	대합실 내
	광주역		예일전광	대합실 내
부산 교통전광판 광고	부산시내		태우산업	
극장 CF 광고	서울 및 지방		동영기업사	

1. 매체별 현황 분석

- XX광고 : 구로역 입간판, 대구 고속도로 빌보드
- 교통광고 : 지하철 차내 광고, 역사 내 W/C
- 시설물광고 : 폴사인 및 내부시계, 부산 교통전광판, 극장CF

2. 제 언

1) 전반적으로 역사 내 광고 등 옥외매체들이 눈에 띄며, 향후 옥외지향적인 옥외 집행이 요망됨.
2) 서울 및 영남지역에 대부분의 매체가 집행되는 바, 이후 호남 및 충청을 비롯한 지역에 따른 전략적인 매체 집행이 요구됨.

폴사인(pole sign) : POP 광고의 하나로 기둥에 붙는 면 또는 이면식의 간판, 거기에 광고나 표지를 붙인다. 교통 표지를 비롯하여 가솔린 스탠드, 소매점 등 각 업종에서 여러 모양으로 만들어 사용하고 있다.

Ⅵ. 옥외광고 집행 전략

1. 지역 전략 : 인구밀집지역 교통축선을 중심으로 전국(6대 도시)의 옥외광고망화
2. 매체 전략 : 주영매체를 활용하여 타깃의 주목율을 제고할 수 있는 VISUAL한
　　　　　　　매체 운영.
　　　　　　　→ BUS 외부 광고 및 BUS 승차대 광고 등 캠페인性 광고물을 지역
　　　　　　　　전략 매체로 활용.
3. 표현 전략 : 타깃의 시선을 적극적으로 유도할 수 있는 옥외광고의 VISUAL을
　　　　　　　캠페인별로 교차, 계첨함으로서 화제성 제고 유도.

Ⅴ. 당사 제안 옥외광고

매 체 명	설 치 위 치	규 격 (M)	수량	광 고 비	
				월 광 고 비	연 광 고 료
버스 승차대 광고	부산시내 전역	1.31 × 1.84	10	₩7,500,000	₩90,000,000
버스 외부 광고	전국 6대 도시	0.5 × 2(2면)	90	₩10,300,000	₩123,600,000

> **BUS 승차대 광고**

1) 특성

　가. 보행자의 눈높이에 자연스럽게 접근할 수 있으며, 야간의 조명 효과로 주목도를
　　　한층 더 높일 수 있다.

　나. 다양한 BUS이용액 (사무원, 상인, 주부, 학생 등)으로 목표 오디언스를 10~20대
　　　까지 다양하게 설정할 수 있다.

2) 제안 내역

지　　　역	수　　　량	월 광 고 비	비　　　고
중　　　구	2 (4면)	₩ 1,500,000	
동　　　구	2 (4면)	₩ 1,500,000	
남　　　구	2 (4면)	₩ 1,500,000	
해 운 대 구	2 (4면)	₩ 1,500,000	
전　　　구	2 (4면)	₩ 1,500,000	
부산 5개구 10개소 ₩ 7,500,000 / 월			

연광고비 : ₩ 90,000,000

BUS 외부 광고

1) 매체 특성

가. 매체 단가의 저렴성 (TV광고료 대비 월기준 약 1/10)

나. 반복 소구 효과 (1일, 8~9회 왕복운행 약 372Km)

다. 광고지역 및 타깃의 자유로운 선택 (본사 및 지역 중심 노선 선택 → 버스 1대 1일
　　　　　　　　　　　　　　　　　가시인원 약 1,160,000명)

라. 최적의 가시거리 유지 (인도면 5~10M, 차도면 20~30M)

마. 소비자를 따라다니는 이동광고물

2) 규격 및 단가

(단위: 원)

광고 종류 / 지역	신형 입석버스 (200×50cm)		좌석버스 (230×50cm)	
	인 도 면	도 로 면	인 도 면	도 로 면
서 울	60,000	60,000	70,000	70,000
부 산	55,000	55,000	65,000	65,000
대 구	50,000	50,000	60,000	60,000
광 주	50,000	50,000	60,000	60,000
대 전	50,000	50,000	60,000	60,000
인 천	50,000	50,000	60,000	60,000
창 원	45,000	45,000	55,000	55,000
전 주	45,000	45,000		
수 원	45,000	45,000		
청 주	45,000	45,000		
춘 천	45,000	45,000		
제 주	55,000	55,000		
기 타 시	40,000	40,000		

3) 버스 일일 활동 범위

구 분	범 위
버스 1대당 1회 운행거리 (왕복)	41.8km
버스 1대당 1회 운행횟수 (왕복)	8.9회
버스 1대당 1일 운행거리 (왕복)	372km
버스 1대당 1일 운행시간	16.8시간
버스 1대당 1일 이용객수	1,380명

4) 대중교통 수단 1일 이용인구 현황 (서울시 기준)   **(단위: 명)**

구 분	1일 탑승 인구	구 성 비
버 스	11,473,000	54.4%
지 하 철	1,830,000	18.14%
택 시	2,950,000	13.98%
승 용 차	2,396,000	11.35%
기 타	450,000	2.13%
총 교통인구	19,099,000	100%

5) 경쟁사 버스 외부 광고 현황

광 고 주	수 량 (대 수)	월 광 고 료	비 고
롯 데 캐 논	서울 90대, 지방 180대	₩28,900,000	
맥 슨 전 자	서울 50대, 부산 20대	₩3,200,000	
현 대 전 자	서울 100대	₩12,000,000	
나 우 정 밀	서울 50대	₩6,000,000	91.2 계약 해지

〈SP매체 옥외광고 계획〉은 필자가 근무했던 삼성전자의 제품들을 옥외광고로 표현하기 위해 수립했던 계획이다. 일반적인 옥외매체의 현황과 주요 포스트별로 광고비와 유동인구수 등을 낱낱이 파악하여 과연 어떤 제품을 광고해야 할지를 판단해 보는 보고서라고 할 수 있다.

확대되고 있는 지하철 광고

최근 지하철 스크린도어 광고가 현대카드에 의해 2호선 사당역에서 첫 선을 보였다. 스크린도어 광고는 앞으로 강남역, 삼성역, 선릉역 등으로 계속 확대될 전망이다. 이에 따라 지하철 노반에 설치된 광고가 경쟁력을 잃게 될 것으로 전망된다.

현재 스크린도어 광고는 단기간 집행을 목적으로 진행되고 있는데, 장기계약으로 진행하기에는 가격대가 너무 높게 책정되었기 때문이라고 분석된다. 지하철 1개 역사에 설치하여 유지하는 광고비가 옥상 빌보드보다 높아서는 곤란하기 때문이다.

지하철 내부 매체에서 주목되는 신규 매체는 '열차알림 LED' 광고가 아닐까 싶다. 동영상 광고가 가능하며, 자체 전용 스테레오 스피커가 부착되어 있어 주목도가 높을 것으로 예상되기 때문이다. 특히 기존의 총 구좌 방식으로 광고를 순환 방송하는 틀에서 벗어나 광고 노출 시간대의 선택이 가능해질 경우, 피자헛과 베니건스 등의 외식업계로부터 큰 호응을 얻을 것으로 예상된다.

옥외광고, 크리에이티브로 승부

크리에이티브로 승부하는 옥외 매체를 보면 새롭게 시도되는 경우가 많다. 이처럼 여러 광고주의 매체 집행 사례를 통해 매체 집행의 정형화에서 탈피하고자 하는 광고주의 움직임을 엿볼 수 있다. 그 가운데 옥외광고 매체가 단방향 의사소통(One-way Communication) 방식에서 탈피하여, 소비자들과의 커뮤니케이션을 시도한 예를 들 수 있겠다.

유니레버는 2호선 이대역 지하철 역사 안에 랩핑(wrapping)*을 활용하여 '아름다움에 대한 새로운 기준'이란 주제로 소비자들의 참여를 유도하고, 그 결과를 실시간으로 매체에 표시되게 하여 주목도를 높였다. 단순한 일방적인 의사 전달이 아니라 수용자의 관심을 유발하여 참여를 유도하였고, 이러한 참여 결과를 소비자들이 확인할 수 있도록 표출하여 자신의 생각과 비교해 보도록 하여 주목도를 높였다.

제품 속성을 이용하여 옥외 매체를 통해 제품의 직접적인 특성에 대한 소비자 경험을 유도한 사례가 있다. KTF는 '도시락' 브랜드를 런칭하면서 제품의 속성인 음악을 직접 들어 볼 수 있게 했으며, 한국존슨은 택시 셀터(Taxi Shelter : 택시를 이용하는 승객들을 위해 의자 등을 갖춘 대기시설)에 자사의 방향제를 직접 냄새를 맡아볼 수 있도록 제작했다.

그리고 기동성이 돋보이던 룩(Look) 미디어의 스쿠터 광고는 유한킴벌리의 '화이트' 브랜드를 통해 처음으로 집행되었다.

랩핑(wrapping)광고 : 광고 내용이 인쇄된 제지를 벽면이나 계단, 버스, 전동차 등에 붙이는 것으로 기존의 대형 광고판이나 기둥 광고와는 다른 기법이다.

2005년 8월 10일부터 약 15일간 강남역, 신촌역, 홍대역, 대학로역 등의 인구 밀집 지역에서 브랜드 노출과 함께 샘플링 행사를 병행하여 소비자의 이목을 집중시켰다. 또한 모바일 서비스를 함께 진행, 온·오프라인의 통합과 직접적인 소비자와의 커뮤니케이션을 시도하여 성공적인 집행으로 평가받았다.

선양소주는 '맑은 린' 신제품 런칭에서 기존의 이동성 매체를 선택하는 대신, 과감하게 오픈 짚차를 선택하고 제품 모양의 대형 애드벌룬을 얹어 시내를 주행했다. 이제 매체 분야도 참신하고 새로운 크리에이티브가 요구되고 있다. 이러한 요구를 시장에서 서서히 받아들이고 있는 추세여서 반갑기 그지없다.

이제 옥외 매체는 아이디어와 함께 매체 개발이 시작되어야 하고, 매체의 특성을 살린 크리에이티브 전략이 나와야 한다. 광고주는 기성복을 원하지 않는다. 자신의 기호와 사이즈에 딱 맞는 맞춤식 옥외광고를 선호한다.

물론 이러한 옥외광고물에는 운영과 관리가 무엇보다도 중요하다. 다음의 사례는 옥외광고물 검수보고서와 옥외 매체 운영 개선방안에 관한 것이다. 옥외광고의 경우, 항상 광고물에 대한 관리를 게을리 하지 않는 것이 중요하다.

결재	담당자	과장	부장	임원
	/	/	/	/

옥외광고물 검수 보고서

목   차

1. 대구지역

가. 동대구역 W/C
나. 대구역 W/C
다. 대구 고속도로 빌보드
라. 극장광고

2. 부산지역

가. 부산역 W/C
나. 전광판
다. 부산 지하철역 폴사인
라. 극장광고

3. 광주지역

가. 광주역 W/C

○ ○ ○ 팀

□ 대구지역

위치	문제점	대책
동대구역 W/C	1. 위치 양호 (출구 정면 상단에 위치) 2. 좌측에 금성 W/C 부착되어 있으나, 삼성 W/C보다 위치가 취약한 상태임 3. 관리업체 미진이 부산에 소재한 관계로 본 W/C에 대한 관리가 불량인 상태임 * 불량부문 　1) 청소 상태 불량 　2) W/C 전등 관리 부실 　3) 원고부분 파손 4. 게재원고의 문제점 도출 (TEL) 　1) 단종제품 위주의 원고 　2) 승객이 계단에서 출구까지 나오는데 불과 2, 3초 시간 밖에 소요되지 않기 때문에 노출력 저하	1. 관리업체 주의 경고 조치 (미진) 2. 원고 전면 교체 　→ 원고시안 전면 재검토
대구역 W/C	1. 위치 양호 (개표구 정면 상단에 위치) 2. 대합실 중간, 상단부분에 가전 대형 W/C 부착으로 상대적 노출도 저하 3. 전반적인 관리 상태는 양호하나 청소 상태가 약간 불량인 상태임 4. 게재원고의 문제점 도출 (FAX) 　1) 좁은 지면에 너무 많은 제품 나열로 승객의 시선을 끌지 못하는 상태임 　2) 컬러톤이 너무 어두움 　(가전의 경우, 밝은 색깔과 단순한 화면 구성으로 시선 집중력이 강함)	1. 관리업체에 좀 더 세심한 관리 요구 (달구벌) 2. 원고 전면 교체 　→ 원고시안 전면 재검토

위치	문제점	대책
대구 고속도로 빌보드	1. 위치 양호 (경부고속도로 대구지역 통과 지점에 위치) 2. 주위에 옥외광고물 부재로 노출력 높음 3. 전반적인 관리 상태는 양호함 (관리업체 : 달구벌) 4. 게재원고의 문제점 도출 (FAX, C/P) 1) 광고물이 고속도로 통과 지점에 위치 하고 있기 때문에 강력한 주의 집중력 을 요하는 시안이 요구되나, 현 시안은 집중력을 약화시킴 (광고물에서 200m 지점에서 관찰시 C/P의 경우, C/P의 그림과 사람 얼굴만 인식 가능하고, 삼성 카폰이라 는 브랜드는 인식이 안 됨. FAX의 경우도 그림만 인식 가능하고, 삼성 FAX인지 여부는 식별 불가함) 2) 원고 교체시 제작비는 계약상 관리 업체에서 부담키로 되어 있고, 작업시 부터 종료시까지 4일 정도 소요됨	1. 원고 전면 교체 → 원고시안 재검토
극장광고 (아카데미 / 만경관)	1. 위치 (대구지역 유력 영화관으로 시내 중심가에 위치) 2. * 아카데미 극장은 당일이 영화 소재 교체로 인해 광고를 상영하지 않아 광고 검수가 불가능하였고, 평균 불방 일수는 극장측에 의하면, 월 1~2회 정도 발생한다고 함 * 만경관은 당일 '사랑과 영혼'이라는 영화 상영 중이었고, TEL 광고 Film 상태가 몹시 불량한 상태에 있었음 3. 게재원고의 문제점 도출 (TEL) - 단종 제품 위주의 광고 시안	1. 원고 전면 교체 → 원고시안 재검토

■ 2 / 8 (금)

□ 부산지역

위치	문제점	대책

부산역 W/C	1. 위치 양호 (기차 플랫폼에서 출구쪽 계단 정면에 위치)
	
	2. 관리상태 양호 (관리업체 : 미진)
	
	3. 게재원고의 문제점 도출 (TEL)
	  : 단종 제품 위주의 전시 시안
		1. 원고 전면 교체
		  → 원고시안 재검토

**전광판
(내성로
사상공단)**
	1. 위치 양호
	  (내성로터리 → 감전동)
	  (감전동 → 시청)
	
	2. 관리 상태 양호 (관리업체 : 태우)
	  부산시 도로교통공단의 통제 하에
	  있는 관계로 관리 상태는 양호함
	
	3. 전광판이 양면인 관계로 한쪽은 제품
	  광고 면이고, 다른 한쪽은 교통표지
	  안내판임. 교통표지 안내판의 내용은
	  부산시 도로 상태의 정보(7~8)를
	  알려주고 1회 정도는 삼성제품 고지
	  안내물을 게재함
	
	4. 상기 광고 매체는 공익성이 강한 매체
	  로, 일반 광고물과는 달리 일반시민들
	  의 호응도가 높고 도로 요충지에 집중
	  적으로 위치함
	
	5. 게재원고의 문제점 도출 (FAX, C/P)
	  - 당사 광고물 전광판은 모두 고속도
	    로 진입도로상에 위치하였기 때문에
	    차량들이 빠른 속도로 이동함
	  - 삼성 브랜드 이미지 고지 취약
		1. 원고 전면 교체
		  → 원고시안 재검토
		  (FAX, C/P)

위치	문제점	대책
부산 지하철역 폴사인	1. 본 건은 부산 지하철 전 구간을 Group 차원에서 삼성만 광고하는 광고 매체로서, 위치는 교통요지에 있어 노출도는 양호한 상태임 2. 본 광고물은 부산지하철 관리공단의 강력한 통제 하에 있기 때문에 관리상태가 매우 양호한 상태임 (관리업체 : 인풍) 3. 위치역 : 범어사, 남산동, 두실, 장전동, 온천장, 교대앞, 연상동, 연제, 양정, 부전동, 범내골, 범일동, 부산진, 좌천동, 부산역, 남포동, 중앙동, 동대신동 4. 게재원고의 문제점은 없음 – 제품 브랜드가 시계 바로 밑면에 위치하고 있기 때문에 시선 집중력이 강함	
극장광고	1. 대상극장 : 동보, 부영, 대한, 부산 2. 위치 : 남포동2, 서면2로 시내 중심가에 위치함 3. 광고 시안 상태 불량	지방 전지역 Film 전면 교체

■ 2 / 9 (토)

□ 광주지역

위치	문제점	대책
광주역 W/C	1. 위치 광주역 매점 및 전화기 BOX 상단에 위치한 관계로 노출도가 강력함 2. 관리 상태는 양호하나 W/C Size가 경쟁사(금성 TEL)의 1/2 수준으로 집중력 열세 현상을 면치 못하고 있으며, 원고시안도 많은 문제점을 내포하고 있어 전면 교체가 요망됨	1. 광고 Size 재조정 (현 위치에서 측면 확보 작업 진행중) 2. 광고물 부착 위치 조정 여부에 의거 광고물 시안 조정

※ P·S

1. 지방자치제 실시에 대비하여 지방 옥외광고에 대한 집중적인 투자가 요망됨.
2. 옥외광고물의 특징은 오랜 기간 일정한 장소에 동일 시안으로 많은 사람들에게
   노출되는 관계로 소비자에게 확실한 IMAGE를 심어줄 수 있는 제품 BRAND
   IMAGE 위주로 단순 명료하게 표현함이 타당하다고 사료되므로,
   현재 진행중인 옥외광고물 전체에 대한 보다 확실한 IMAGE 구축을 위해
   전면적인 원고 교체가 시급히 이루어져야 할 것임.

대형 옥외매체 운영 개선 방안
(상반기 옥외광고 매체 검토 보고서를 기초로)

년   월   일

○ ○ ○ 팀

□ 대형 옥외매체 집행 전략

1. 대형 옥외매체 광고 집행 현황

매 체 명	지 역	월 광 고 료	계 약 기 간	비 고
NEON	서울(남영동)	₩ 12,000,000	92. 2 ~ 94. 1	점멸, 화공
	부산(남포동)	₩ 10,000,000	92. 1 ~ 94. 1	점멸, 단순
빌보드	대 구	₩ 5,000,000	91. 9 ~ 92. 8	화 공
총 계		₩ 27,000,000		

2. 대형 옥외매체 집행 전략

- 대도시 중심부에 대형 광고를 집행, 기업의 상징성 제고
- Impact한 대형 광고 효과로 화제성 유도 (경쟁사 대비 우위 확보)
- 지역 거점 방식의 대형 광고 집행

3. 현 집행상의 문제점

가. 지역적 문제점
  - 현 3기의 편중된 대형 옥외매체로 전국을 cover하기는 미흡함.
  - 대구 빌보드의 경우 시외에 설치되어, 대형 옥외매체 집행 전략과는 상치되는 면이 큼.

나. 표현 전략상의 문제점
  - 서울, 부산의 대형 매체가 NEON으로 설치되어 있어 Impact하고 화려한 광고 표현이 가능한 반면, 대구 빌보드는 광고 면이 화공으로 Impact한 면이 부족하고 야간 광고 효과가 전무한 형편임.

다. 경쟁사에 비해 대형 옥외매체가 부족하다.

* 롯데 캐논의 경우 대형 광고물이 총 광고비 ₩ 120,000,000/月 중 41%인 ₩ 49,800,000을 차지하고 있으나 정보통신의 경우 총 광고비 ₩ 63,953,500/月 중 42%인 ₩ 27,000,000에 그치고 있음.

4. 결 론

가. 대구 빌보드의 이전 및 NEON (혹은 파나플렉스, MMT 등) 교체 작업의 우선적
   추진

나. 효과가 미흡한 것으로 판명된 W/C 광고의 계약기간 만료 해지
   * 해지대상 검토 W/C 광고물 내역

매 체 명	규 격	계 약 기 간	월 광 고 비	검 토 사 항
대구역 W/C	4 × 2M	91. 6. 1 ~ 92. 5.30	₩ 600,000	소형, 효과 미흡
광주역 W/C	2 × 1.5M	91. 6. 1 ~ 92. 5.30	₩ 600,000	소형, 효과 미흡
역삼역 W/C	4 × 2.25M	91. 6.14 ~ 92. 6.13	₩ 300,000	소형, 효과 미흡
계			₩ 2,000,000	

다. 대구 빌보드 이전 설치에 따른 광고비 조달 내역

   이용 가능 총 광고비 ⎯⎯ 빌보드 월 광고비 : ₩ 5,000,000
   ₩ 7,000,000   W/C 해지에 따른 잉여유용가능 월 광고비 :
                        ₩ 2,000,000

라. KOEX W/C 이전 및 보강
   현재 집행중인 KOEX W/C의 중요도를 감안
   위치를 노출도 및 광고 효과가 높은 곳으로 이전시킴과 동시에
   신규 매체 확보가 필요할 것으로 사료됨

마. 지역 기점 대형 매체의 지속적 개발 및 확대 추진

   ※ 특히 옥외 대형 매체가 전무한 인천, 광주 및 주요 5개 도시의
     대형 매체 개발 노력

SP 광고 매체별 제품내용

매 체 명	설 치 위 치	규 격 (M)	월 광 고 비	제 품 내 용
부산역 W/C 동대구역 W/C	각 매합실 內	5 × 3	₩ 1,800,000	하이폰 무선전화기
버스외부광고	서울, 부천, 안양, 성남	20 × 0.5 × 2면 × 96대	₩ 12,300,000	복사기 카피맨
KOEX W/C	삼성동 KOEX B/D 內	3 × 1.8 5 × 3	₩ 2,750,000	삼성 팩시밀리 하이폰 무선전화기
성북역 W/C	성북역 매합실 內	4 × 1.5	₩ 600,000	타자기 하이터치
김포공항 Canopy	김포공항 국내선	(A형 2면) 6 × 0.8 (B형 1면) 3.4 × 0.8	₩ 2,000,000	팩시밀리(B) 하이폰 무선전화기(A) 복사기 카피맨(A)
남포동 NEON	부산 남포동 5가 60-1 동아요리 B/D	20 × 7.2 (점멸) 5.3 × 6.3 (단순) 7 × 6.3 (단순) 15.5 × 6.3 (단순)	₩ 10,000,000	팩시밀리 휴대용 무선전화기 하이폰 무선전화기 휴대용 무선전화기
부산 교통전광판	문현동, 감전동	5 × 2.4	₩ 8,000,000	팩시밀리, 카폰겸용 휴대용 전화기
극장 광고	서울 12개 극장	1일 3회, 60"	₩ 4,000,000	하이폰 무선전화기

매 체 명	설 치 위 치	규 격 (M)	월 광 고 비	제 품 내 용
남영동 네온	용산구 남영동 129 화신화섹 B/D	16.2 × 7.2 (정면) 12.6 × 7.2 (좌공) 16.2 × 7.2 (좌공)	₩ 3,164,000 ₩ 1,804,000 ₩ 2,032,000	팩시밀리 하이폰 무선전화기 듀메용 무선전화기
부산지하철 (폴사인, 내부시계)	각 부산 지하철역	(폴사인) 60 × 40m × 12 (내부시계) 59 × 26m × 11	₩ 3,503,500	팩시밀리 하이폰 전화기
대구 고속도로 빌보드	동대구 고속도로변	17 × 11 17 × 11 11 × 9 11 × 9	₩ 5,000,000	팩시밀리 카폰겸용 듀메용 전화기 카폰겸용 듀메용 전화기 팩시밀리
대구역 W/C	대구역 대합실 內	4 × 2	₩ 600,000	팩시밀리
광주역 W/C	광주역 대합실 內	2 × 1.5	₩ 600,000	하이폰 무선전화기
역삼역 W/C	역삼역	4 × 2.25	₩ 300,000	팩시밀리
총 계			₩ 63,953,500	

인터넷과 모바일 등
날로 새로운 미디어가 나타난다

Chapter 10

뉴 미디어 활용하기

▌► 획일화를 벗어난 새로운 매체 ◄▌

뉴 미디어란 말 그대로 '새로운 매체'를 의미한다.

여기서 새롭다는 의미는 지극히 상대적이다. 시기적으로 라디오에 대해 흑백텔레비전은 뉴 미디어지만, 흑백텔레비전은 컬러텔레비전에 비해 올드 미디어다. 사회적으로도 PC통신(인터넷)이 일반화돼 있는 경우나 이를 자주 사용하는 사람에게 있어서 PC통신은 기존 미디어지만 이제 막 시작하려 하는 사람에게 있어서는 뉴 미디어라 할 수 있다.

이처럼 뉴 미디어란 "기존 미디어의 정보 처리나 전달 방식에 수정이 가해지거나 새로운 기능이 부가됨으로써 기존 미디어와는 다른 별개의 특성을 갖는 미디어"를 의미한다. 오늘날 뉴 미디어는 멀티미디어로 특징지어지는데, 기존의 의미 전달 수단과 새로운 통신기술이 결합하여 사이버 공간(cyber-space)*을 중심으로 다양하게 통합, 분화되고 있다. 또한 방송과의 융합을 전제로 하고 있다.

이러한 배경을 토대로 통신기술의 발전과 함께 인터넷, 모바일, 와이브로 등 다양한 인터랙티브 형식의 통신 미디어들이 쏟아지고 있는 가운데 광고 산업의 영역은 더욱 발전되고 있다.

사이버 공간(cyberspace) : 캐나다의 공상 과학 소설가 윌리엄 기브슨(William Gibson)이 만든 말로, 컴퓨터와 정보통신 시스템으로 실현하는 활동 공간. 정보화 사회를 상징하는 개념으로서, 물질적인 실체와 떨어진 가상 공간을 말한다. 현실 세계와 가장 큰 차이점은 거리감이 없다는 것으로, 멀리 떨어져 있는 사람과도 바로 옆에서 얘기하듯 정보를 주고받을 수 있다.

▐► 적은 돈으로 큰 수익 얻는 인터넷(On-Line) 광고 ◄▌

기업에서는 적은 비용으로 많은 효과를 얻을 수 있는 매체를 항상 찾기 마련이다. 인터넷 광고는 이에 매우 적절한 미디어이고 광고를 하기에도 안성맞춤이라고 할 수 있다. 또한 인터랙티브 미디어로서도 훌륭한 형태로 고객의 반응을 즉시 얻을 수 있다. 이러한 인터넷 광고는 배너광고의 형태가 대부분을 차지한다.

인터넷은 쌍방향적(Two Way) 성격을 갖고 있어 소비자의 반응을 즉시 알 수 있으며, 그러한 결과를 기준으로 재분석을 통한 광고도 할 수 있다. 특히 인터넷 광고는 특정 프로모션과 동시에 진행하는 경우가 많은데 여기에 상당한 참여율, 즉 클릭률이 곧 소비자의 반응으로 나타나기 때문에 기존의 매체에 비해 저렴하면서도 상당한 효과를 높일 수 있는 미디어이다.

배너광고 역시 모니터 화면의 레이아웃에 따라 띠광고로 위치하게 되는데, 검색자들이 많은 관심을 보이는 내용과 어우러지게 위치하여 클릭률을 유도한다. 결국 자사의 상품광고를 통해 구매도 일으키고 소비자의 참여를 통해 무료쿠폰 제공이나 다음의 광고를 위한 준비도 할 수 있다.

세계적인 인터넷 열풍을 등에 업고 인터넷 광고는 기존의 TV, 라디오, 신문, 잡지에 이어 이들을 대체할 수 있는 강력한 광고 툴로 급속히 성장했다.

인터랙티브한 통신 기능을 기반으로 한 인터넷 광고는, 마케팅이나 광고 캠페인에 대한 광고회사의 전통적 접근 방식을 변화시키고 있다. 기존 매체의 대중 전달과는 달리 'One-on-One' 매체라는 인터넷의 특징이 광고업계

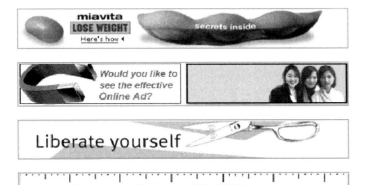

인터넷 광고의 전형인 배너 광고의 디자인 사례

의 패러다임 전이를 요구하고 있는 것이다. 실제 웹상에 올라가 있는 인터넷 광고는 그 자체로서 새로운 시장의 역할을 수행할 뿐만 아니라, 누가 광고를 보는가에 대한 정보도 제공해 준다.

이러한 변화 때문에 인터넷이 보다 활성화된 국가에서는 광고업계들이 필요한 이슈를 파악하고 이를 해결해 나가는 노력들을 하고 있다. 이제 우리도 이러한 노력들에 대해 같이 공감하고 동참할 때가 되었다.

▮▶ 인터넷 광고, 무엇이 다른가? ◀▮

광고의 세대교체라고 일컬어지면서 급속히 성장하고 있는 인터넷 광고는 기존의 광고와는 질적으로 다른 여러 특성과 효과를 갖고 있는 것으로 평가되고 있다.

이는 PC통신, 인터넷이라고 하는 매체의 특성이 기존의 대중 매체와 근본적으로 구별되는 성격을 갖는다는 점에 기인한다. 그럼 구체적으로 인터넷 광고가 어떤 특성과 기존 매체와의 차별성을 갖고 있는지, 그에 따라 기대되는 효과는 무엇인지 살펴보도록 하자.

(1) 쌍방향성

기존의 매스컴 광고가 불특정 다수의 대중을 향해 일방적으로 전달되는 형태인데 반해 인터넷 광고는 광고주와 소비자 간의 대화가 가능한 쌍방향성을 특징으로 한다.

오늘날 다품종 소량 생산 방식에 의한 상품의 다양화와 특성화가 진행됨에 따라 소비자는 상품에 대한 자세한 정보를 필요로 하며, 능동적으로 상품에 대한 정보에 접근하고 궁금한 점을 문의하며 카탈로그나 상품주문 등의 대고객서비스를 요구하게 되었다.

인터넷 광고는 소비자가 원하는 상품정보에 접근하여 원하는 만큼 자세히 정보를 습득할 수 있게 한다. 예컨대 다양한 방식으로 소비자의 취향이나 관심에 부합하는 상품이 배너광고를 통해 제공되면 바로 링크를 통해 광고주의 홈페이지로 이동하여 상세하고 깊이 있는 상품정보를 획득할 수 있다. 또한 온라인광고는 쌍방향성을 활용해 소비자의 반응을 즉각적으로 파악할 수 있고 고객의 선호도를 곧바로 분석하여 제품생산에 즉시 반영할 수 있는 장점을 가진다.

인터넷 광고는 이러한 소비자와의 커뮤니케이션 채널(예컨대 전자우편)을 유지함으로써 고객의 질문이나 불만 등을 항시적으로 수렴하고 개별적으로 응답하는 대고객서비스를 수행할 수 있다.

또한 광고와 판매가 분리되었던 과거와 달리 인터넷광고는 상품에 대한 정보제공을 상품구매 서비스와 결합시킬 수 있는데, 예컨대 GM대우자동차 홈페이지(www.gmdaewoo.co.kr)의 경우 구입하고자 하는 차명과 차종을 선택하고 색상 및 옵션을 선택하면 '견적 시뮬레이션'이 자동차의 출고가와 현금분할가격 등을 알려 준다. 이는 홈쇼핑과 홈뱅킹 시스템이 정착되자 온라인상의 구매로 이어지고 있다.

(2) 맞춤 광고

인터넷 광고는 이제까지 매스미디어에 의한 대량광고로는 불가능했던 분산된 개별소비자의 특성에 따른 맞춤광고를 제공할 수 있다. 광고 대상을 직업, 연령, 성별, 관심분야별로 세분화하여 차별화된 광고를 제공하는 것이다.

여러 가지 경로로 제공되는 사용자의 신상정보는 광고주들에게 이용되어 각 사용자의 특성과 관심에 부합하는 광고들이 제공된다. 데이터베이스 기술을 이용하면 웹 사용자의 배경, 관심사, 사이트 검색 경향 등을 분석해서 가장 알맞는 광고를 제공할 수 있다고 한다.

보다 간단하게는 각 사이트의 특성별로 예컨대 여성 전용사이트에는 여성용 상품을, 스포츠 정보 서비스에는 스포츠 상품 광고를 싣는 방식이나 사용자가 입력한 검색어와 유관한 광고를 보여 주는 방식 등도 광고의 타깃을 확실히 하는 맞춤광고라 볼 수 있다.

광고주는 자신의 광고를 꼭 보아야 할 대상 소비자층에 광고를 집중시킬 수 있으므로 만족할 수 있고, 소비자 역시 관심을 갖고 있는 분야의 광고에 노출되기 때문에 비교적 부담을 느끼지 않고 유용한 정보를 얻을 수 있으므로 좋다.

인터넷 광고에 대한 한 소비자 행동 실험분석에 따르면, 인터넷 이용자들은 표적화되지 않은 광고(예컨대 컴퓨터 관련 뉴스그룹 내의 피자 광고)는 매우 싫어하였다. 그리고 표적화된 광고(컴퓨터 뉴스그룹 내의 컴퓨터 광고)의 경우 덜 부정적이긴 하지만 반드시 좋아하는 것은 아니었다.

인터넷 이용자들은 일방향 커뮤니케이션을 좋아하지 않으며, 인터넷이라는 매체 자체가 사용자 중심적인 매체이므로 인터넷 광고는 상품판매를 위한 설득적이고 침입적인 메시지보다는 풍부하고 흥미로운 정보제공을 통해 소비자들의 관심을 유발하고 사용자 스스로 결정을 내릴 수 있도록 하는 초청식의 메시지 톤이 필요할 것이다.

(3) 광고 효과 측정가능

기존의 광고 매체 중 인터넷 광고만큼 광고효과를 정확하게 파악할 수 있는 매체는 없었다. 인터넷 광고는 열람횟수, 클릭률 등의 정보를 통해 광고의 효율성을 측정하고 합당한 광고 단가를 설정할 수 있으며, 해당 광고가 의도한 소비자층에 노출됐으며 원하는 반응을 얻어냈는지를 검증할 수 있게 한다. 인터넷 광고효과 측정방법으로는 '히트 수' '클릭 수' '브라우저 수' '표출 수' '거래 수'가 있다.

● **히트수** : 서버로부터 보내지는 파일 수를 측정하는 방법으로 현재 많은 광고회사들이 이를 근거로 요금을 측정하고 있다. 단 히트계산은 주의할 필

요가 있는데, 한 홈페이지에 있는 모든 이미지나 소리, 문자 파일 등이 각각 히트로 계산되기 때문에, 한번 방문했어도 여러 번의 히트가 기록될 수 있다. 따라서 그 페이지의 전체 파일 수를 고려하여 방문객 수를 추정하여야 한다.

- **클릭 수** : 방문자가 클릭한 수를 측정하는 방법으로, 한 홈페이지 안의 여러 파일 중 특별히 클릭한 파일만 계산되므로 어느 파일이 인기가 있는지 알 수 있다.

- **브라우저 수** : 사이트에 접속한 컴퓨터 수를 측정하는데 컴퓨터의 수가 곧 방문자의 수가 될 수는 없다. 왜냐하면 한 대의 컴퓨터를 여러 명이 사용하거나 한 사람이 여러 대의 컴퓨터를 사용하는 경우가 많기 때문이다.

- **표출 수** : 기존 대중매체 광고에서 주로 사용하는 측정방법으로 광고를 본 수를 측정하는 방법이다. 인포시크(종합검색 서비스를 제공하는 인터넷 영문 사이트)와 같은 탐색엔진에서 배너광고 등의 광고비 산정에 주로 사용되는 방법으로 측정이 쉬워 현재까지 널리 사용되고 있으나, 엄밀한 측정방법이 아니며 기존 매체와 인터넷과의 차별성을 생각할 때 '클릭 수' 등의 방법으로 대체돼야 한다는 주장이 있다.

- **거래 수** : 광고를 통한 실제 거래 수를 측정하는 방법으로 단순한 거래 수뿐 아니라 발생한 총 영업매출 등 다양한 사업 내역을 측정하여 관리할 수 있다.

(4) 재미와 풍부한 정보의 제공

앞서, 인터넷이라는 매체의 특성이 사용자 중심적인 것이며 일방적으로 정보가 강요되는 방식이 아닌 사용자 스스로 선택하게 하고 자신에게 유익하다고 판단하게 되는 접근법이 필요함을 지적했었다.

사이버 마케팅을 도와주는 '뉴게이트 인터넷'의 사장인 톰 두간(Tom Dugan)은 인터넷 시장에서 가장 좋은 방법은 우회판매접근법(soft sell approach)이라고 말한다. 즉 인터넷 사용자들은 인터넷이 상업주의로 넘치는 것을 좋아하지 않으므로 일반 뉴스나 정보제공의 형태로 회사나 제품을 소개하는 것이 요란한 광고보다 더 효과적이라는 뜻이다.

인터넷 항해자들이 인터넷을 찾는 큰 이유 중 하나는 재미거리를 찾는 것이다. 인터넷 광고는 이러한 점에 주목하여 각종 이벤트 행사를 개최한다든지 퀴즈나 콘테스트, 게임 등을 제공함으로써 소비자들을 참여하게 할 수 있다.

1996년 12월 코카콜라 사는 자사의 홈페이지에 크리스마스를 겨냥한 고객 서비스를 시작하였는데, 크리스마스의 기원에 대한 이야기, 크리스마스를 재미있게 보내기 위한 아이디어 등의 흥미 있는 정보를 제공하여 많은 호응을 받았다.

할인쿠폰을 제공하거나 사은품을 배포하는 방법도 있는데, 할인쿠폰의 경우 소비자가 프린터로 출력해서 쓰게 하면 기업의 입장에서는 쿠폰제작비나 배포비용이 절약되고 관심 있는 많은 소비자에게 직접 배포할 수 있으므로 편리하고 경제적이다. 또한 인터넷을 통해서만 사은품을 제공함으로써 사은품 배포 기간에는 접속 자체가 어려울 정도로 폭발적인 인기를 끄는 기업도 있다.

이처럼 이용자에게 재미와 실질적인 이득을 보장해 주는 방식과 함께 인터넷 광고의 장점을 잘 살리는 길은 풍부하고 유용한 정보를 편리하게 제공해 주는 것이다. 인터넷 광고는 기존의 매스컴 광고와 달리 광고 분량에 제한을 받지 않는다. 배너 광고를 클릭하여 들어가는 해당 홈페이지는 회사와 상품에 관한 깊이 있는 정보를 거의 무제한적으로 제공할 수 있다.

이런 특성을 살려 크게 각광받고 있는 사이트 중 하나가 도요타자동차의 홈페이지(www.toyota.co.jp)이다. 여기에는 회사에 대한 자세한 소개와 함께 자동차 자체에 대한 정보, 카탈로그보다 훨씬 상세한 제품 설명 등 방대한 자료를 구축하여 제공하면서 1996년 월 500만 히트 이상의 조회수를 기록했다.

정보의 양은 소비자들이 소화해낼 수만 있다면 많을수록 좋다. 정보의 양이 많을 때는 이용하기 편한 형태로 재가공할 수도 있을 것이다. 다른 매체와 달리 정보의 양이 늘어나는데 따른 추가비용은 현저하게 저렴하다. 또한 자신이 보유한 정보의 양이 적거나 질이 좋지 않을 경우에는 좋은 정보를 보유하고 있는 다른 사이트들과 링크함으로써 간접적으로나마 정보를 제공할 수 있다.

(5) 그 밖의 장점들

그 밖의 장점으로는 지속성(24시간 개방), 국제성, 저렴한 광고비 등을 들 수 있다. 우선 인터넷 광고는 수많은 이용자들을 대상으로 24시간 내내 광고를 할 수 있다. 인터넷은 한밤중이나 새벽에도 이용자가 많으며 이들을 상대로 밤낮 구분 없이 비즈니스를 할 수 있다.

사용자는 언제라도 최신의 상세한 정보를 입수할 수 있고 상품 카탈로그

청구나 상품발주가 24시간 이루어지므로 편리하다. 또 국제선 항공회사의 경우 시간차가 있는 항공시간의 조정이나 갑작스런 기후 변화에 따른 비행 스케줄 변경 등을 24시간 안내해 줄 수 있고 전 세계 어디서라도 이를 확인할 수 있다.

또한 인터넷 마케팅에는 국경이 없다. 지리적 경계에 의해 설정되는 전통적 시장의 개념과 달리 인터넷 시장은 공동의 관심사에 의해 설정되고 있다. 따라서 인터넷 광고는 전 세계적으로 광범위하게 퍼져 있는 잠재고객을 갖고 있다고 볼 수 있다. 특히 중소기업의 입장에서 인터넷 광고는 다른 도구보다 설치비용 및 운영비용이 상대적으로 저렴하기 때문에 전 세계적으로 시장을 확대하는 데 매우 경제적인 선택이 될 수 있다.

인터넷 광고는 광고제작비가 TV광고의 약 10분의 1밖에 안 되고 광고 게재비용도 아직은 싸기 때문에 경제적이다. 이는 광고비용이 상품가격에 전가되고 있는 기존 매스미디어 광고의 패턴을 바꾸게 할 것이라는 점에서 큰 장점으로 부각된다.

기타 기존 미디어와는 달리 광고내용의 변경이 용이하다는 점(전화번호 등 광고 내용의 즉각적인 변경이 가능하다), 3차원 입체 영상이나 가상현실 기법과 같은 첨단 기술을 활용하여 광고 효과를 향상시킬 수 있다는 점, 컴퓨터 그래픽 기술을 이용하여 제작한 디지털 광고는 다른 디지털 미디어광고(CD롬, PC통신광고 등)에 바로 응용하여 활용할 수 있다는 점 등이 있다.

▐► 인터넷 광고의 종류 ◄▐

우선 점점 늘어나고 있는 상업용 홈페이지들(기업, 상품소개) 자체가 기본적으로 광고의 역할을 수행하는 단위라고 말할 수 있다. 또한 기존의 광고 매체인 각 신문사나 방송국들은 기사나 방송 프로그램을 디지털 정보화하고 이를 자신들의 홈페이지를 통해 제공하는 작업에 힘을 쏟고 있는데, 이들의 홈페이지에 많은 광고들이 유료로 게재된다.

1996년 광고 요금을 공개한 일본 아사히신문의 웹사이트의 경우, 광고게재료는 톱뉴스, 메인뉴스 등의 경우 월 120만 엔이며, 마이니치신문의 웹페이지 기사 하단의 광고 하나가 월 80만 엔으로, 정보의 갱신빈도가 높고, 엑세스횟수가 많은 곳일수록 광고요금이 높게 책정되었다.

그럼, 구체적으로 인터넷의 독특한 특성을 살린 여러 가지 광고 유형과 주목받고 있는 광고 형태들을 살펴본다.

(1) 배너광고

현재까지 인터넷에서 가장 많이 사용되고 있는 광고 형태는 배너광고이다. 배너(Banner)광고란 각종 웹사이트 화면에 특정 회사의 로고나 간단한 광고 내용을 배너 형태(4각형의 띠모양)로 만들어 놓고 이용자가 마우스를 클릭하면 그 회사의 홈페이지에 접속되도록 만든 광고이다. 이 광고는 사이트와 홈페이지가 링크되어 있다고 해서 링크광고라고 부르기도 한다.

배너광고에는 한 광고주가 단독으로 게재한 단독광고가 있고 여러 광고주가 하나의 배너에 복수로 게재하는 복수광고가 있는데, 약 10초 간격으로 돌

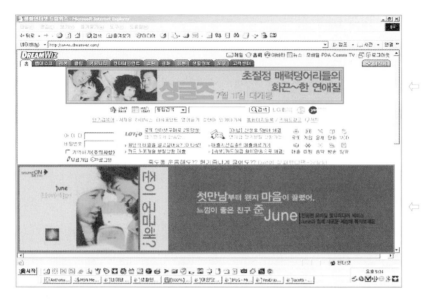

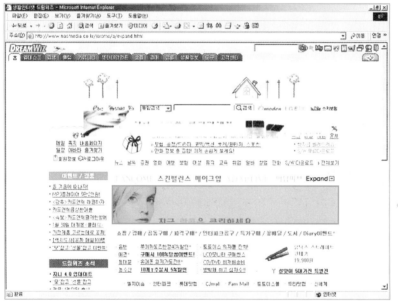

인터넷에서 가장 많이 사용하고 있는 배너광고의 사례

아가면서 광고가 게재되며 이를 로테이션 광고, 롤링(Rolling)광고라고 부르기도 한다.

배너광고는 주로 사람들의 접속이 많은 몇 가지 유형의 웹사이트에 많이 게재되는데, 우선 검색엔진 웹사이트가 대표적이다. 미국의 경우 인터넷 광고 유치 상위 5개 사이트 중 4개가 야후 등의 검색엔진 사이트들이다. 다음으로 전자신문, 전자잡지, 인터넷 방송사 등의 언론매체 웹사이트들도 많은 광고를 유치하고 있다. 세계적으로 약 700개 이상의 신문이 온라인 서비스되고 있다. 마지막으로 영화 및 스포츠, 게임 등의 오락 관련 웹사이트의 광고 유치도 빠른 속도로 증가하고 있다.

이러한 다양한 웹사이트에도 불구하고, 인터넷 배너광고는 소수의 인기 사이트에 지나치게 편중되는 문제점을 보이고 있는데, 1996년 한 연구에 의하면 상위 10개의 웹사이트가 전체 인터넷 광고 매출의 64%를 점유하고 있다고 한다. 단 최근 들어 무수한 개인들의 홈페이지에도 해외 인터넷 배너광고를 올리는 네티즌들이 늘고 있는데, 외국의 인터넷 광고업체들은 자사 광고의 노출도를 높이기 위해 홈페이지에 자사의 광고 클릭 횟수에 따라 일정 금액의 돈을 지급하고 있다.

이용자가 자신의 홈페이지에 유료 광고를 하고 싶으면 우선 유료 광고를 알선하는 홈페이지에 등록한 후 광고사에서 제공하는 일정한 코드를 자신의 홈페이지에 붙인다. 그러면 이 홈페이지 방문자들이 광고를 보고 클릭할 때마다 그 횟수만큼 홈페이지의 주인에게 돈을 송금해 주는 것이다.

(2) 검색엔진 광고

웹에서 검색엔진은 모든 정보 검색의 중개지점으로 그 접속량은 상상을 초월하는데, 대표적인 검색엔진인 야후의 경우 하루에 1억 명이 거쳐 가는 정도이므로, 앞서 말했듯이 배너광고를 비롯한 많은 광고들을 유치하고 있다.

우리나라의 경우도 최초의 인터넷 광고가 인터넷서비스업체인 아이네트에서 운영하는 검색엔진인 '아이보트'에 실려 제공되었다. 이러한 검색엔진 광고의 특징이자 장점은 '맞춤형'이라는 점이다. 즉 검색엔진에 실리는 점을 이용, 검색을 원하는 단어에 따라 다른 내용의 광고가 따라 붙는 방식이다. 이용자의 관심과 일치하는 상품과 서비스를 광고하게 되므로 광고주나 사용자의 입장 모두에서 선호할 만한 방식이다.

(3) 인터넷 무료-웹브라우저 광고판

광고를 보는 대신 인터넷 접속 요금을 무료로 해 주는 서비스가 하이퍼네트사에 의해 제공되었는데 '하이퍼시스템'이라 불린다. 이는 인터넷에 접속하고 있는 동안 웹브라우저 화면상에 광고전용 윈도우를 표시시키는 대신 접속요금을 받지 않는다는 것이다.

이 시스템에서는 광고전용 윈도우를 표시하지 않으면 웹브라우저도 열리지 않는 방식으로 되어 있어 인터넷을 이용하려면 항상 광고 윈도우가 표시된다. 광고는 1분마다 다른 광고로 바뀌며, 사용자가 광고윈도우를 클릭하면 자료 청구란이나 관련 홈페이지로 연결된다.

이 시스템은 사용자 입장에서는 통신요금이 절약된다는 장점이 있고 광고주로서는 항상 광고가 표시된다는 장점이 있다. 또한 표시된 광고는 사용자별 특성에 의해 면밀히 설정돼 있는 점도 큰 장점이다.

이 시스템을 이용하려는 사용자는 반드시 상세한 앙케이트에 응하도록 되어 있다. 이 앙케이트에 기입한 내용에 따라 사용자는 마케팅 범주로 분류되고 광고주는 목표 대상자를 간추려 광고를 전개할 수 있다. 예를 들면, 자동차에 관심이 있는 사람에게는 새로운 타이어 광고를, 이삼십대 여성에게는 화장품 광고를, 광고주의 업소에서 반경 3킬로미터 내에 있는 사람에게는 특별 세일 광고를 선별적으로 보여 줄 수 있다.

(4) 돈을 받고 보는 광고

미국의 버클리에 근거를 둔 사이버골드(www.cybergold.com) 사에 자신의 나이, 직업 등의 신상을 기입하고 회원에 가입하면 회원이 관심 있어 하는 상품의 광고를 인터넷을 통해 자동으로 배달해 준다.

이용자들은 배달된 광고를 보고 광고의 맨 끝부분에 있는 몇 가지 질문에 답을 해 주면 광고주가 미리 정한 금액의 돈(1달러 내외)을 받게 된다. 광고를 보는 사람은 돈을 벌어서 좋고 광고주는 정확한 목표시장에 해당하는 사람에게 자신의 광고가 전달되므로 손해 볼 것이 없다.

한번에 1달러씩 계산해 총액이 20달러에 이르면 광고를 의뢰한 회사가 해당 인터넷 가입자에게 수표를 우송한다. 수표는 중앙 컴퓨터에 들어 있는 가입자 주소로 자동 우송되기 때문에 가입자가 할 일은 광고를 읽는 것 이외에는 없다. 광고주는 광고가 한번 읽힐 때마다 사이버골드에 50센트씩 지급한다.

그러나 광고조회를 한 사람에게 모두 돈을 주는 것은 아니다. 우선 상품별로 구매가 가능한 일정 연령층에 한해 보상한다. 한 사람이 일정기간 내에 같은 상품을 3회 이상 조회하면 그 이상은 계산하지 않는다. 예를 들어 이 시스템에 가입된 일본 닛산자동차의 경우 구매대상을 18세 이상으로 간주, 이보다 어린 사람이 광고를 조회하면 보상비는 없다.

(5) E-메일 광고

등록자에게 E-메일로 정보를 제공하는 이른바 E-메일 신문에서도 광고를 게재하고 있다. 일본의 컴퓨터 관련 출판사 임프레스(Impress)의 E-메일 신문에서는 기사의 헤드부분과 기사 사이사이에 공고를 게재하고 있는데, 헤드 광고는 하루 한 건당 10만 엔이며, 기사 사이 광고는 7만 엔으로 책정되어 있다.

우리나라에서도 웹메일(www.webmail.co.kr)은 네티즌이 인터넷에 접속해 맨 처음 하는 일이 전자우편을 여는 것이라는 점에 착안하여, 매일 E-메일로 생활영어를 비롯한 무료 정보와 함께 광고를 넣는다. 웹메일은 다른 E-메일과 달리 문자뿐 아니라 그림과 소리도 담고 있는데, 가입자의 급속한 성장세를 보여 1998년 초 가입자가 3만7천 명을 넘어섰다는 보고가 있었다.

벤처기업 헤드헌터코리아가 운영하는 웹메일은 영어회화, 자동차정보, 유학정보, SBS뉴스 등을 제공하고 있다. 무료 전자우편에 실리는 광고는 광고주가 원하는 계층을 골라 전송하는 장점이 있어 호평을 받고 있다. 일반편지로 보내는 것보다 비용이 적게 들면서도 효과가 뛰어난 전자우편은 광고에 대한 반응도 바로 얻을 수 있다는 특성을 갖고 있다.

(6) 생활, 문화 정보 안내 사이트의 광고

광고를 보게끔 유인을 제공하지 않아도 되는 행복한 사이트도 있다. 방문자가 찾는 정보가 바로 광고이기 때문. 한국통신의 인터넷 전화번호 안내와 벼룩시장(www.findall.co.kr)이 그렇고 서울 근교의 생활 및 문화정보를 제공하는 시티스케이프(www.cityscape.co.kr)도 마찬가지이다. 단 이들 사이트는 광고 단가가 낮아 덩치를 키우기 어렵다는 한계를 안고 있다.

이제는 음식점 홍보도 인터넷을 이용하는 시대이다. 코리아푸드 홈페이지에는 전국의 유명 음식점 4백여 곳에 대한 자세한 정보가 담겨 있다. 이 홈페이지를 만든 진문영 씨는 1996년 12월 '인터넷 음식 정보회사'라는 다소 이색적인 회사를 만들었다. 인터넷에 올라와 있는 수많은 정보 가운데 한국의 음식점을 자세히 소개하고 있는 홈페이지가 전혀 없다는 점에 착안했다.

진씨는 우선 국내에 나온 각종 책자와 잡지를 뒤져 음식점마다 전화를 걸어 주소를 알아낸 후, 우편으로 인터넷을 통해 광고를 할 경우 얻을 수 있는 장점을 자세히 소개했다. 이렇게 해서 모두 4백여 음식점에 대한 자료를 모았다.

연 광고료 12만 원의 4페이지짜리 정식광고는 연락처, 각종 정보, 메뉴와 가격, 약도로 꾸며지며 모두 컬러사진으로 생생한 정보를 담았다. 코리아푸드 홈페이지는 야후의 분류 방식을 택해 모든 정보를 지역별 음식별로 분류해 놓았으며, 할인쿠폰을 도입해 음식점 주인의 서명이 나온 홈페이지를 프린트로 출력해 가져가면 5%의 할인 혜택을 받을 수 있게 했다.

21세기 전자상거래 총아의 수단인 '인터넷(internet)'은 마케터들이 고객에 대한 정보를 알 수 있고 또한 마케팅 효과를 측정할 수 있는 기회를 제공한다. 마케팅 효과를 측정할 수 있는 능력은 인터넷을 다른 매체와 구별되게 하는 가장 큰 특징이기도 하다.

예컨대 TV, 라디오, 신문, 잡지 등의 경우 전체 시청자 및 독자의 크기를 개략적으로 예상할 수는 있으나 광고주들에게 얼마나 많은 시청자들이 광고를 보았는지, 그 영향이 어떠했는지를 정확히 알려 주지는 못한다.

그러나 인터넷에서 마케터들은 사용자들의 클릭 수, 페이지뷰(page view)의 양, 구매상황 등을 실시간(real time)으로 추적할 수 있게 된다. 즉 인터넷에서의 측정은 다른 어떤 수단보다 정확하고 유익한 정보를 제공한다. 이와 같은 측정방식은 마케터 및 광고 에이전트들의 업무방식에 다음과 같은 효과를 줄 것이다.

첫째, 보다 정확한 측정은 마케팅 투자비용에 대한 그 효과를 알 수 있게 해 준다. 즉 효과를 나타내는 마케팅과 그렇지 못한 마케팅을 쉽게 구별해 줄 수 있게 하며 또한 그렇게 된 이유를 알 수 있게 한다. 마케팅 방법에 있어서도 광고주들은 사용자들의 반응에 따라 좋은 방향으로 갱신하게 된다.

둘째, 초기에 마케팅의 영향 정도를 평가할 수 있다. 대규모의 영업이나 광고캠페인에 대한 투자가 이루어지기 전에 효과적이 되도록 의사결정을 바꾸게 하여 마케팅 업무를 수행하는데 있어서 유연성을 제공한다.

인터넷 마케팅의 효과를 측정하는 방법에는 트래픽 분석에 의한 것, 히트에 의한 것, 방문자 접속에 의한 것과 그 외에 브라우저 수, 표출 수, 거래 수 등이 있다.

(1) 트래픽에 의한 측정

상업적인 사이트의 경우 방문자수가 기대수에 미치지 못하거나 투자비용에 비해 절대적으로 적다면 그 사이트는 획기적인 마케팅 계획을 시행하든지 아니면 폐쇄하든지 둘 중에 하나를 선택해야 한다. 그러나 이와 같은 극단적인 경우를 제외하고는 트래픽(Traffic) 분석은 대부분 더 나은 사이트 관리를 위해서 사용된다.

자신의 사이트에 접속하는 방문자들이 누구이며, 이들은 어떤 경로를 통해 접속하며, 또한 정기적인 방문자의 비율이 어느 정도인지를 파악하여 이를 사이트의 증설, 추가, 갱신, 수정 등에 반영하여야 하며 이를 토대로 마케팅 계획을 수립할 수도 있다.

따라서 어떤 의미에서든 정기적인 트래픽 분석을 하지 않는 상업 사이트는 그 웹페이지를 갱신하거나 추가하는 데 성공하기 어렵다. 사이트 트래픽이 관리 목적으로 측정되는 경우에는 서버 측면에서 주로 이용된다. 흔히 개인 홈페이지에서 많이 이용되는 것이 카운터 프로그램이고, 좀더 세부적인 통계까지 작성해 주는 것은 트랙커 프로그램이다. 카운터는 단지 페이지 전송 요구의 횟수, 즉 접속건수를 셈하여 주는 것이며 트랙커는 카운터 프로그램의 기능에 대한 전송횟수, 사용자횟수, 수용자 정보 등 보다 세부적이고 정확한 통계를 더하여 준다.

이 두 가지 프로그램은 그 기능이 중복된 것도 많아 구별하기가 어렵다. 인터넷에서는 이와 같은 프로그램들이 무료제품에서부터 유료제품에 이르기까지 다양하게 나와 있다. 따라서 검색엔진을 이용하여 찾게 되면 엄청난 자료가 출력될 것이다.

그런데 혼동되기 쉬운 것은 배너관리 프로그램인데 배너관리 제품들은 배너의 표현횟수와 클릭횟수 등의 통계를 산출하면서 부가적으로 배너출력 스케줄을 정하는 등 주로 배너의 관리에 초점이 맞추어져 있으며 사이트의 트래픽 관리에는 별 도움이 되지 않는다.

그렇지만 트래픽 측정은 사용하는 측정단위에 따라 그 수치에 많은 차이를 나타낸다. 현재 인터넷 광고업계에서 대표적인 기업들조차 그 측정 용어에 있어서 서로 조금씩 다른 의미의 용어들을 사용하고 있으며 통일된 표준안은 존재하지 않는다. 그러나 대부분의 경우 동일한 용어에 대해서는 그 개념이 어느 정도 비슷하기 때문에 이해하기에 그다지 큰 어려움은 없을 것이다.

(2) 파일전송에 의한 측정

접속통계의 가장 단순한 형태의 단위는 히트(Hits)의 빈도이다. 사용자가 특정 사이트를 방문하여 서버에게 웹문서를 요청함으로써 이 웹문서를 구성하고 있는 요소들이 서버에서 전송될 때 각각 하나의 히트 빈도로 서버의 로그파일에 기록된다.

예컨대 5개의 그래픽 이미지를 포함한 웹페이지의 경우 이 페이지가 브라우저에 의해 요구되어 서버에서 전송될 때 서버의 로그파일에는 각각 하나씩의 히트로 기록되어 히트 빈도는 총 6번이 된다. 왜냐하면 5개의 그래픽 이미지와 하나의 텍스트 파일을 개별적으로 보기 때문이다. 따라서 실제의 접속

통계보다 훨씬 부풀려지기 마련이며 의도적으로 조작되기도 한다.

좀 더 자세하게 살펴보면 히트는 파일이 서버에서 브라우저로 전송되는 것을 카운트한 수치이며 브라우저가 서버에게 파일의 전송을 요구하는 횟수를 말하는 것이기도 하다. 전송과정에서 성공적으로 완전하게 브라우저에 파일이 로드되는 경우가 있고 서버에 의한 에러가 생길 수도 있으며 브라우저에 의해 전송이 취소될 경우도 있다.

이와 같은 모든 경우를 고려하지 않고 단지 브라우저에 의한 파일의 전송 요구 횟수만을 카운터한다면 그 수치는 왜곡된 결과를 나타낼 것이다. 또한 파일은 그래픽 이미지, 사운드, 비디오 등도 하나의 파일이 될 수 있으며 이와 같은 파일은 웹문서 내에 여러 개가 존재할 수 있다. 따라서 파일의 전송과 전송요구를 카운트하여 그 수치로서 트래픽을 분석하는 것은 무의미한 작업이 되기 쉽다. 그러나 히트 빈도는 파일전송 수치와 거의 일치하기 때문에 서버의 파일전송 능력은 점검할 수 있는 측정기준으로 유용하다.

(3) 방문자 접속에 의한 측정

특정 사이트에 접속한 방문자(Visitor)는 문서가 링크된 순서에 따라 여러 페이지를 서버에 요구하게 된다. 이와같은 일련의 행동을 서버는 자신의 로그파일에 하나의 방문자로 카운터한다.

만약 방문자가 특정 페이지에서 미리 정해둔 시간을 초과했을 경우에는 새로운 방문자로 간주된다. 그 시간은 보통 30분에서 1시간 정도가 될 것이다. 방문자는 사이트 트래픽 측정을 보다 현실적이고 실용적으로 한다는 점에서 유용한 점이 많다.

그런데 접속하는 사용자들을 일일이 구별하여 계산한다는 것은 기술적으로 많은 어려움이 있다. 따라서 서버 통계를 이용하여 측정하는데 그 방법에는 웹 서버가 로그파일에 접속했던 방문자들의 인터넷 주소(IP)가 기록되는데 이를 계산하여 방문자로 파악한다. 그런데 동일 인터넷 주소로 많은 사용자들이 접속할 수 있기 때문에 정확한 수치라고는 할 수 없다.

(4) 측정수단의 장단점

인터넷 마케팅에서 그 효과를 측정하는 것은 일반 마케팅과 마찬가지로 다양한 방법이 있지만 인터넷에서 무엇보다 중요한 것은 얼마나 많은 사용자가 그 기업의 웹사이트를 방문하느냐는 것이다. 수많은 웹사이트로 넘쳐나는 인터넷을 항해하는 이용자들을 자신의 웹사이트로 끌어들여야만 인터넷 마케팅을 할 수 있기 때문이다.

이때 어느 웹사이트로 들어오는 순간을 자동으로 측정해 주는 기계적인 방법을 주로 쓰고 있는데, 들어오는 순간 측정되는 대상에 따라 다양한 종류의 측정방법이 있을 수 있다.

첫째, 히트 수로서 서버로부터 보내지는 파일 수를 측정하는 방법

현재 대부분의 인터넷 광고를 하는 회사들이 히트 수를 근거로 요금을 측정하고 있다. 그러나 어떤 하나의 홈페이지에 있는 모든 이미지, 소리, 문자 등은 하나의 히트로 계산하기 때문에 어느 한 사람이 어느 기업의 홈페이지를 한번 클릭했는데도 불구하고 여러 번의 히트 수가 기록될 수 있다.

한 페이지 안에서 어떤 이미지를 클릭해서 들어갈 경우 그 이미지에 포함된 파일수가 이중으로 계산될 수 있으며 어느 텍스트나 이미지가 특별히 인기 있는 것인지를 알기 어렵다. 광고주의 입장에서는 자신의 광고가 나가는 하나의 페이지에 얼마나 많은 파일이 있는지를 고려해야 할 것이다.

둘째, 클릭 수로서 웹 방문자가 클릭한 수를 측정하는 방법

하나의 홈페이지 안에 포함된 여러 개의 이미지 및 파일 중에서 특별히 방문자가 클릭한 파일만을 계산하기 때문에 어느 사이트의 어느 파일이 인기가 있는지를 알 수 있어 광고주에게 다소 유용하게 이용될 수 있다.

셋째, 브라우저 수로서 웹 사이트에 접속한 컴퓨터의 수를 측정하는 방법

비교적 측정이 쉽기는 하지만 컴퓨터의 수가 곧 방문자의 수가 될 수는 없다. 왜냐하면 하나의 컴퓨터를 여러 사람이 사용하거나 한 사람이 여러 대의 컴퓨터를 사용하는 경우가 있기 때문이다. 특히 가정에서 전화 다이얼로 인터넷에 접속하는 경우에는 접속시마다 주소가 달라지기 때문에 한 사람이 여러 대의 컴퓨터를 쓰는 것과 같은 효과를 내고 또한 많은 오류가 발생할 수 있다. 실제로 방문자의 수를 측정하는 것이 기술적으로 불가능하므로 이 방법을 많이 사용하고 있다.

▐▶ 원투원 마케팅의 윤활유 모바일 광고 ◀▐

본디 모바일이란 '움직일 수 있는'이라는 뜻으로, 휴대폰과 휴대용 개인정보

단말기(PDA) 등과 같이 이동성을 가진 것들을 총칭한다. 손에 들고 다니므로 가볍고 작은 것이 특징이다. 하지만 입력 장치와 디스플레이 기능이 떨어지는 점과 확장성이 부족하고, 전력 공급이 원활하지 않다는 약점이 있다.

21세기 초부터 휴대폰을 인터넷에 접속하여 입출금 등의 은행 업무를 보는 모바일 뱅킹, 온라인 게임을 하는 모바일 게임, 영화를 실시간으로 보는 모바일 영화 등 다양한 서비스가 제공되고 있다. 또한 휴대폰과 PDA · 노트북컴퓨터 등의 장점을 이용한 제품이 개발되고 있으며, 모바일 비즈니스와 모바일 마케팅·모바일 전자화폐·모바일 전자정부 등 새로운 모바일 서비스가 생겨나고 있다.

이러한 모바일을 기반으로 한 광고를 얘기하기 이전에 모바일 마케팅이라는 개념에서 출발하여 광고 얘기를 하지 않을 수 없을 것이다. 그 중에서도 모바일의 가장 첨병 역할을 하는 휴대폰은 아마도 누구나 가지고 있을 거라고 생각한다. 휴대폰은 이제 없어서는 안 될 생활필수품으로 자리 잡았다.

휴대폰이 이렇게 급속도로 우리 생활에 깊숙이 자리 잡게 된 것은 집이나 사무실이라는 공간에서 공공의 소유물로서 존재했던 전화기가 개인의 소유물로서 언제 어디서나 쉽게 이용할 수 있는 개인화(personality) 및 이동성(mobile)을 가진 모바일 전화기로 진화했기 때문이다.

이제 휴대폰은 단순한 음성 통화 기능 이외에 단문 메시지(SMS)를 보낼 수도 있으며, 무선 인터넷에 접속하여 게임이나 뉴스 등의 정보 탐색과 영화, 음악, 방송 등을 실시간으로 볼 수 있는 무선 브로드밴드 서비스로 확장되고 있다. 또한 다양한 모바일 기기와 연동하여 인터랙티브한 커뮤니케이션 접목도 가능하다.

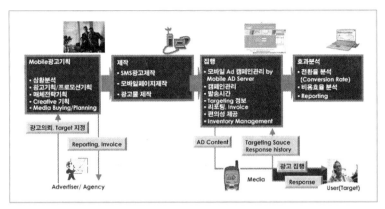

모바일 광고 비즈니스 프로세스(자료 KTF)

　이러한 무선 인터넷의 발전에 따른 사용자 증가로 마케팅이 가능한 사용자 기반이 갖춰졌다. 그 결과 기업에서는 모바일을 활용한 광고 및 프로모션을 전개하고 있다. 기업에서의 모바일 활용은 모바일의 특성인 이동성(Mobility), 위치 확인(Location), 개인화(Personalization), 적시성(Timeliness) 등을 비즈니스와 마케팅 전략에 활용하는 것이다. 이러한 모바일의 마케팅 활용은 기존 매스마케팅 전략에서 벗어나 개개인에게 차별화된 원투원 마케팅을 전개할 수 있으며, 휴대성과 이동성에 따른 고객의 상황을 고려하여 고객 접점을 통합적으로 관리할 수 있는 장점이 있다.

▌► 미디어 마케팅으로의 활용 ◄▌

첫 번째로, 위치 기반을 활용한 이동성을 고려한 마케팅 전개이다. 모바일이라는 단어에서 알 수 있듯이 대부분의 사람들은 하루 24시간 휴대폰을 가지고 이동하기 때문에 고객의 위치를 쉽게 파악할 수 있다. 고객의 위치 정보는 고객의 현재 위치를 말해 주고, 이동에 따른 고객의 상황이 노출되기 때문에 실시간으로 고객의 니즈에 맞는 세일즈 오퍼(sales offer)를 제시해 판매를 유도할 수 있다.

삼도물산은 여성브랜드 미스 식스티(Miss Sixty)의 브랜드를 알리기 위해 2002년 6월부터 7월까지 두 달간 20~30대 여성 고객을 대상으로 한 이벤트를 전개했다. 그것은 백화점 주변에 있는 여성 고객에게만 메시지를 보내는 이벤트였다. 약 25만 명에게 SMS 광고 메시지가 전달됐으며, 반응률은 8.12%였다. 이 반응자 가운데 실제로 모바일 쿠폰을 다운로드 받은 고객은 25%에 이르렀고, 모바일 쿠폰을 제시하고 상품을 구매한 고객의 총 매출액은 1천만 원 이상으로 집계되었다. 이것은 국내 최초로 실시된 위치기반 마케팅의 가능성을 보여 주었다.

또한 GM대우차는 신차 '라세티'의 런칭 프로모션을 위하여 시승 마케팅을 전개했다. "손들면 탈 수 있어요"라는 이 마케팅은 고객이 위치한 곳까지 직접 찾아가는 방식으로, 011이나 017 휴대폰을 갖고 있는 고객이 '××7288'을 누르면 가까운 영업소의 전화와 바로 연결되었고, 고객은 그 자리에서 라세티에 올라탈 수 있었다. 라세티 3,000대를 시승차로 내놓고 실시한 프로모션은 위치 기반 서비스(Location Based Service)를 활용하여 고객의 위치를 파악하였고, 고객이 영업소를 직접 방문하지 않고도 자동차를 시승할 수 있는 차별화된 프로모션 전략이었다.

두 번째로, 개인 성향에 맞는 원투원 마케팅(One to One Marketing)의 활용이다. 이동통신은 가입과 동시에 개인의 정보가 저장되기 때문에 개인의 고객

성향과 모바일 사용 패턴에 따른 라이프스타일을 분석하여 원투원 마케팅이 가능하다.

모바일을 활용한 원투원 마케팅의 활용은 고객 성향 분석을 토대로 고객의 이동 시점을 관리하는 데 중점을 두고 있다. 이러한 마케팅 접근 방식은 기존 통합 마케팅 커뮤니케이션(Integrated Marketing Communication)* 전개시 고객의 마케팅 채널 접점을 통합적으로 관리할 수 있다. 그래서 고객의 다양한 상황에 맞는 맞춤 마케팅을 실시간으로 전개할 수 있다.

그러나 이러한 원투원 마케팅을 전개하기 위해서는 고객의 개인정보 보호 및 메시지 허용에 관한 퍼미션(permission)*이 전제되어야 한다. 인터넷 조사 기관인 아이클릭과 소프트뱅크리서치가 조사한 결과에 따르면, 자신의 동의 없이 휴대폰으로 전송된 광고성 문자메시지에 대한 사용자의 느낌은 '불쾌하다'가 53.1%로 매우 높게 나타났다. 또한 자신과 무관한 메시지를 받는 경우

통합 마케팅 커뮤니케이션(IMC) : 경쟁이 심화된 성숙된 시장조건 속에서 제한된 마케팅 예산을 극대화시키기 위한 커뮤니케이션의 전략적 가치를 재강조하는 접근방식이다.

퍼미션(permission) : 소비자와 장기적인 대화식 접근법으로 소비자 스스로 마케팅 과정에 참여하게 하는 퍼미션 마케팅(permission marketing) 기법이 제안되고 있다. 이것은 일종의 타깃 마케팅으로, 시간과 관심이 부족한 소비자 개인으로부터 자발적이고 점차적인 허락(permission)의 수준을 얻어냄으로써 장기적인 거래관계를 형성하는 방법이다. 이를 위해서는 소비자들이 마케터로부터 기대할 수 있는 인센티브가 매개되어야 하고, 마케터로부터 전달되는 메시지는 소비자 개인과 직접적으로 관계 있는 것들이어야 하며, 장래 소비자들의 가치 증진에 관련되는 것들이 전달 예정되어야 한다. 요약하면 퍼미션 마케팅은 ① 소비자 기대환기 지향, ② 소비자 개인 지향, ③ 소비자의 가치 관련 지향의 마케팅 활동이라고 할 수 있다.

일반적으로 고객으로부터 더 좋은 퍼미션을 받을수록 더 많은 이익을 창출할 수 있으며, 확보한 퍼미션의 단계와 숫자 자체가 기업이 생존할 수 있는 큰 자산이라는 이론이다. 기존 마케팅 개념이 시장점유율 증가에 있었다면 퍼미션 마케팅은 고객점유율 증가에 더 큰 비중을 두고 있다. 고객 스스로 정보를 얻고 커뮤니티를 위해서 이메일 같은 개인정보를 허락함으로써 정보에 대한 만족과 함께 광고 노출에 대해서도 긍정적인 반응을 보인다. 퍼미션 마케팅의 대표적인 모델이 옵트인 메일(Opt-In mail)이다. 이것은 배너 광고나 스팸 메일보다 클릭할 확률이 월등히 높다. 또 그만큼 신뢰도가 높아 브랜드를 강화하는 데 효과적이다.

스팸 메일과 다를 게 없다는 인식을 가지고 있어 '귀찮은 스팸 메일'이라는 반응이 43%로 부정적인 견해가 높게 나타나고 있다.

세 번째로, 온·오프라인을 연동하는 채널 마케팅(Channel Marketing)의 활용이다. 인터넷의 경우 PC의 특성상 고정화된 장소에서 사용하기 때문에 온·오프라인을 연동한 즉시 구매를 유도하는 데 한계가 있다. 그렇기 때문에 대부분의 기업들은 인터넷을 브랜드나 제품에 관한 정보를 제공하는 마케팅 채널로서 활용하고, 오프라인에 별도로 안테나숍을 설치해 고객의 마케팅 채널을 통합적으로 관리하는 전략을 활용하는 경우가 많다.

그러나 모바일은 정보 탐색과 구매가 동시에 일어날 수 있도록 온·오프라인 채널을 실시간 연결해 고객의 직접적인 반응을 유도할 수가 있다. 예를 들어 온라인이나 이메일로 상품에 관한 자세한 정보를 탐색할 수 있도록 유도하고, 모바일을 활용하여 고객이 가까운 매장근처에 있을 때 고객의 구매를 자극할 수 있는 할인쿠폰을 보내 매장을 방문할 수 있도록 하는 것이다.

이러한 채널 마케팅을 효율적으로 전개하기 위해서는 판매 채널의 고객 처리를 할 수 있는 시스템 인프라와 고객 대응에 관한 체계가 갖추어져 있어야 한다. 일본의 대표적인 음료제조업체인 기린음료(Kirin Beverage)는 2001년 3월과 11월, 두 차례에 걸쳐 기간한정 형태의 트럼프 게임 콘텐츠를 활용한 캠페인을 전개하였다.

이 캠페인은 기린의 캔 커피 '파이어(Fire)' 표면에 NTT도코모(NTT-DoCoMo)의 아이모드(I-Mode) 서비스에 접속할 수 있는 프로모션 사이트의 URL과 12자리의 고유번호를 표시해 고객을 끄는 방식이었다. 캔 커피 구입자가 스티커에 쓰여 있는 사이트에 접속하여 12자리수를 입력하면 카드 게임의 일종인 하이로(High-Low)가 진행되며, 여기서 3회 연속 이기는 고객에게 손목시계나 라이터 같은 경품을 주는 행사를 진행한 것이다.

프로모션 기간 동안 매일 15~20만에 이르는 사이트 접속이 이뤄지는 성과를 얻었다. 기린의 '파이어' 모바일 프로모션은 판매 채널 가운데 60% 이상이 자동판매기가 차지하고 있어, 언제 어디서나 인터넷에 접속할 수 있는 모바일을 통하여 채널 접점을 구축하여 참여를 유도하는 전략이 성공한 사례이다.

네 번째로, 고객의 다양한 상황에 따른 상황 마케팅(Context Marketing)의 활용이다. 디지털타임스가 LG텔레콤 이지채널과 공동으로 한 조사를 실시했다. 이지채널 이용자 가운데 1,020명을 대상으로, "만일 당신의 휴대폰으로 바로 앞에 있는 커피전문점에서 커피를 마셔보라는 메시지와 함께 할인쿠폰이 오면 어떤 생각이 들겠습니까?"라고 질문했는데, 전체 응답자의 54.3%인 554명이 "할인쿠폰으로 커피를 마시고 싶을 것"이라고 답했다. 이 사례는 고객의 상황에 따른 마케팅 연동 형태의 모바일 전략이 효과가 있음을 보여주고 있다.

이처럼 모바일은 고객 상황에 적극적으로 개입하여 고객의 즉시적인 반응을 유도할 수 있도록 다양한 세일즈 오퍼(Sales Offer)를 실시간으로 전개할 수 있다. 고객에게 제공하는 세일즈 오퍼는 고객의 개인적인 성향과 라이프스타일을 기반으로 위치 추적을 통한 고객의 상황을 고려한 것이기 때문에 타깃 반응도가 높다.

고객의 상황을 고려한 마케팅 전개는 고객 입장에서는 상황에 따른 적시 제안을 통한 정보 탐색의 기회비용 절감을 들 수 있다. 기업 입장에서는 고객의 충동구매를 통한 가격 경쟁을 극복할 수 있으며, 언제 어디서나 실시간으로 고객의 상황에 대응하여 고객과의 지속적인 관계를 통한 프로모션 비용을 절감할 수 있다는 장점이 있다.

다섯 번째로, 고객세분화에 따른 세그먼테이션 마케팅(Segmentation Marketing)의 활용이다. 모바일은 고객의 연령에 따른 모바일 사용 패턴이 다르기 때문에 고객세분화를 통한 마케팅을 효율적으로 전개할 수 있다.

현재 각 이동통신사의 경우에도 연령별 고객세분화를 통해 마케팅하고 있다. 즉 고객에게 맞는 다양한 부가서비스를 제공하여 고객과의 지속적인 관계를 유지하고 있는 것이다. 이러한 고객세분화의 마케팅 활용은 고객의 라이프스타일과 고객의 모바일 사용 패턴에 기반을 두고 전개된다.

예를 들어 '1318'의 경우, 입소문을 통한 친구들 간의 정보 공유가 강하고 유행에 민감하다. 또한 컴퓨터게임, 연예인 등에 관심이 많고 패스트푸드 등을 많이 이용하며 음성보다는 단문메시지를 이용하는 경향이 있다. 뚜렷하게 구분되는 이러한 속성을 반영한 제품이나 세일즈 오퍼를 제시해 고객의 반응을 유도할 수 있다.

나이키는 월드컵 마케팅의 하나로, 서울지역 청소년 8만 명을 대상으로 프로모션을 전개했다. 행사장 주변에 사는 휴대폰 가입자에게만 행사안내 광고를 보냈는데, 이 메시지를 본 고객들이 행사장을 직접 방문하여 행사에 참여하는 방식이었다. 프로모션 전개 결과 광고 클릭률이 평균 50%에 달했으며, 이러한 결과는 광고를 본 10명 중 1명이 행사장을 찾았을 만큼 참여율이 높았다.

참여율이 높게 나타난 이유는 타깃 대상과 지역을 세분화한 마케팅 전략과 마케팅 메시지의 커뮤니케이션 호감도가 높은 신세대들로 타깃 대상을 한정

했기 때문이다. 현재 고객 세그먼테이션 마케팅은 무선 인터넷을 사용하는 인구인 10~20대 이용자가 소비할 수 있는 모바일 콘텐츠 및 서비스에 한정되어 있다. 따라서 실제 구매력을 높일 수 있는 제품보다는 신규 브랜드 및 서비스를 알리거나 행사 참여를 유도하는 데 주로 많이 쓰인다.

▶ 모바일 광고의 형태와 성장 ◀

앞서 말한 모바일 마케팅 개념을 통한 모바일 광고는 이동통신 단말기를 이용하여 고객에게 음악, 그래픽, 음성, 문자 등의 방법으로 광고 메시지를 발송한 다음 고객으로부터 기대하는 반응을 얻고자 하는 광고를 말한다. 모바일 매체는 SMS(short message service)와 무선 인터넷이라는 기술적 기반과 쌍방향성 등의 차별화된 특성들을 내세워 개인화된 타깃 광고를 가능하게 한다. 그래서 광고주들의 주요 대안 매체로 떠오르고 있다.

모바일 광고는 SMS광고(단문 메시지 광고), MMS광고(그림, 동영상, 음악 등 멀티미디어 광고), WAP광고(무선 인터넷 사이트에 콘텐츠 형식으로 게재되는 광고), 동영상 광고(휴대폰 대기시간에 자동으로 재생되는 멀티미디어 광고), 쿠폰광고(가격 할인, 사은품 증정 등 쿠폰 제공 광고), 그리고 그림친구 광고(배경화면에 광고주 캐릭터, 이미지 등을 보여주는 광고) 등의 다양한 유형들이 있다. 이 가운데 SMS광고가 전체 모바일 광고의 90% 이상을 차지한다.

SMS광고는 80~100바이트 정도의 짧은 텍스트형 문자 정보를 전달할 수 있는 단문 메시지서비스로서, 특정 소비자를 선별하여 고객에게 먼저 접근하는 형태의 푸시(push)형 방식의 광고이다. 반면 WAP광고, 동영상 광고와 같이 무선 인터넷을 기반으로 하는 모바일 광고는 소비자들의 트래픽(전신·전화에 의하여 송수신되는 모든 통신의 양)이 많은 무선 인터넷 홈페이지에 콘텐츠 형식으로 게재하여, 소비자들로 하여금 자발적으로 접근하도록 하는 풀(pull)형 방식의 광고이다.

모바일 광고는 SMS문자 서비스와 무선 인터넷을 기반으로 하기 때문에 타깃 마케팅이 가능하고, 도달률과 주목률이 높은 것으로 알려져 있다. 또 개인화된 타깃 광고, 쌍방향성 등으로 인해 광고주들의 관심을 끌고 있다. 쿠폰 제공과 프로모션 등 직접 반응 광고에 효과적인 매체로 주목받고 있다.

이동통신 단말기 서비스 중의 하나인 SMS문자 서비스와 무선 인터넷을 기반으로 한 모바일 광고의 도달력은 90%에 달하는 것으로 알려져 있다. SMS 메시지를 받고 웹페이지를 방문하는 비율 또한 평균 3~5% 수준으로, 인터넷 광고의 클릭률 0.2~0.3에 비해 10배 이상 효과가 있는 것으로 나타났다.

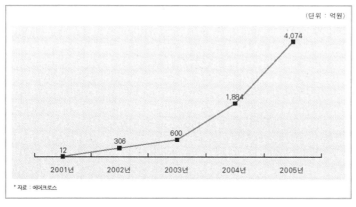

모바일 시장의 규모는 계속 상승세일 것으로 예측(자료 : 에어크로스)

이와 같은 모바일 광고의 장점으로 인해 모바일 시장의 규모는 점차 성장하고 있으며, 2002년에 300억 원에서 2004년에는 2,000억 원, 2006년에는 6,000억 원 규모로 커질 것으로 예상하고 있다. 그러나 이러한 외형적 규모의 성장에도 불구하고 모바일 광고의 발전을 저해하는 여러 가지 요인들이 존재하는 것도 사실이다. 예를 들어 무분별한 스팸 메일의 증가, 개인 사생활 침해 등은 모바일 광고의 발전을 가로막는 요인들로 알려져 있다.*

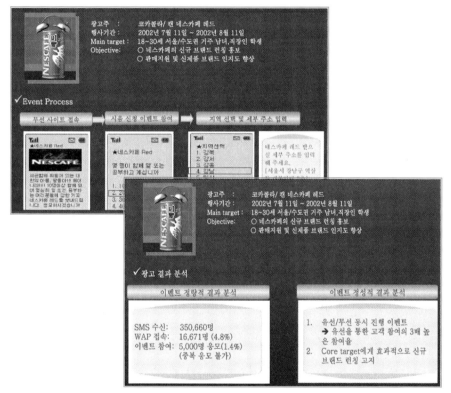

모바일 광고 적용 사례 중 하나(자료: 에어크로스)

출처 : 박종혁, 2002, '모바일 광고의 활성화 방안' 연구 참조

모바일 광고의 종류는 전달 방식에 따라 푸시형 광고와 풀형 광고로 구분되며, 내용에 따라서는 콘텐츠 기반 광고, 거래 기반 광고, 응답 기반 광고, 플레이스먼트(Placement) 광고 등으로 구분된다.

(1) 전달 방식에 따른 종류

● **푸시형 광고** : 말 그대로 광고를 무선 네트워크를 통해 고객의 휴대폰으로 전송하는 형태로 문자 메시지 광고가 대표적이다. 일반적으로 무선 메시지 광고는 메시지와 더불어 광고주의 무선 페이지로 링크할 수 있는 URL을 삽입하거나 전화 연결 기능을 사용하여 추가 정보 획득이나 할인쿠폰 다운로드 같은 기능을 제공하고 있다.

이러한 푸시형 광고는 앞에서 말한 것처럼 소비자의 신상 정보와 지역, 시간 등을 타깃팅하여 원투원 커뮤니케이션을 할 수 있다는 장점이 있다. 그러나 다소 지나치게 일방적인 메시지를 전달할 경우 스팸화될 우려도 있다.

● **풀형 광고** : 무선 인터넷 이용자가 필요로 하는 정보를 검색하기 위해 모바일 포털에 접근했을 경우 이용자들에게 광고가 노출되는 형태로, '배너 광고'와 '디렉토리 광고'가 대표적이다. 이 중 배너 광고는 유선 인터넷의 배너 광고와 같이 유저가 인터넷에 접속하여 이동시 노출되는 그래픽 형태의 광고를 말한다.

배너 광고는 작은 액정 화면에서 상대적으로 많은 공간을 점유하여 광고에 대한 집중도가 매우 높은 반면, 이용자의 네비게이션에 다소 방해요소가 될 수 있다는 단점도 지적되고 있다.

디렉토리 광고는 모바일 포털상에 광고용 디렉토리를 별도로 구성하고, 소비자들이 스스로 방문하여 광고를 수용하는 방식을 말한다. 디렉토리 광고의 특징은 소비자들의 자발적인 참여를 유도하기 위해 대부분의 광고가 소비자에게 혜택을 주는 내용으로 이루어져 있다는 것이다. 그 때문에 광고의 수용성이 매우 높다.

이 외 가장 최근에 등장한 풀형 광고는 모바일 콘텐츠 중 가장 인기가 높은 배경화면 다운로드 서비스를 이용한 광고로, 배경화면에 저장하는 그림에 기업의 상품명이나 로고 등을 노출시켜 브랜드를 인지시키는 '픽처(picture) 광고'가 있다.

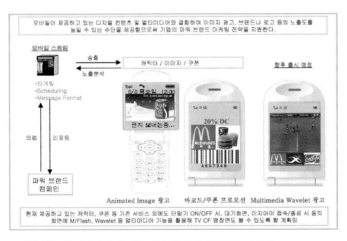

모바일 광고의 적용사례 중 맥도날드 햄버거 사례(자료 LGT)

(2) 광고 내용에 따른 종류

● **콘텐츠 기반 광고** : 상품에 대한 정보 및 추가 메시지를 전달하는 정보 제공형 광고. 이러한 형태의 광고에는 협찬 광고, 게임, 복권, 디렉토리 서비스, 위치 기반 정보 등이 있다.

● **거래 기반 광고** : 판매가 발생하도록 유도하는 광고. 이러한 광고는 광고와 함께 할인쿠폰 등을 제공하거나 소비자가 전화를 걸어 상품을 구매할 수 있도록 폰투(Phone to) 기능을 제공하고 있다.

● **응답 기반 광고** : 이벤트 참여를 유도하는 URL 링크를 걸어 소비자로 하여금 어떤 이벤트에 참가하게 하거나 자신에게 전달된 이메일을 체크하게 하는 광고가 해당된다.

● **플레이스먼트 광고** : 해당 모바일 포털 사이트에 광고료를 지불하고 배타적으로 해당 웹사이트의 한쪽 공간을 독점하는 광고로, 무선 포털에 자신의 회사 로고 등을 올려놓는 광고가 해당된다.

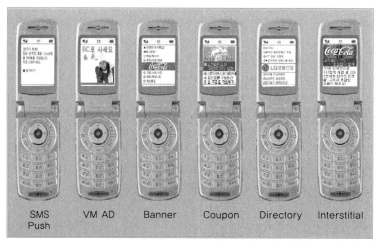

머바일 광고의 유형들(자료 KTF)

▮▶ 모바일 광고의 효과 ◀▮

모바일 광고 집행으로 기대되는 효과로는 행동 효과, 응답 효과, 노출 효과 등이 있다.

● **행동 효과** : 무선 인터넷 광고가 궁극적으로 추구하는 효과는 모바일 광고에 노출된 사람이 매장이나 행사장 등에 방문하는 것과 같은 실질적인 행동을 유발하는 것이다. 예를 들어 모바일 푸시 광고를 통해 패스트푸드점의 할인쿠폰을 받은 사람이 매장에 직접 방문하여 구매를 한다거나, 모바일 광고를 통해 오프라인 프로모션 행사장에 참석하는 등의 효과를 말한다.

● **응답 효과** : 무선 인터넷을 통해 노출된 광고를 보고 정보 탐색이나 이벤트 응모 같이 추가로 발생되는 소비자의 반응을 말한다. 무선 인터넷 광고는 표현력은 높지 않으나 유선 인터넷과 마찬가지로 클릭을 통해 추가 정보가 제공되는 페이지로 이동할 수 있다. 또 이벤트 응모나 회원가입과 같은 참여도 가능하며, 콜백(call back) 기능으로 광고주의 콜센터로 연결할 수도 있다. 이러한 응답 효과는 향후 행동 효과를 유발할 수 있는 주요한 자원이기도 하다.

● **노출 효과** : 모바일 광고뿐 아니라 전통적인 광고도 갖고 있는 효과로, 광고 노출을 통해 소비자에게 브랜드의 가치를 증진시키는 효과를 말한다. 다만 아직까지는 무선 인터넷 광고의 표현력이 전통적인 광고에 비해 풍부하지 못하므로, 모바일을 통한 광고 노출이 브랜드의 인지 및 선호도 제고에 어느

정도 영향을 주고 있는지는 각종 사례를 통해 검증해 볼 필요가 있다.

▶ 모바일 광고시 주의해야 할 것들 ◀

모바일 광고는 아직까지 초기 도입 단계로서 다양한 사례가 제시되어 있지는 않지만, 효과적으로 모바일 광고를 전개하기 위해서는 다음과 같은 세 가지 사항이 지켜져야 한다.

첫 번째로, 소비자에게 구체적인 혜택을 제시해야 한다. 앞에서 설명한 것처럼 모바일 광고는 푸시하기에 가장 좋은 미디어다. 그런 이유로 모바일 광고가 푸시형 광고를 중심으로 전개된다면 고객들은 원하지 않는 광고를 받아보게 될 것이며, 이는 소비자를 괴롭힘과 아울러 광고의 효과를 크게 떨어뜨릴 것이다.

또한 대개의 모바일 광고에서는 소비자가 무선 인터넷에 접속하여 추가 행동을 일으켜야 하는데, 이러한 경우 소비자가 통신료를 부담해야 한다. 즉 모바일 광고가 소비자들에게 받아들여져서 성공하기 위해서는 기업의 광고 활동이 소비자들에게 단순한 정보 이상으로 가치 있게 느껴질 수 있도록 구체적인 혜택이 제공되어야만 한다.

두 번째로, 타깃팅을 엄밀하게 적용하여 꼭 필요한 소비자에게만 광고가 전달되도록 해야 한다는 것이다. 모바일 광고의 메시지와는 아무런 상관도 없는 소비자에게 문자 메시지 광고가 전달된다면, 광고 목적을 달성하지 못

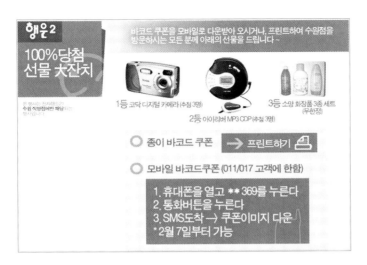

○○전자랜드를 사례로 한 모바일 광고 형태 – 매장방문 유도(coupon)

함은 물론이고 오히려 소비자에게 광고된 상품이나 기업 이미지에 부정적인
영향을 끼칠 수 있다.

마지막 세 번째로, 모바일 단독(Stand alone)보다는 다른 미디어와의 시너지
를 고려해야 한다. 특히 오프라인 미디어의 광고 활동을 통해 지속적인 브랜
드 파워를 확보하지 않은 상품의 경우, 모바일 단독으로 광고 활동을 전개한
다고 해도 원하는 목적을 달성하기 어려울 것이다.

모바일 광고를 긍정적으로 평가하는 사람들은 모바일 광고가 기존 미디어와
다른 차별화된 특징들을 강조하며, 전통적인 광고를 대체할 수 있는 주요한
광고로 성장할 것이라고 기대하고 있다.

반면 모바일 광고를 부정적으로 바라보는 사람들은 단말기의 크기, 스팸화
의 가능성으로 소비자들의 수용성이 점차 떨어질 것으로 추측해 기대한 바와

같은 큰 역할을 하기는 어려울 것으로 평가하고 있다.

그러나 주머니 속에 담긴 이 자그마한 무기를 기존에 확보하고 있는 다른 광고 무기들과 함께 잘 활용한다면, 어떻게 효과적으로 사용할 것인가 고민하는 사람들에게는 적지 않은 성과를 안겨줄 것이라 기대한다.

기타 주요 실전사례

Advertising

부록

광고·홍보 계획

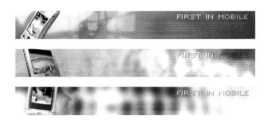

고객은 무엇을 원하는가?

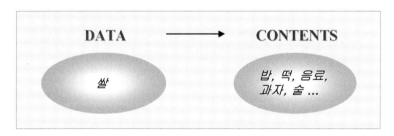

DATA ⟶ **CONTENTS**

쌀

밥, 떡, 음료,
과자, 술 ...

고객은 쌀을 원하는 것이 아니라 이것을 활용한 것!!
실제적으로 이용할 수 있고, 쉽게 사용할 수 있는 것을 원한다.

체계화되어 있지 않은 'data'는 가공되지 않은 '쌀' 로 단순한 material일 뿐이며,
'contents'는 이를 먹을 수 있도록 만든 '밥, 떡, 음료, 과자, 술'과 같은 바로 활용할 수 있는 것이다.

KTF 고객은 바로 이와 같은 직접 효율적으로 사용할 수 있는 'Contents'를 원한다.

Index

FIRST IN MOBILE

기본 계획

I.   제안 배경

II. 제안 목적

III. 자산화 Project flow

IV. DATA Mapping

I. 제안 배경

21세기에 들어 기업은 단순히 제품을 생산하고 판매하는 역할을 넘어 국가 기반산업으로서 공익 추구 활동이 점점 더 중요시 되고 있다. 이에 기업들은 다양한 사회공헌사업 및 문화후원사업을 통해 공익을 추구하고, 이를 통한 기업 이미지 형성 및 간접 광고 효과가 증대되고 있다.

KTF는 '대한민국 대표이동통신'이라는 컨셉 하에 청소년 중심의 다양한 사회공헌활동과 2002 FIFA월드컵 후원, 프로골프 김미현 선수 후원 등의 스포츠공헌활동, 문화지원활동 등을 통해 '젊은 기업 KTF'의 이미지를 구축하고 있다.

그러나, 이러한 기업이미지 제고를 위한 활동들이 체계화된 자료 구축 및 활용 부족으로 단발적으로 끝나는 경우가 많으며, 이로 인해 그 가치가 상대적으로 하락되어 있다.

지식기술의 고도화로 이러한 활동들을 디지털화 할 수 있게 되어, 이를 디지털 콘텐츠(Digital Contents)화하여 KTF 기업 자산으로 체계적으로 구축한다면 이를 통해 'KTF의 기업 가치'를 크게 높일 수 있을 것이다.

또한, 그 동안 분산적으로 관리되어 왔던 KTF 및 각 Brand별 광고/프로모션 활동 전반, 기업홍보 활동을 체계적, 지속적으로 콘텐츠화한다면, 이를 통해 통일성을 유지하고 효과분석 및 방향을 설정할 수 있어 마케팅 전반에 활용할 수 있을 것이다.

더불어 이러한 디지털 콘텐츠를 모바일 콘텐츠(mobile contents)로 개발하여 KTF의 모바일 서비스를 증대하고, 이를 토대로 통합 비즈니스를 기획, 운영하고자 한다.

이는 KTF 보유 자산을 최대한 활용하고 축적하여 KTF의 기업가치를 높이는 미래를 위한 체계적인 투자라 할 수 있을 것이다.

II. 제안 목적

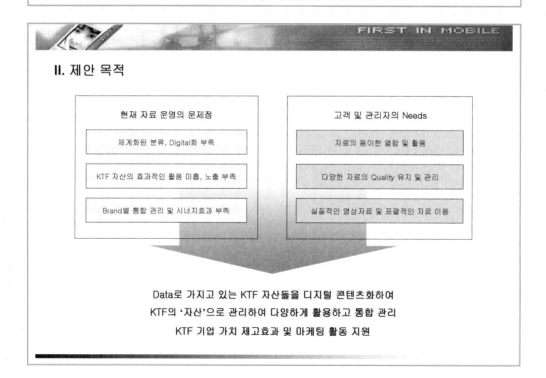

III. 자산화 Project flow

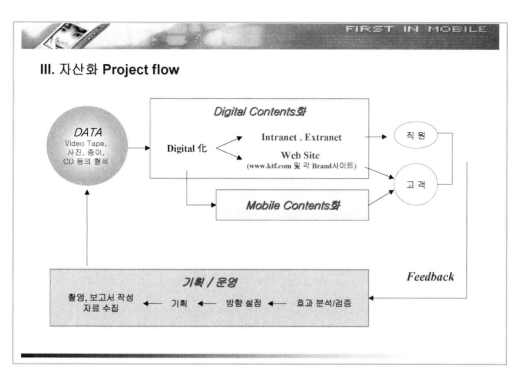

IV. Data Mapping

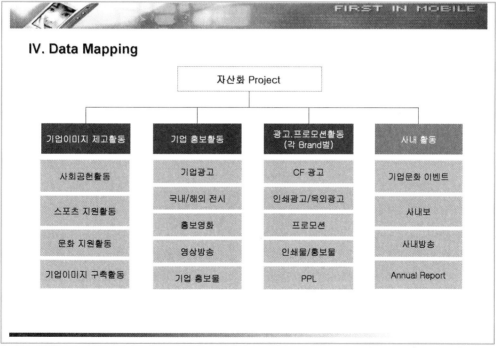

(Ex) Data Mapping – 2001 하반기

기업이미지 제고활동	기업 홍보활동	광고 프로모션활동	사내 활동
▶ 사회공헌활동 -사랑의 도시락 나눔 자원봉사 활동 - '2001사랑의 이름으로' 제작 후원 -결식아동돕기 생방송 '배고픈 아이들에게 희망을!' 제작 후원 -유니세프 후원 활동 ▶ 스포츠지원활동 -2002 FIFA 월드컵 공식후원 -김미현 선수 지원활동 -KTF투어 -신인유망프로선수 계약 ▶ 문화지원활동 -프로게임단 매직엔스 -프로게임단 월드 사이버 게임즈 협찬 -호주 CS대표선수단과 자매결연 -KTF배 ASGN 연예인 게임대회 -KTF배 2001 국제 게임 챔피언십 -KTF배 2001 국제 게임 장애인 대회 ▶ 기업이미지구축활동 -KTF-김종학프로덕션 드라마 공동기획/제작	▶ 기업광고 -<대한민국 이동통신이 젊어집니다> -<KTF적인 생각이 대한민국을 움직입니다>편 -김미현 활용 기업광고 -신년광고 <대한민국 복 많이 받으세요>편 -월드컵광고 <Korea Team Fighting 마라도>편 ▶ 국내/해외 전시 -PT/Wireless & Networks Comm China 2001 전시회 -APEC 호의 첨단 유무선 전시회 -Korea Teletech Conference 전시 -진해 해군순항함 홍보관 전시 -광화문 한국통신 홍보관 내 KTF 코너 지원 -3G이동통신서비스 시연회 ▶ 기업홍보물 -기업홍보용 Brochure -전시관련 출판물 -테마전문 사외보 KTF (25,26,27회)	▶ Bigi 1. 광고 -<문자 공격>편 -<우정 조절>편 2. Promotion -1318 Bigi 탄생 퀴즈 -행운의 Bigi 알 분양 프로모션 3. Flash Animation 3편 4. Flash Game 2편 5. 인쇄물/홍보물 -Lotte world Ice Link -교내 화장실 게시판 -대리점용 포스터 6. 옥탑광고 ▶ DRAMA, MAIN, VIZ, NA 등도 동일하게 진행	▶ 기업문화이벤트 -KTF 글로벌 챌린지 -KTF 스포츠 챌린지 -사내퀴즈대회 '제2회 생방송 도전 KTF' 개최 -전사 예산절감 캠페인 ▶ 사내방송 -KTFN 뉴스 -KTF기획 'KTF를 아십니까?' -2001년 종무식 ▶ 사내보 -창간준비호

실행 계획   FIRST IN MOBILE

I. Digital Contents화

II. Mobile Contents화

III. 기획/운영

I. Digital Contents화

개 요		• 현재 종이, 파일, Video Tape, CD 등으로 보관되어 있는 자료들을【기업이미지제고활동】, 【기업홍보활동】,【광고/프로모션 활동】,【사내활동】으로 나누어 DIGITAL화 • DIGITAL화 된 콘텐츠들을 편집, 분류 및 검색 기능 부여 • 분류된 콘텐츠들을 인터넷 페이지를 제작하여 KTF 홈페이지, 인트라넷, 대외 On-Off Line 홍보매체에 콘텐츠화하여 KTF 고객 및 직원들이 자유롭게 활용
구 성	기업 이미지 제고활동	• 사회공헌활동 : 연도별로 상반기/하반기로 나누어 그 기간 동안의 활동들을 각 페이지를 구성하여 활동 개요, 지원내용, 영상 자료를 정리하여 구축 • 스포츠지원활동 : 프로골퍼 김미현 지원사항, 2002 FIFA 월드컵 후원, KTF 골프투어 등을 각 활동별로 분류하여 자료 구축 • 문화지원활동 : Magicns 게임단, 공연 협찬 및 후원 등의 활동을 각 활동별로 분류/구축 • 기업이미지구축활동 : 활동별로 페이지 구성하여 자료구축
	기업 홍보활동	• 기업광고/홍보물 : 연도별, 테마별로 기업광고 (CF,인쇄) 및 Brochure 등 홍보물을 동영상 및 그림 파일로 콘텐츠화하여 구축 • 전시 : 국내/해외 전시, 기업홍보관 등을 시기별로 분류하여 각 페이지를 구성하여 전시 개요, 전시장 스케치 동영상, 전시 결과 등을 콘텐츠화하여 구축 • 홍보영화, 영상방송 : 시즌별로 동영상 콘텐츠로 구축

구 성	광고/ 프로모션 활동	Na, drama, Bigi, Main 등 각 Brand별로 시즌별 광고/프로모션 활동 자료를 수집하여 이를 구분하여 정리 • CF광고, 프로모션, PPL 등 – 동영상 자료 구축 • 인쇄광고, 인쇄물, 홍보물, 옥외광고 등 – 그림 파일 구축
	사내활동	• 사내방송, 사내보 등 사내 활동들과 Annual Report 등 사내 공유 자료들을 시기적으로 구분하여 사내 Intranet에 체계적으로 콘텐츠화 • 기업문화이벤트는 대외매체에 콘텐츠화
관 리		• 시기별/ 활동별로 up-date 하여 KTF 기업 자산화
활용방안		• 연도별로 1년 동안의 활동 전반을 통합하여 CD로 제작, 홍보물로 활용 • 인터넷 생중계 – 공연, Festival, Contest 등 이벤트성 프로모션 행사들은 KTF 홈페이지 및 각 Brand 사이트에 생중계하여 사이트 접속 유도
기대효과		• KTF의 기업자산을 Digital로 변환시켜 언제나 쉽게 활용 가능 • 체계화된 분류 및 관리 Tool 구축으로 실사용자의 접근성 및 편이성 도모 • KTF의 기업자산 축적, 대내외적인 홍보 효과 – IR 활용 • 기업 경영철학을 간접적으로 각인시켜 기업이미지 확립 • 사후 Marketing Report를 통한 체계적인 효과 분석 및 지원 타당성 검토 • 기업홍보의 흐름을 한눈에 살피게 되어 그에 따른 분석을 통해 Tone&Manner를 맞추고 효과 분석 • 각 Brand별 프로모션의 중복투자를 막고, 상호 보완 • 온라인을 통한 프로모션 홍보 효과 및 지속적인 광고 효과

(Ex) Digital Contents화 - 사회공헌활동

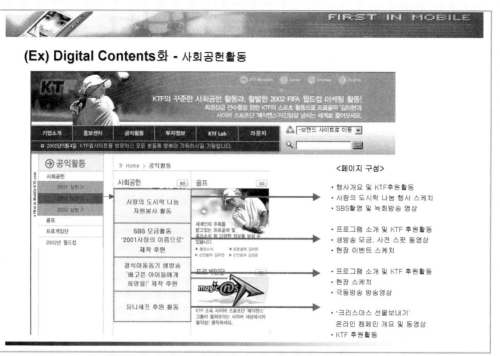

(Ex) Digital Contents화 – 광고/프로모션활동

II. Mobile Contents화

개 요		▪ 체계적으로 분류되어 Digital Contents로 구축된 자료들을 바탕으로 Mobile Contents화 할 수 있는 콘텐츠를 개발하여 MagicN mobile service 내 【⑪ KTF 소식】 채널을 개설하거나 【e 고객센터/Na/드라마/VIZ】 채널에 제공
구 성	기업 이미지 제고활동	▪ 사회공헌활동 : 사회적 이슈가 되는 콘텐츠 중심 개발 ▪ 스포츠공헌활동 : 스포츠 스타를 이용한 콘텐츠 개발, 동영상 자료 ▪ 분화지원활동 : 게임 콘텐츠 및 지원 문화행사의 콘텐츠 개발, 동영상 자료 ▪ 기업이미지구축활동 : 관련 콘텐츠 개발
	기업 홍보활동	▪ 광고 모델을 이용한 콘텐츠 개발, 동영상 자료 ▪ 국내/해외 전시 영상 및 정보 제공
	광고 프로모션 활동	▪ 광고 모델을 이용한 콘텐츠 개발, 동영상 자료 ▪ 기업광고 촬영에 따른 에피소드 등을 콘텐츠화 ▪ 프로모션/이벤트 – 공연, 축제, 전시, Contest 등에 대한 정보 제공 및 동영상 등을 mobile contents화
관 리		▪ 지속적인 콘텐츠 개발을 통해 up-date하여 KTF기업 자산화
기대효과		▪ Mobile Contents 확보를 통한 접속률 증대 및 고객 서비스 증대 ▪ 해당 Contents 접속을 통한 고객 관심 분석 및 효과 분석, KTF 홍보효과 ▪ 지속적인 프로모션 연계성 및 프로모션 Tool로 활용

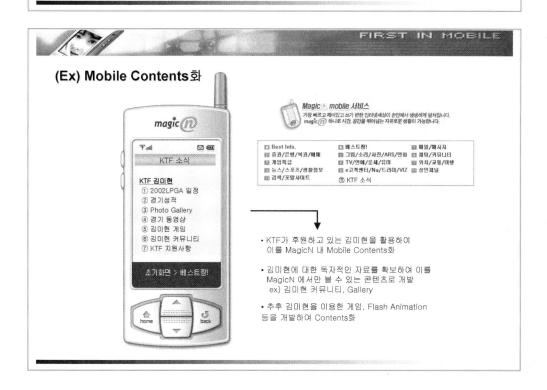

(Ex) Mobile Contents화

```
[ 베스트짱! ]
① 베스트서비스
② 신규서비스
③ Korea Team Fighting!
④ 종교채널
⑤ 개그콘서트
```

```
[ e고객센터/Na/
      드라마/VIZ ]
① e-고객센터
② Na모바일
③ Main
④ 드라마
⑤ VIZ
⑥ 자능망(016)
⑦ 매직엔(SMS)(016)
```

- KTF 및 브랜드별 프로모션 이벤트 등을 Mobile Content로 홍보하고 사후 이에 대한 영상 자료 등을 Mobile Contents로 활용

- KTF 모델 안성기를 이용한 독자적인 콘텐츠를 개발하여 서비스

III. 기획 / 운영

개 요		• Digital Contents, Mobile Contents를 통해 각 활동에 대한 고객과 직원들의 반응을 Feedback 받아 효과 분석, 검증 • 분석된 결과에 따라 이후 활동 방향을 설정하고 이를 토대로 기획 단계에서부터 연계되어 콘텐츠화 할 수 있는 부분들을 함께 기획하고 활용방안 모색 • 광고, 프로모션 및 이벤트 기획단계부터 Digital Contents 및 Mobile Contents로 활용 가능한 부분을 개발하여 기획하고, 운영단계에서 On-line, Mobile을 이용하여 사전 홍보
진 행	기업 이미지 제고활동	• 사회공헌활동/문화지원활동/기업이미지구축활동 : 지원 및 후원 홍보효과를 분석하여 차후 방향을 설정하고 활동 진행을 Support하며, 영상 자료 등 Contents화 할 수 있는 자료 수집 및 보고서 작성, 영상 촬영 등 전반적인 관리 • 스포츠지원활동 : 스포츠 스타를 활용할 수 있는 콘텐츠 기획, 사전 협의 및 방안 모색, 파생상품 개발
	기업 홍보활동	• 전시 기획 단계부터 Digital Contents 및 Mobile Contents로 활용 가능한 부분을 개발, 기타 홍보 활동 기획, 진행
	광고 프로모션	• 광고, 프로모션 및 이벤트 기획단계부터 Digital Contents 및 Mobile Contents로 활용 가능한 부분을 개발하여 기획하고, 운영단계에서 On-line, Mobile을 이용하여 사전 홍보
기대효과		• KTF 자산의 효율적, 총괄적인 관리 및 진행 • 광고/프로모션 활동을 효율적으로 기획하여 포괄적인 효과 기대 • 활성화된 온라인 및 다양한 Tool을 바탕으로 다양한 프로모션 전개

First in Mobile

커뮤니케이션 전략

○○○○. ○.
○○○○○○팀

I. Brand Status – (1) 2002 Comm. 전략 개요

TTL은 20대의 정서적 가치를 소구하고, 모든 속성에서 우월함을 강조하는 Generic Differentiation 강화
Na는 "공짜"→"대학생 Entertainment"로 연계된 Benefit 중심 Unique Differentiation Communication

2002년 캠페인 방향

TTL

Na

Value Pyramid

Generic Differentiation

- **Made in 20 캠페인의 지속**
  · Mass-M.에서의 이미지 차별화
  → 브랜드 가치 하향 전파 캠페인
- **Na의 Unique 속성에 대응**
  · 특성/속성의 각 요소 강화 지속
  → 영화, 할인, 동호회,
  TTL-Camp 등
- **TTL의 Unique 속성 강화**
  · Global 및 지면 광고 활용
  프로모션

Made in 20
고객인식 **정서 가치**
사용 가치
특성/속성 고객인식
Na요인

Unique/Superior Differentiation

- **Target Elaboration**
  · Broad → Narrow Target
- **Attribute Strengthen**
  · **Friday** : 멤버십에 근거한 캠페인
  · **Couple** : 번들링 상품 Launching
  (2003년 2월 예정)
- **Superior/Unique 속성 유지**
  · 무선데이터 무료(요금), Nazit,
  인터넷
  · Nazit Campus, (n)-Zone 등

Na의 BPI는 상반기에 이어 하반기에도 꾸준한 상승세를 유지하여 향후 예고 지표가 긍정적이며, TTL은 작년 대비 상승하였으나, 상반기 77.4에서 하반기에 75.4로 하락하여 기회요소로 판단됨

< 브랜드 지표 >

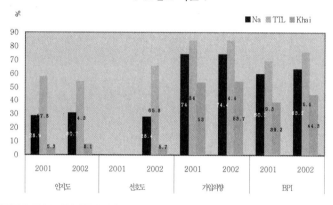

자료원 : 2002년 하반기 브랜드 종합조사(동서리서치)

2002년1월

4월

7월

10월

2003.1

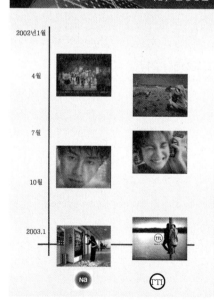

TV

· 사후 광고 효과 조사 결과, Re-positioning 1차인 "플래카드편"의 경우 TTL "바닷게"편 대비 API지수가 다소 우세하였음

· 2차편인 "Na요일 1차"편은 API 지수 및 광고효과 측면에서 다소 미흡한 것으로 조사되었음

· 현재 집행 중인 "Na요일 2차"편은 API 지수가 매우 향상된 결과를 보여주고 있음

· TTL은 "정설희"를 활용하여 신비주의 및 "Made in 20"을 소구, 기존 이미지를 유지하고 있으며, "N극" 편부터 20살의 실체에 대한 구체적인 표현전략으로의 전환 경향을 보이고 있음

신문

· 주로 프로모션 광고를 TV광고 콘셉트와 연계, 시너지 효과를 발휘할 수 있었으나, 타깃 특성상 매체의 효과 측면에서는 미흡한 것으로 판단되며, 매체의 다각화가 필요한 상황임

· 현재 집행 중인 "금요일은 Na요일" 돌출광고가 비용 대비 노출 효과가 상대적으로 좋은 것으로 판단됨

Ⅰ. Brand Status – (4) 경쟁 현황

Na는 TTL대비 약44% 예산을 집행,TV와 지면광고에 집중함. TTL은 4대 매체 및 기타 매체를 고루 운영함.

Na는 개강 시즌을 위주의 Mass 캠페인을 집중, TTL은 하/동계 방학 및 개강 시즌에 걸쳐 집행함

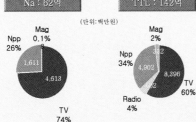

Na : 62억

(단위:백만원)

- Mag 0.1%
- Npp 26%
- 1,611
- 4,613
- TV 74%

TTL : 142억

(단위:백만원)

- Mag 2%
- Npp 34%
- 4,902
- 8,396
- TV 60%
- Radio 4%

(자료원 : KADD)

◆ Na: TV 74%, 신문 26%, 잡지 0.1%

◆ TTL: TV 60%, 신문 34%, 잡지 2%, 라디오 4%

※ On-Line 광고비 (VAT포함)
 · Na – 총 9천9백만원
 · TTL – 총 6억6천3백만원
  → TTL의 15% 수준

월별 광고비 소요 비교

(단위:백만원)

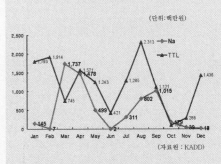

(자료원 : KADD)

◆ Na는 3/4월, 8/9월에 광고 집중

◆ TTL은 1/2, 4/5, 7/8/9, 12월에 광고비 집행

Ⅱ. 2003 Comm.전략 추진 방향 – (1) Comm. Issue

Attribute Issue	Image Issue	Re-Positioning Issue
· Na : 물리적 속성보다 심리적 속성에 대한 불만족 요인 존재 · TTL : 심리적 속성의 만족을 통한 물리적 속성의 만족 동반	· Na : "즐거움" 콘셉트 차별화 지속 · TTL : "Made in 20" 캠페인 지속 → "고급/앞서가는" 이미지 강화	· Na : L-Project –새로운 싸움의 장 Concept · TTL : Nate Campus로 공략 → TTL과 Nate 연합 전략
⬇	⬇	⬇
Showing Off	"즐거움" 차별화	"Mobile" Concept

2002 캠페인 Implication	· **매체** – TV : Target Needs에 적합한 커뮤니케이션 코드와 지속성유지 필요
	 - 지면 : 타깃 접촉률을 고려, 기타 매체(온라인, 대학지..)의 대체 여부 판단
	  → 돌출광고 등의 저비용 고효율 광고 활용한 전략적 매체 집행 필요
	· **경쟁사 전략** : 기존 신비주의를 활용한 리더 이미지 구축 지속
	  → 당사의 기회 요인화
	· **매체 운영** – TTL의 매체별 고른 운영 대비, Na는 TV, 신문에 치중
	  → 타깃 매체 개발
	 - 캠페인 주기 : 대학생의 Life-Cycle고려, 방학, 개강시즌에 집중 필요

2002년 캠페인의 성과인 타겟 정교화와 Customer Value인 "즐거움", 보완 속성인 Showing-Off, 2003년의 "Mobile" Issue를 모두 충족시킬 수 있는 "Campus Mobile" Concept 소구

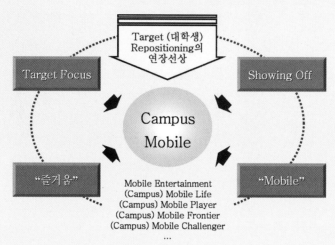

Target (대학생)
Repositioning의
연장선상

Target Focus

Showing Off

Campus
Mobile

"즐거움"

"Mobile"

Mobile Entertainment
(Campus) Mobile Life
(Campus) Mobile Player
(Campus) Mobile Frontier
(Campus) Mobile Challenger
...

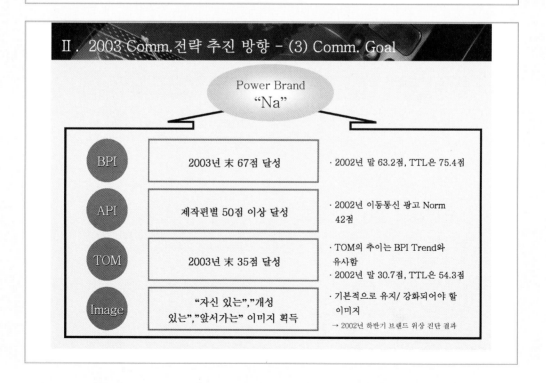

Power Brand
"Na"

BPI	2003년 末 67점 달성	· 2002년 말 63.2점, TTL은 75.4점
API	제작편별 50점 이상 달성	· 2002년 이동통신 광고 Norm 42점
TOM	2003년 末 35점 달성	· TOM의 추이는 BPI Trend와 유사함 · 2002년 말 30.7점, TTL은 54.3점
Image	"자신 있는","개성 있는","앞서가는" 이미지 획득	· 기본적으로 유지/ 강화되어야 할 이미지 → 2002년 하반기 브랜드 위상 진단 결과

"즐거움"의 Concept를 "핵심 가치"로 유지하되, 그 대상은 "대학생"이며, 즐거움에 이르는
방법의 Tool로써 "Mobile"의 개념을 도입하여 Leader로서의 이미지를 조기 선점해야 함

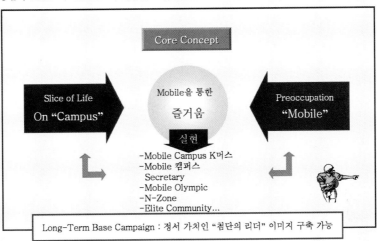

Brand Essence		즐 거 움
Brand Identity	Core Identity	Extreme : 극도로 재미있는 즐거움을 항상 제공하는
		Mobile : 모든 내 생활과 문화를 Mobile로 다하는
		Leading Culture : 또래 문화를 내 스스로 리딩하는
	Extended Identity	· 적극적인 사고와 열정을 지닌 · 첨단 문화를 선도하는 자부심과 소속감
Value Proposition	Functional Benefit	· Mobile Package : ⓝ-Zone, Mobile Olympic, M-ID, Mobile 캠퍼스 K머스, Elite Community 등 · 요금제, 멤버십, 공간SVC, On-line, Na-Mobile 등
	Emotional Benefit	· Mobile로 생활을 주도하는 "첨단의 리더"라는 자신감 · 내게 필요한 즐거움을 언제나 제공받을 수 있다는 만족감 · 능동적인 체험/참여를 통한 경험에서 오는 소속감
	Self-expressive Benefit	· 새로운 생활 방식을 통해 Showing할 수 있는 자부심 · 스스로 변화를 추구하는 자신만만함

캠페인 소재 및 일정　　　　　　　※ 모바일 캠페인의 소재는 준비 상황에 따라 순서가 바뀔 수도 있음

TV

| N-Zone 상품 | Mobile/체험 멤버십 | M-ID/ M-K머스 |

N-Zone 상품
- 목표
  - Mobile Concept론칭
- 소재 : Bundle Product
- 요금 : 캠퍼스 무료통화
- 전용 단말기
  …

Mobile/체험 멤버십
- 목표
  - 구체적 Benefit 소개
  - Mobile 체험 유도
- 소재 : 체험형 Benefit
  - Mobile 멤버십
  - 체험 멤버십
  …

M-ID/ M-K머스
- 목표
  - Na의 생활화 인지
- 소재 : 캠퍼스 모바일
  완성
  - MID
  - M-K머스

기존 캠페인 → Mobile 1차 → Mobile 2차 → 3차

| 1월 | 2월 | 3월 | 4월 | 5월 | 6월 | 7월 | 8월 | 9월 | 10월 | 11월 | 12월 |

금요일 프로모션 : 수시

시즌 Issue : 대학축제, 발렌타인데이, 입/졸업, 취업, Migration 등

기타 Mobile Issue : 엘리트 커뮤니티, 모바일 올림픽 등

기타　◄ 커플 ►

예산 및 Media Mix　　　　　　　　　　　　총 예산 : 86.6억

	1월	2월	3월	4월	5월	6월	7월	8월	9월	10월	11월	12월	총계
TV	Na요일 2차 1월 : 12억 2월 : 12억				Mobile 1차 5월 : 12억 6월 : 10억			Mobile 2차 8월 : 12억 9월 : 8억			Mobile 3차 12월 : 6억		
지면	프로모션, 시즌/Mobile Issue												
모델/ 제작	조인성 재계약 TV 3편, 지면/온라인 다수												
On-Line	월 0.5억 × 10개월												
현장	매체 개발 후 집행 : 대학(신입생 관련 행사) 및 고교 현장(화장실 등)												
총계													

"금요일은 Na요일" 2차편 FGI Implication

- 메시지 및 전달 구조의 Simplicity
- Positive Code : "기분 좋은 광고"
- Target Code : B.G.M., Tone & Manner
- Involvement 제고 → TTL의 커뮤니케이션과의 차별화 요소
※ 2003.1월 FGI 결과

1318 Migration

- Bigi 타깃 고객 Migration을 위한 조기 Communication 시행

Brand Element Renewal 재고

- Slogan : "세상을 다 가져라"의 기존 이미지 연상 단절
- 기타 : 브랜드 로고, 컬러 등의 전환 여부 결정

모델 전략 : 기존 모델 지속 활용

- 조인성은 연상이미지 조사에 상반기 1.9 →하반기 7.5%로 나타남

　☞ 모델 전략이 효과적으로 판단되며, 추후 추가 조사 후 결정

'○○전자' 판촉연구 활동의 방향정립에
관한 보고서

○○○○. ○. ○

○○○○○연구소

목 차

○ ○ 전자는 새롭게 구성한
<판촉연구회>를 통해

무엇을
달성하려 하는가?

배경 및 경과

배경

소비자의 판촉에 대한 무감각화
- 가격 중심의 구매태도 형성 - 구태의연한 판촉행사에 무관심

근본적인 발상의 전환을 통한 전략적이며 체계적인 SP MASTER PLAN이 필요하다

현장판촉의 효율성 저하
-현장의 특성을 고려치 않아 투입비용 대비 효과 미미 -현장 판매참여자들의 불만가중 (악순환)

현장에 적합한 실질적인 SP PROGRAM과 운영 SYSTEM 정립이 있어야 한다

효율적인 현장판촉을 위한 역할 부재
- 본사판촉 파트의 Role 재정립 필요시점 - 현장 판촉주체들의 구조적인 한계성 노출

판촉주체들의 명확한 Role 정립에 의한 판촉효과 극대화 방안이 필요하다

배경 및 경과

경과

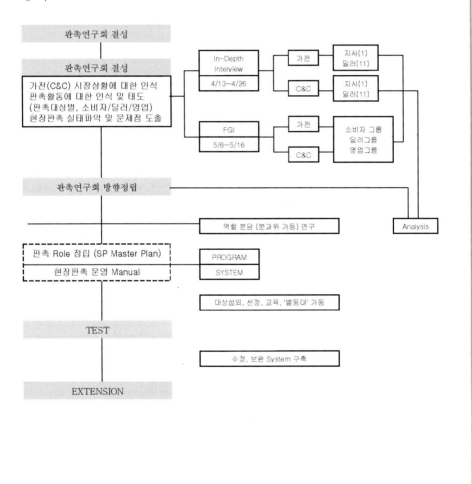

판촉연구회 결성

판촉연구회 결성

가전(C&C) 시장상황에 대한 인식
판촉활동에 대한 인식 및 태도
(판촉대상별, 소비자/딜러/영업)
현장판촉 실태파악 및 문제점 도출

In-Depth Interview 4/13~4/26 — 가전 — 지사(1) 딜러(11)

C&C — 지사(1) 딜러(11)

FGI 5/6~5/16 — 가전 — 소비자 그룹 딜러그룹 영업그룹

C&C

판촉연구회 방향정립

역할 분담 (분과위 가동) 연구

Analysis

판촉 Role 정립 (SP Master Plan) — PROGRAM

현장판촉 운영 Manual — SYSTEM

대상섭외, 선정, 교육, '별동대' 가동

TEST

수정, 보완 System 구축

EXTENSION

PROJECT 방향정립을 위한 지침

지금과는 다른 전략이어야 한다 !

왜? 시장상황이 예전과 다르므로...

<자극의 속성>상 소비자가 더 이상 자극이 안 되고 있다

작금의 대경쟁 판촉 소모전 양상은 바뀌어져야 한다

<상황/현장>에 부적합한 판촉남발로 비효율성의 골이 깊어가고 있다

생각을 바꾸면 세상이 바뀐다 <지금이 기회다>

판촉 메카니즘의 올바른 이해를 통한
SP New Positioning

PROJECT 방향정립을 위한 지침

작금의 Market 상황에서
어정쩡한 전략과 실천으로는
결코 성공할 수 없다

Foundamental Rethinking

남과 다른 1mm 차이

전략의 송곳화와 집중화가
성공의 POINT

PROJECT GOLE

지금과는 달라야 한다	많이 버릴수록 많이 얻는다
살아있는 전략이어야 한다	이제, 먼지만 쌓이는 보고서는 안녕
그러기 위해서는 보여주어야 한다	작금의 판촉불신 상황 극복을 위해선
가전과 C&C는 구분하여야 한다	시장상황(제품, 고객, 경쟁)이 다르므로
아울러, 근본적인 환경변화에 대응하는 제반 Marketing Tool과 조화 속에 전개해야 한다	판촉이 모든 것을 해결할 수 없으므로

뜨거운 열정이 있어야 한다 !

성공된 전략은 결코 우연이 아니다
뜨거운 열정으로 만들어내는 것이다

PROJECT GOLE

현장판촉 주체별 현상 및 방향정립

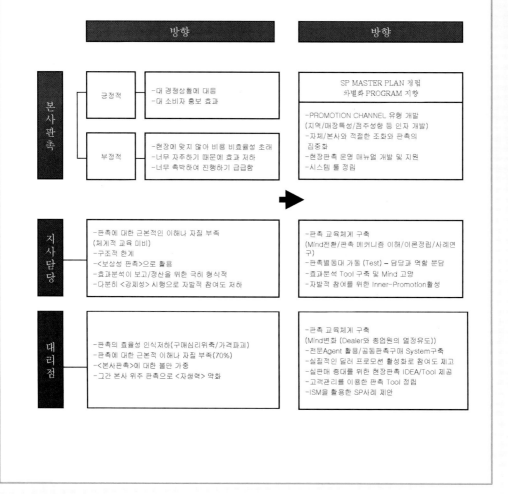

방향			방향

본사판촉

긍정적
- 대 경쟁상황에 대응
- 대 소비자 홍보 효과

부정적
- 현장에 맞지 않아 비용 비효율성 초래
- 너무 자주하기 때문에 효과 저하
- 너무 촉박하여 진행하기 급급함

SP MASTER PLAN 정립
차별화 PROGRAM 지향
- PROMOTION CHANNEL 유형 개발
(지역/매장특성/점주성향 등 인자 개발)
- 자체/본사와 적절한 조화와 판촉의
집중화
- 현장판촉 운영 매뉴얼 개발 및 지원
- 시스템 툴 정립

지사담당
- 판촉에 대한 근본적인 이해나 자질 부족
(체계적 교육 미비)
- 구조적 한계
- <보상성 판촉>으로 활용
- 효과분석이 보고/정산을 위한 극히 형식적
- 다분히 <강제성> 시행으로 자발적 참여도 저하

- 판촉 교육체계 구축
(Mind전환/판촉 메커니즘 이해/이론정립/사례연구)
- 판촉별동대 가동 (Test) – 담당과 역할 분담
- 효과분석 Tool 구축 및 Mind 고양
- 자발적 참여를 위한 Inner-Promotion활성

대리점
- 판촉의 효율성 인식저하(구매심리위축/가격파괴)
- 판촉에 대한 근본적 이해나 자질 부족(70%)
- <본사판촉>에 대한 불안 가중
- 그간 본사 위주 판촉으로 <자생력> 약화

- 판촉 교육체계 구축
(Mind변화 (Dealer와 종업원의 열정유도))
- 전문Agent 활용/공동판촉구매 System구축
- 실질적인 딜러 프로모션 활성화로 참여도 제고
- 실판매 증대를 위한 현장판촉 IDEA/Tool 제공
- 고객관리를 이용한 판촉 Tool 정립
- ISM을 활용한 SP사례 제안

PROJECT GOLE

참조 : 판촉 실태 분석 요약

어떤 경우에 판촉을 했는가?	실판매 위축시 – 보상판촉/매출 Drive/악성재고 소진 신제품출시/특정제품실연, 판촉 신규 Open/ 이전, 확장 기념 경쟁사 동향(맞대응) 정기적 행사/전사 판촉 참여 시켜서 하는 경우
어떤 내용으로 판촉을 했는가?	가격 할인 실연회/경연대회(노래자랑 등) 사은행사 (경품, 추첨, 판촉물 제공) 전문회사 용역 부녀사원 활용 DM소지자 방문 경품 제공 홍보 (전단, DM, 지역 정보지)
판촉 계획/시행시 에러사항은?	실행을 위한 제반 환경 열악(인원부족 등) 적절한 판촉방법 / IDEA 소진 판촉 Mind 결여 (매출증진을 위한 보상판촉) 대리점 사장의 거부감(투자비용대비 효과 미흡) 매출 부진시 압력 본사 판촉과 현장 특성과의 괴리로 인한 효과 저하

PROJECT GOLE

- 중/장기 판촉운영 방안 (SP Master Plan) 정립

- 효율성 있는 <현장판촉> 운영체계 정립

    SP주체별 (본사,영업,Dealer) Role 정립

    현장판촉운영 Manual 개발 및 지원 System Tool 정립

    SP역량 강화를 위한 SP교육 프로그램 정립

- <현장판촉>의 단계별 적용 및 확산

    시범운영(Testing)을 통한 실질적 프로그램 실천

구분	내용	1997				비고
		6	7	8	9	
프로젝트 방향정립/공유	Project Goal 공유 Project 역할 분담 (분과위) -> 세부일정 수립	▬				Work-Shop
SP Master Plan 수립	판촉 Role 정립 – SP주체별 (본사, 영업.Dealer) Role 정립 중장기 판촉운영 방안 (안) – 판촉 상황별 Role 정립		▬ ▬			
현장판촉 운영체계 정립	Promotion Channel 유형 개발 지역/매장특성/ 점주성향 등 인자 개발 현장판촉 운영 매뉴얼 개발 및 지원 시스템 툴 정립 판촉별동대, 운영방안 (안) 전문 에이전트 활용방안 공동판촉구매 시스템 운영방안 (안) DB활용 SP (고객관리) 담당 및 딜러 참여도 제고를 위한 Inner Promotion 활성화 방안 기타 현장 판촉 Idea 및 사례연구 선진유통 판촉 및 타업종 사례조사 및 연구		▬ ▬ ▬ ▬		▬	지방특성고려 중간보고
판촉교육 체계 구축	판촉교육 체계 구축 대상별 프로그램 개발: 마인드 변화/판촉 메커니즘 이해/ 　　　　　　　이론정립/사례연구 담당/딜러 참여 현장 판촉 WORK-SHOP PROGRAM		▬	▬		
<현장판촉>와 단계별 적용 및 확산	판촉시범점 선정 기준(안) 마련 <현장판촉> Test를 위한 제반 준비 작업				▬	준비 철저 대상선정/교육

1. MARKETING TREND & ISSUE

MARKETING TREND

- Customer Getting
- Transaction
- Market Share
- Quality of product
- Monologue
- Management

- Customer Keeping
- Relationship
- Mind Share
- Quality of Customer
- Dialogue
- Empowerment

MARKETING ISSUE

Fundamental Rethinking

- Data Base Marketing
- Frequency Marketing
- Relationship Marketing
- After Marketing
- Area Marketing
- Integrate Marketing Communication

제 언

2. 기업 판촉전개 성공 POINT

상황에 대한 철저한 인식

철저한 상황분석과 상황별 SP Role 정립
명확한 목적/목표 설정

SP 주제별 역할 정립 철저 (SP 역할론)

본사/ 담당/ 매장의 역할

마케팅 활동과의 적절한 조화

IMC 하에서 전략적, 단계적으로 기획, 실행, 평가 및 활용

철저한 효과 분석에 의한 차후 활용 극대화

전사적 후원 없는 판매캠페인이 성공한 사례가 없다

전사적 판매참여자의 적극적, 자발적 참여 필요

판촉연구회 활용 극대화

SP Trend 파악 및 예측

발상의 전환 (Fundamental Rethinking)

철저한 상황분석과 상황별 SP Role 정립
명확한 목적/ 목표 설정

아무도 가르쳐 주지 않는
프로들의
광고
노트

지은이　박현길

발행일　2006년 10월 16일 1쇄 발행

펴낸이　양근모

편　집　여성희·이영란 ◆ 디자인 이세호 ◆ 마케팅 박진성·송서순·김태열

발행처　도서출판 청년정신 ◆ 등록　1997년 12월 26일 제10-1531호

주　소　서울시 마포구 서교동 380-6 원오빌딩 4층

전　화　02) 3141-3783 ◆ 팩스　02) 3141-6115

홈페이지　http://www.youngsoul.net ◆ 이메일　youngsoul@youngsoul.net